Schaller · Das große Rollenspiel-Buch

Konzept und Beratung der Reihe Beltz Weiterbildung:

Prof. Dr. *Karlheinz A. Geißler*, Schlechinger Weg 13, D-81669 München.
Prof. Dr. *Bernd Weidenmann*, Weidmoosweg 5, D-83626 Valley.

Roger Schaller

Das große Rollenspiel-Buch

Grundtechniken, Anwendungsformen, Praxisbeispiele

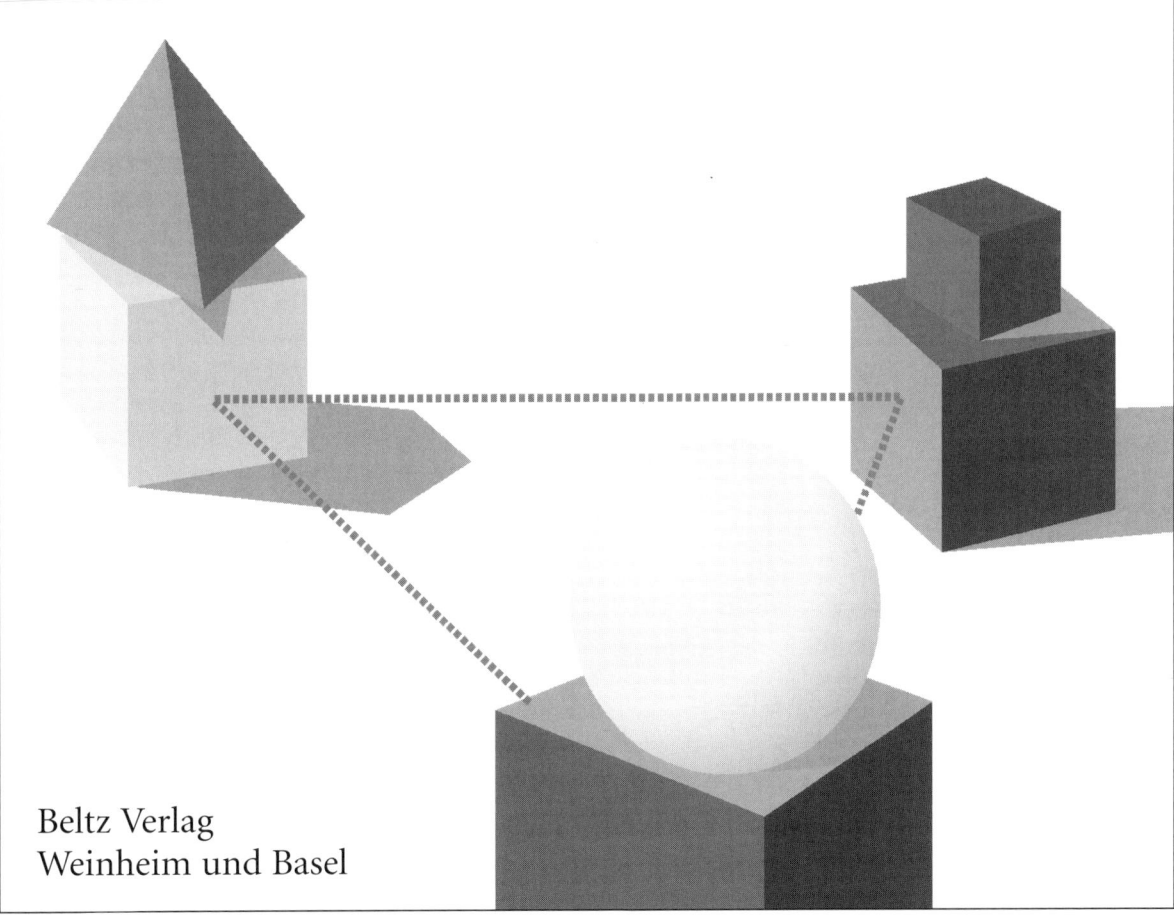

Beltz Verlag
Weinheim und Basel

Roger Schaller, Jg. 1955, ist Diplompsychologe und
Psychodrama-Therapeut. Er arbeitet als Seminarleiter
bei der Stiftung Arbeitsgestaltung in Uster/Zürich sowie
als freiberuflicher Psychologe und Supervisor. Seit rund
zehn Jahren setzt er das psychodramatische Rollenspiel in den
Bereichen Suchtprävention und Erwachsenenbildung ein.
Weitere Informationen bei: www.roleplay.ch

Gesetzt nach den neuen Rechtschreibregeln
Lektorat: Ingeborg Sachsenmeier

© 2001 Beltz Verlag · Weinheim und Basel
www.beltz.de
Herstellung: Klaus Kaltenberg
Satz: Satz- und Reprotechnik GmbH, Hemsbach
Druck: Druckhaus Beltz, Hemsbach
Umschlaggestaltung: Bernhard Zerwann, Bad Dürkheim
Zeichnungen: Ulrike Rath, Aachen
Printed in Germany

ISBN 3-407-36369-9

Inhaltsverzeichnis

Einleitung

Stellen Sie sich vor, Sie arbeiten in der Erwachsenenbildung, sind Trainerin oder Trainer, Seminarleiterin oder Seminarleiter und Sie leiten im Rahmen der betrieblichen Weiterbildung eines Unternehmens das eintägige Seminar »Arbeiten in Gruppen – Arbeiten mit Gruppen«. Nach der obligaten Einstiegs- und Kennenlernrunde wollen Sie in einem Rollenspiel …

Halt! Sie merken wie das Wort »Rollenspiel« bei den 15 Teilnehmenden verschiedenste Reaktionen hervorruft.

❖ Zwei Personen scheinen absolut begeistert: »Oh, Action! Lebendiges Lernen. Fantasie …«
❖ Vier Teilnehmer machen ein neugieriges Gesicht: »Ah, mal was anderes …«
❖ Fünf Leute zeigen keine große Reaktion, außer dass sich die Stirnfalten tiefer eingraben: »He, da ist wohl wieder aktive Beteiligung gefragt …«
❖ Zwei Personen zeigen durch ihren strengen Blick, dass sie dieses Angebot nicht sehr schätzen: »Uh – schon wieder ein Seminarleiter, der selber nichts kann und nichts zu sagen hat …«
❖ Zwei Teilnehmer halten sogar im Seminarraum nach möglichen Fluchtwegen Ausschau: »Iih – wie komme ich hier nur heil wieder raus? Nichts wie weg …«

Sie sind ein aufmerksamer Seminarleiter, sie haben das alles registriert, was machen Sie jetzt? Wollen sie nicht doch lieber etwas anderes machen als Rollenspiele? Es gibt ja eine ganze Menge lebendiger Lernmethoden. Sie fragen sich, wieso Sie überhaupt auf die Idee gekommen sind, ein Rollenspiel vorzuschlagen.

Ich will hier versuchen, Ihnen darauf eine Antwort zu geben. Dazu muss ich aber erst einmal einen philosophischen Umweg nehmen: Der Philosoph Karl Popper vertritt die These, dass unsere Lebenswelt nicht nur aus materiellen Dingen besteht, sondern dass es Dinge gibt, die absolut real sind, aber materiell unfassbar bleiben. Er hat dafür die Theorie der drei Welten entwickelt:

Die Theorie der drei Welten

❖ **Welt 1:** Die Welt der »Dinge«, der Gegenstände der physikalischen Welt, zu der auch Lebewesen wie der Mensch zu zählen sind. Lebewesen sind ebenso materielle Körper wie Marmor, Pflanzen, Wolken, Viren, Wellen, Stühle etc. Alle Dinge, die wir mit unseren Sinnen erfahren (Formen, Helligkeit, Druck, Temperatur, Gerüche etc.) gehören zu dieser materiellen Welt 1.

❖ **Welt 2:** Die Welt der psychischen Zustände wie Freude, Ich-Bewusstsein, Angst, Motivation, Trauer, Schmerz etc. Zahnschmerzen sind ein gutes Beispiel für einen Zustand, der sowohl psychisch als auch physikalisch oder physisch ist: Karies im Zahn – ein materieller physikochemischer Vorgang – führt zu Schmerzempfindungen und kann unser ganzes psychisches Befinden schlagartig verändern. Wir können die Welt 2 auch als die Seele des Menschen bezeichnen, das, was sein »Ich« ausmacht.

❖ **Welt 3:** Die Welt der Bedeutungen oder der Erzeugnisse des menschlichen Geistes wie Erzählungen, Mythen, Ideen, Theorien, Interpretationen, Kunstwerke, Erfindungen etc. Viele Gegenstände der Welt 3 existieren in der Form materieller Körper und gehören in gewisser Hinsicht sowohl zu Welt 1 wie zu Welt 3. Beispiele sind Skulpturen, Gemälde und Bücher wissenschaftlicher oder literarischer Art. Ein Buch ist ein physisches Ding und gehört daher zu Welt 1; was es aber zu einem bedeutsamen Erzeugnis menschlichen Denkens macht, ist sein Inhalt: das, was in den verschiedenen Auflagen und Ausgaben unverändert bleibt. Dieser Gehalt gehört zu Welt 3. Eine meiner Hauptthesen ist, dass Gegenstände der Welt 3 wirklich sein können: nicht nur in ihren Materialisationen oder Verkörperungen von Welt 1, sondern auch unter dem Gesichtspunkt von Welt 3 (vgl. Popper 1989, S. 64).

Um die Wichtigkeit dieser Annahme aufzuzeigen, folgen nun drei Beispiele:

- ❖ Öffentliche negative Meinungen und Einstellungen (Vorurteile) gegenüber bestimmten Personengruppen sind Gegenstände der Welt 3. Die gleichen Vorurteile können von ganz vielen Personen geteilt werden, ja sogar von ganzen Bevölkerungsgruppen. Sie sind in den Köpfen dieser Personen real vorhanden und können negative Auswirkungen auf Welt 2 und Welt 1 haben: Gefühle des Neides, der Missgunst, der Verachtung; diskriminierendes Verhalten; fremdenfeindliche Gesetzgebung etc.
- ❖ Unser Zahlensystem ist eine Erfindung des Menschen (Welt 3). Man könnte meinen, dass die Gleichung »2 × 2 = 4« (Welt 1) eine soziale Konvention ist, dass die Gleichung nur wahr ist, weil wir sie so in der Schule gelernt haben. Dem ist aber nicht so: Es ist eine Konsequenz unseres Zahlensystems, die gegenüber Konventionen unveränderbar ist.
- ❖ »Flexibilität« ist ursprünglich eine Eigenschaft von Materialien. Sie beschreibt deren Biegsamkeit und ist messbar. In der heutigen Arbeitswelt wird »Flexibilität« auch von den Menschen erwartet. Worum es sich dabei genau handelt, wissen wir nicht, es bleibt ein theoretisches Konzept der Welt 3. Trotzdem bildet Flexibilität ein wichtiges Kriterium bei der Personalauswahl (Welt 1).

Die Gegenstände der Welt 3 sind abstrakt, aber wirklich, denn sie sind mächtige Werkzeuge zur Veränderung von Welt 1. Ebenso sind die Prozesse der Welt zwar subjektiv erlebte psychische Gegenstände und dennoch absolut wirklich und wirksam. Die drei Welten stehen in einer ständigen Wechselwirkung miteinander. Das bedeutet: Eine Welt verändert die andere.

Zurück zu unserer eingangs gestellten Frage: *Wie kommen Sie überhaupt auf die Idee, die Technik des Rollenspiels in der Erwachsenenbildung einzusetzen?* Mit der freundlichen Unterstützung von Karl R. Popper kann ich darauf zwei Antworten geben: eine in Bezug auf die Methodik, die andere hinsichtlich der Didaktik.

Antwort auf der Ebene der Methodik

Die Welten 1, 2 und 3 existieren nicht nur in den Köpfen, sie sind real: Wer möchte beispielsweise behaupten, dass die Organisationsstruktur eines Team nur dann real ist, wenn diese Struktur auf Papier gezeichnet wird? Strukturen und Hierarchien existieren wirklich, auch wenn wir sie nicht sehen oder anfassen können. Der Vorzug des Rollenspiels liegt in seiner Künstlichkeit: Wir können unsere Lebenswelt in einzelne Sequenzen aufteilen (Längsschnitte und Querschnitte). Wir können eine Situation anhalten, vor- oder zurückspulen, einfrieren, in Einzelteile sezieren, verändern, wieder zusammenfügen. Nur in dieser Simulation erscheinen die drei Welten auf Abruf einzeln, während die Realität ganzheitlich ist.

Ich will diese »Sezierung« der Wechselwirkungen der drei Welten mit einem Fallbeispiel erläutern:

Ein Seminarteilnehmer schildert seine Schwierigkeit, in Teamsitzungen seine Meinung einzubringen und an den Entscheidungsprozessen aktiv teilzunehmen, obwohl alle im Team formal gleichberechtigt sind.

Welt 1: Der betreffende Teilnehmer (Protagonist) stellt eine Teamsitzung szenisch dar, indem er Tisch und Stühle so platziert, wie es in der Realität ist, und er zeigt, wer wo sitzt. Wir haben also jetzt ein Bild der Sitzordnung dieser Teamsitzung. Tisch und Stühle stehen als physische Dinge im Raum.

Welt 2: Der Protagonist setzt sich auf seinen Stuhl. Wir simulieren eine Anfangssituation einer Teamsitzung, aber es werden nur Positionen eingenommen, es erfolgt noch keine Spielhandlung. Der Protagonist sagt, wie er sich fühlt, er schildert seinen psychischen Zustand in dieser Situation, seine Erwartungen und Befürchtungen hinsichtlich der Teamsitzung (innerer Monolog).

Welt 3: Der Protagonist wird aus der Szene genommen und schaut sich nun das Bild von außen an. Er interpretiert, entwickelt Theorien: Was bedeutet diese Sitzordnung? Gibt es versteckte Hierarchien? Wo sitzt die potenzielle Teamleitung? Die Stühle in einem Raum sind einerseits eine rein physische Erscheinungen, wie die Stühle aussehen und in welcher Ordnung sie dastehen, sind aber von Bedeutung.

Innere Wirklichkeiten erforschen

Im Rollenspiel können wir die inneren Wirklichkeiten erforschen: Der Protagonist kann versuchsweise eine andere Position einnehmen, er kann die ganze Sitzordnung verändern oder die Rolle eines Stuhles übernehmen (»Ich bin der Stuhl, auf dem immer der ›Häuptling‹ sitzt, ich bin wichtig …«). Die berühmte Technik mit dem »leeren Stuhl« dient also dazu, die Wirklichkeiten der Welten 2 und 3 materiell sichtbar zu machen. Im Rollenspiel können wir auch die Wechselwirkungen zwischen den Welten 1, 2 und 3 untersuchen: »Was passiert, wenn die Sitzordnung verändert wird? Fühle ich mich sicherer, mutiger? Was verändert sich an der Gruppendynamik?«

Antwort auf der Ebene der Didaktik

Menschliches Handeln und Situationen sind die physischen Gegenstände der Welt 1. Unsere Persönlichkeit, unser »Ich«, ist aber in allen drei Welten verankert, insbesondere in der Welt 3, der Welt der Ideen und Spiritualität.

Indem wir die physische Welt im Rollenspiel simulieren, eröffnen wir ein Labor, um die psychischen und soziokulturellen Dimensionen unserer Lebenswelt zu erforschen. Das Erfassen und Begreifen insbesondere der Welt 3 und ihrer Wechselwirkungen mit den Welten 1 und 2 ist meist kein passiver, sondern ein aktiver Prozess:

> *»Wir müssen es als ein Machen, als eine Nachschöpfung dieses Gegenstandes erklären. Um einen schwierigen lateinischen Satz zu verstehen, muss man ihn konstruieren: Man muss sehen, wie er gemacht ist, man muss ihn nachkonstruieren, nachvollziehen. Um ein Problem zu verstehen, muss man wenigstens einige der einleuchtenderen Lösungen ausprobieren und herausfinden, dass sie falsch sind; so wieder entdeckt man also, dass es da eine Schwierigkeit gibt – ein Problem. (…) Ein Säugling fängt an, ganz einfache Laute von sich zu geben. Er wird zum Drang der Nachahmung geboren, zum Nachmachen schwieriger sprachlicher Äußerungen. Entscheidend ist, dass wir etwas lernen, indem wir es in den entsprechenden Situationen, auch kulturellen, tun.«* (Popper 1989, S. 70f.)

Durch das Lernen in komplexen simulierten Situationen (Rollenspiel) soll den Lernenden die Vielschichtigkeit und Dynamik von Lebens- und Arbeitssituationen bewusst gemacht werden. Die Lernenden werden unterstützt im Versuch, eine Situation aus verschiedenen Perspektiven zu analysieren, eigene Befindlichkeiten, Gefühle, Ziele und Wertvorstellungen zu konkretisieren und neue Verhaltensweisen auszuprobieren. Dies geschieht in der Aktion.

> *»Wissen beruht nicht immer (wie so viele glauben) auf Beobachtung. Sowohl vorwissenschaftliche Erkenntnis wie wissenschaftliches Erkennen beruhen weitgehend auf Handeln und auf Denken: auf Problemlösen.«* (Popper 1989, S. 144)

Verlassen wir nun diese philosophischen Betrachtungen der Welt 3 und »tun« wir etwas. Kehren wir zu unserer Ausgangssituation zurück: Stellen wir uns wieder vor, Sie sind Seminarleiter und es ist mir mittlerweile gelungen, Sie von einigen Vorteilen der Simulationsmethode des Rollenspielens zu überzeugen: »Learning by doing« – durch »Tun« gesteuertes Lernen. Stellen wir uns vor, Sie wollen mehr wissen über die Grundtechniken, Wirkungsweisen und Anwendungsmöglichkeiten dieser Simulationsmethode. Dann lesen Sie jetzt ganz einfach weiter.

Lesehinweise

Die beschriebenen Anwendungsbeispiele der Methode Rollenspiel stammen meist aus meiner beruflichen Praxis oder wurden mir von Kolleginnen und Kollegen mitgeteilt. Die Anwendungsbeispiele scheinen manchmal eher einfach. Vielleicht werden Sie beim Lesen sogar finden, dass die Beispiele fast lächerlich sind. Sie meinen eventuell, es fehle ihnen an psychologischer Tiefe und spielerischer Größe. Dies ist sogar gewollt. Denn viele Beispiele stammen aus Kursen mit bildungsungewohnten Teilnehmern. Es macht wenig Sinn, die Methode Rollenspiel zu beschreiben und nur Beispiele aus einem Trainingsseminar für Pädagogikstudenten anzuführen: Die werden gerne und spontan Rollen übernehmen und spielen. Aber wie machen wir Rollenspiele mit Teilnehmern, die selten oder sehr selten eine Bildungsveranstaltung für Erwachsene besuchen? Gerade hier liegen oft die Schwierigkeiten.

> *»Lerne,*
> *im Kleinen*
> *das Große zu erkennen,*
> *im Wenigen*
> *viel zu sehen.«*
> Laotse

Ich werde Ihnen im ersten Teil die bedeutendsten Grundtechniken des Rollenspieles darstellen und die bekanntesten Anwendungsformen in psychologischen und pädagogischen Lernbereichen auflisten und beschreiben. Mit Praxisbeispielen versuche ich, die Anwendungen möglichst konkret zu zeigen.

Der zweite Teil des Buches soll ein Leitfaden für Erwachsenenbildner sein, die das Rollenspiel vermehrt in ihrer Praxis einsetzen wollen. Folgende Fragen werden beantwortet:

- ❖ Wie führe ich die Methode Rollenspiel in eine Lerngruppe ein?
- ❖ Welche Grundsätze und Regeln sind zu beachten?
- ❖ Wie kann eine gezielte Auswertung den Lerntransfer ermöglichen?
- ❖ Welche Schwierigkeiten bei der Anwendung sind zu erwarten?

Das Rollenspiel ist eine Lernform, bei der die Lernenden ganzheitlich, mit all ihren Sinnen beteiligt sind: Die Lernenden fühlen, erleben und handeln. Fünf eingeschobene Theorieteile behandeln daher Fragen, die mit diesen unterschiedlichen kognitiven, affektiven und psychomotorischen Elementen des Rollenspielens in Verbindung stehen:

❖ Was sind »Rollen«? Ist der Mensch »nur« ein Rollenspieler?

❖ Wie wird die Spielanleitung kognitiv verarbeitet? Wie wird die Anleitung verstanden und umgesetzt?

❖ Wie wirkt eigentlich Rollenspiel? Warum fühle ich mich betroffen? Was ist »Katharsis«?

❖ Kann Spielen eine Lernmethode sein? Ist Spielen nicht vielmehr eine Kinder- oder Freizeitbeschäftigung?

❖ Können alle Rollenspielen? Oder braucht es dazu unbedingt spielerische und spontane Teilnehmer?

Ich werde in den folgenden Ausführungen keinen weiteren Bezug nehmen auf die in der Einleitung beschriebene Theorie der drei Welten von Popper. Ich lade Sie aber ein, bei den aufgeführten Praxisbeispielen sich ab und zu Gedanken zu machen, welche Welten und gegenseitige Wechselwirkungen untersucht werden. Erst im Kapitel »Schwierige Situationen« werde ich wieder Poppers Theorie der drei Welten heranziehen, um den Prozessverlauf von Rollenspielen zu erklären.

Es ist nicht notwendig, das Buch von A bis Z zu lesen. Die einzelnen Abschnitte sind auch für sich alleine verständlich und aussagekräftig. Sie können also ohne Weiteres im Buch »zappen«.

Grundtechniken
der Methode Rollenspiel

Die wohl reichste Methodologie zum Rollenspiel hat das Psychodrama entwickelt. Kein anderes psychologisches Verfahren misst dem Rollenspiel eine derartige Bedeutung zu. Psychodrama ist eine psychotherapeutische Aktionsmethode, die vom Psychiater J.L. Moreno (1889–1974) erst in Wien und dann in den USA entwickelt wurde. Die Grundtechniken des Psychodramas (wie Rollentausch, leerer Stuhl, Doppeln, Standbilder) haben in Therapie und Pädagogik eine weite Verbreitung gefunden. Mit diesen Grundtechniken steht den Erwachsenenbildnern ein vielseitiges Instrumentarium zur Verfügung, welches das Rollenspiel nicht nur als Auflockerung einsetzt, sondern als zentrales Lehrmittel nutzt.

Die im Folgenden beschriebenen Grundtechniken der Methode Rollenspiel sind weitgehend vom Psychodrama abgeleitet.

Rollenübernahme

Grundvoraussetzung für das Rollenspiel ist die Rollenübernahme. Wollen wir bestimmte Situationen mit der Technik des Rollenspieles bearbeiten, müssen die Teilnehmenden Rollen übernehmen und spielen.

> **Beispiel:** In einem Führungstraining-Seminar berichtet ein Teilnehmer von seinen Blockaden im konfrontativen Gespräch mit seinen Mitarbeitern.

Mit der Aufforderung zur Rollenübernahme erfolgt der erste Schritt ins Spiel (»Wir wollen dies szenisch darstellen, wer übernimmt die Rolle des …?«). Denn ohne Rollenübernahme – kein Rollenspiel. Dabei gibt es verschiedene Möglichkeiten der Rollenübernahme: Im oben beschriebenen Beispiel, kann der betreffende Teilnehmer

❖ sich selber spielen (Chef),
❖ einen imaginären Chef darstellen (ideal oder katastrophal),
❖ einen ihm bekannten und von ihm bewunderten Chef verkörpern (Wunschfigur),
❖ einen Mitarbeiter spielen (und so die Szene aus der Mitarbeiterperspektive erleben),
❖ einen Gegenstand mimen (der Teilnehmer hat berichtet, dass ein für ihn wichtiges Element in seinem Büro ein großer Kaktus ist – er übernimmt also die Rolle des Kaktus und erlebt den Konflikt aus dieser Position),
❖ ein Gefühl darstellen, welches während des Konfliktgesprächs im Raume liegt,
❖ einen Anteil seiner Person spielen, den er in der Konfliktsituation bei sich wahrgenommen hat (»Ich möchte ihm am liebsten einen Tritt in …«, oder »eigentlich tut er mir Leid …«),
❖ und vieles andere mehr.

Verschiedene Möglichkeiten der Rollenübernahme

Die Rollenübernahme differenziert sich bezüglich der Zeitebene:

> »*Rückwärts-Rollenspiele werden inszeniert, um soziale Situationen wieder zu beleben, welche die Teilnehmerinnen und Teilnehmer erlebt haben. Ziel ist es zu klären, warum sich jemand damals so und nicht anders verhalten hat. Vorwärts-Rollenspiele stellen Als-ob-Situationen her, wie sie die Teilnehmerinnen und Teilnehmer in Zukunft erleben könnten. Ziel ist, herauszufinden und auszuprobieren, wie sie sich in diesen Situationen verhalten könnten.*« (Weidenmann 1998, S. 108)

Im Beispiel Führungstraining sind beide Varianten kombinierbar. In einem ersten Schritt wird die erlebte Situation inszeniert, um mögliche Gefühlsanteile in einer erlebten Situation sichtbar zu machen. In einem zweiten Schritt werden verschiedene zukünftige Verhaltensweisen ausprobiert.

Wie werden die Rollen verteilt?

Im angeleiteten Rollenspiel erhalten die Teilnehmer Rollenkarten, auf denen die zu übernehmende Rolle beschrieben ist. Rollenkarten können von der Seminarleitung selbst hergestellt werden oder je nach Anwendungsbereich (Sprachkurse, Training von Sozialkompetenzen, politische Bildungsarbeit, Verkaufstraining etc.) finden sich standardisierte Vorlagen in verschiedenen Publikationen. Die Rollenkarten beinhalten folgende Informationen:

Rollenkarten

❖ **Personalien:** Name, Alter, Beruf, Zivilstand, Lebensmilieu, Wohnsituation.
❖ **Funktion:** Angaben in Bezug auf die Position in der thematisierten Organisation (Arbeitsgruppe, Verein, Familie etc.).
❖ **Biografische Angaben:** Details aus dem (realen oder fiktiven) Lebenslauf, soweit für den Handlungsverlauf des Rollenspieles notwendig.
❖ **Informationen zur Situation:** In einem Verkaufstraining können dies beispielsweise Angaben zu Produkt, Hersteller und potenzieller Kundschaft, Beschreibung der Verkaufsfirma und des Geschäftes sein.
❖ **Persönliche Eigenschaften:** Grundhaltung, Werte, Normen, Charakter, Stärken bzw. Schwächen.
❖ **Ausgangssituation:** Ort, Zeit und Raum der Handlung, Vorgeschichte, Absichten.

Im Abschnitt »Rollentraining« (Seite 78ff.) finden Sie ein Beispiel.

Im *improvisierten Rollenspiel* ist die Person, die ihr Thema eingebracht hat, in der Regel die Hauptperson (Protagonist). Die anderen Rollen werden von den anderen Gruppenmitgliedern übernommen.

Im *psychodramatischen Rollenspiel* wählt der Protagonist seine Mitspieler aus. Dabei wird angenommen, dass der Protagonist die Fähigkeit besitzt, andere Menschen situationsadäquat wahrzunehmen und auch wichtige Persönlichkeitsmerkmale, gegenwärtige Befindlichkeiten und Lebensumstände zu erahnen, ohne dass diese ausgesprochen wurden. Diese Fähigkeit der emotionalen Wahrnehmung (im Psychodrama *Tele* genannt), erinnert an das Konzept der analogen Wahrnehmung bei Watzlawick (1969): Persönliche Eigenschaften in einer Beziehung werden global wahrgenommen und können nicht direkt von einzelnen Wahrnehmungsmodalitäten abgeleitet werden.

Tele: Fähigkeit der emotionalen Wahrnehmung

Ein funktionierendes Tele zwischen den Gruppenmitgliedern ist Voraussetzung für ein effektives Rollenspiel. Es ermöglicht eine adäquate Besetzung der Spielrollen. Tele ist die realitätsgerechte gegenseitige Beurteilung und führt zu Gefühlen und Annahmen über andere Personen (»Ich glaube du könntest diese Rolle gut spielen …«).

Diese Annahme einer fast automatisch adäquaten Rollenwahl mag auf den ersten Blick naiv erscheinen. Aber intuitive Personenwahlen (wie beispielsweise »Sympathie« oder »Liebe auf den ersten Blick«) sind ganz einfache, glasklare Prozesse, für die es keine einfachen psychologischen Erklärungen gibt. Ohne diese Fähigkeit zur emotionalen Rollenwahrnehmung können nur angeleitete Rollenspiele mit genauen Rollenbeschreibungen funktionieren. Ich bin aber immer wieder überrascht, wie gut und sicher die Rollen besetzt werden, und die Protagonisten sind meist selbst erstaunt, wie realitätsnah die Darstellung erfolgt (»Ja genau so reagiert er!«).

Der psychologische Prozess der gegenseitigen Einfühlung erlaubt es, dass die Rollen adäquat verteilt werden oder dass die Gruppenmitglieder sich für verschiedene Rollen melden, für die sie eine Anziehung empfinden (»Ich möchte diese selbstbewusste, autoritäre Chefin spielen.«). Stellt die Gruppenleitung fest, dass dieser Prozess nicht funktioniert (es werden immer wieder Verständnisfragen zu den Rollen gestellt oder die Bereitschaft eine Rolle zu übernehmen ist gering oder das Rollenspiel bleibt zähflüssig), so muss zuerst ein entsprechendes Lernumfeld geschaffen werden. Wir werden in den Abschnitten »Anfangsphase« (s. Seite 118) und »Die Bedeutung der Spielanleitung« (s. Seite 123) sowie »Schwierige Situationen« (s. Seite 178) darauf zurückkommen.

Ich werde nun darstellen, mit welchen Techniken die Rollenübernahme umgesetzt werden kann.

Imaginationen

Im Rollenspiel können Rollen von real existierenden Personen übernommen werden, es können aber auch imaginäre Personen, Tiere, Gegenstände oder Gefühle und Stimmungen dargestellt werden. In unserer Lebenswelt gibt es viele Dimensionen, die wir nicht sehen oder anfassen können, die wir aber fühlen und erahnen. Das Rollenspiel ermöglicht durch die Imagination, über die Lebensrealität hinauszugehen und Rollen zu spielen, die in der realen Welt nicht »vorkommen«. So kann beispielsweise ein fiktiver Arbeitskollege mir ganz ungeschminkt sagen, wo meine Schwächen liegen, oder meine Katze sagt mir, was sie von unseren Ehestreitereien hält. Die Realität oder, besser gesagt, das innere Bild, welches wir uns von der realen Umwelt machen, erhält damit noch mehr Farben, Klänge und Gestalt.

Die wohl bekannteste Technik zur Förderung der Imagination stammt aus dem Repertoire des Psychodramas, es ist der »leere Stuhl«: Der Leiter stellt einen leeren Stuhl in die Gruppenmitte und fordert die Teilnehmer auf, sich eine Person (eventuell ein Gefühl, einen Gegenstand oder eine Situation) auf diesem Stuhl vorzustellen.

Der »leere Stuhl«

Dadurch dass die Imagination an ein Requisit (Stuhl) gebunden wird, kann die Imagination auf die Spielbühne geholt werden und steht so für die Dauer des Rollenspieles zur Verfügung.

Beispiel aus einem Konflikt-Seminar für Führungskräfte: Der Leiter fordert die Teilnehmer auf, sich an eine Person zu erinnern, die in der Jugendzeit Vorbildfunktion hatte. Diese Person kann aus der Verwandschaft, Schule, Nachbarschaft etc. gewesen sein. Diese Person wollen wir uns jetzt als hier auf dem leeren Stuhl anwesend vorstellen. Darauf folgt eine Schweigepause, indem jeder seiner Imagination nachgeht. Anschließend teilt in freier Reihenfolge jeder mit, wen er auf dem Stuhl sieht, beschreibt die Person, sagt, was wichtig war, was ihn beeindruckt hat. Der Leiter kann auch Rückfragen stellen: Wurde er manchmal wütend? Was waren seine Grundwerte? Was hat dir an ihm Angst gemacht?

Ziel dieser Imaginationsübung ist, den Teilnehmern die eigenen Werte und Grundhaltungen bewusst zu machen und in Bezug zur aktuellen Arbeitssituation zu stellen.

Die Technik des leeren Stuhles wird in der Gestalttherapie oft eingesetzt. Der Patient übernimmt in seinem Rollenspiel alle Rollen selbst: Der leere Stuhl ist sein Spielpartner, auf dem die jeweiligen Personen imaginativ Platz nehmen und zum Interaktionspartner werden. So kann beispielsweise ein Patient mit seiner verstorbenen Mutter ein Gespräch führen und so verdrängte Gefühle und verdeckte Konflikte erleben und bearbeiten.

Auch in der beruflichen Supervision wird diese Technik angewendet: Der Teilnehmer kann sich beispielsweise vorstellen, sein Vorgesetzter sitze auf dem Stuhl oder der Auftraggeber, der Kunde etc. Mit dieser Technik können innere Konflikte sichtbar und konkret gemacht werden: Die Leitung animiert den Darsteller mit Fragen und Anregungen, seine Gedanken und Gefühle gegenüber dieser vorgestellten Person laut auszusprechen. Er kann auch zu einem Gespräch mit dieser imaginären Person aufgefordert werden (»Was möchten Sie ihm sagen?«). Der Darsteller kann sich dadurch über die eigenen Gefühle und innere Konflikte bewusst werden.

Nebst diesem »Herzaubern« von Personen können wir mittels Imagination auch Tiere, Pflanzen, Elemente, Gegenstände etc. darstellen. Im pädagogischen Theater wird dies oft angewendet mit dem Ziel, inneres Erleben und Gefühle spielerisch auszudrücken und die Kreativität zu fördern.

Beispiel aus einer Lehrerfortbildung: Die Seminarleitung fordert die Teilnehmer auf, einen Platz zu suchen, wo sie stehend genügend Bewegungsraum um sich herum haben: »Stehen Sie mit beiden Füßen etwa in Beckenbreite parallel nebeneinander, möglichst entspannt, Knie, Becken, Schultern möglichst beweglich. Stellen Sie sich vor, Sie sind ein Baum. Sie stehen fest verwurzelt in der Erde, aber bewegen sich ganz wenig im Wind, was für einen Stamm haben Sie, wie sind Ihre Äste, haben Sie Blätter, Nadeln, Früchte? Sie spüren den Wind, die Äste bewegen sich leicht. Versuchen Sie, mit offenen oder geschlossenen Augen Ihrem Bild eines Baumes Leben zu geben. Sie sind der Baum … Konzentrieren Sie sich auf Ihre Fußsohlen, die Sie auf dem Boden verwurzeln … Spüren Sie, wie die Kraft der Erde langsam durch Ihren Stamm in die Baumkrone strömt … wie sich Ihre Äste entfalten … Wo steht Ihr Baum? Wie sieht er aus? Welche Jahreszeit herrscht vor? Was spüren Sie?«

Nach dieser Vorstellungsübung haben die Spieler etwas Zeit, sich zu lockern, sie gehen im Raum umher, kommen aus ihrer Rolle heraus.

In der Plenarrunde geben dann die Spieler Rückmeldungen aus ihrer Rolle: Was für einen Baum habe ich dargestellt? Wo steht er? Wie sieht er aus? Wie habe ich mich gefühlt? Was bedeutet dieser Baum für mich? Was gefällt mir an diesem Baum?

Es braucht in der Seminarleitung jedoch eine Portion Mut, den Teilnehmern vorzuschlagen, sie sollen sich ein Tier, ein Gefühl oder eine Pflanze auf dem Stuhl vorstellen. Spielungewohnte Teilnehmer werden wohl denken, dass der Trainer oder die Trainerin nicht alle Tassen im Schrank hat.

Die Technik der Imagination wird übrigens von Kindern viel praktiziert. Kinder haben überhaupt keine Schwierigkeiten, sich etwas vorzustellen und herzuholen. Erwachsene haben da wesentlich mehr Widerstände, bis sie sich auf so etwas »Ausgefallenes« einlassen. Teilnehmer, denen diese Lernform fremd ist, müssen für diese Technik erst »angewärmt« werden.

Eine Möglichkeit, den Schritt zur Imagination zu vereinfachen, kann auch sein, ein Objekt real herzuholen. Zur Verdeutlichung zeige ich Ihnen wieder ein Beispiel.

Beispiel Fortsetzung Konfliktseminar: »Wir haben bereits einen Tag zum Thema ›Konfliktlösung in Gruppen‹ gearbeitet, jetzt möchte ich etwas Selbstbesinnliches einschieben: Wir machen einen kleinen meditativen Spaziergang in der Umgebung, es wird nicht gesprochen und jeder wählt einen kleines Objekt aus (Zweig, Stein, Pflanze etc.) das einen Symbolwert hat für sein persönliches Verhalten in Gruppen. Anschließend – zurück im Kursraum – wird jeder sein Objekt vor sich auf den Boden legen und mittels Rollenübernahme kurz vorstellen (»… ich bin ein Efeuzweig, immergrün, ich wachse langsam, brauche Zeit, bis ich in eine Gruppe reinkomme, bin aber kräftig …«).

Weitere Anwendungsbeispiele mit der Imaginationstechnik werden im Kapitel »Anwendungsformen« beschrieben. Weiterführende Literatur zum Thema imaginatives Lernen finden Sie auch in der Zeitschrift »Pädagogik«, Heft 7–8, 1999.

Standbilder

Soziale Strukturen als menschliche Statuen

Eine Kurzform des Rollenspieles sind Standbilder. Während das eigentliche Rollenspiel wie ein Film abläuft, sind Standbilder eher mit einer Fotografie vergleichbar. Durch Standbilder können Begriffe, Gefühle, Situationen und Beziehungsstrukturen bildlich dargestellt werden. Durch die Körperhaltung, die Position, den Körperausdruck und die Mimik von einem oder mehreren Darstellern können soziale Strukturen als menschliche Statuen dargestellt und gedeutet werden.

Die Arbeit mit Standbildern ist sehr einfach und spannend. Es gibt mehrere Arten, Standbilder zu entwickeln, wobei jeweils verschiedene Zielsetzungen verfolgt werden können.

Einfrieren oder Unterbrechen von Rollenspielen

Während des Rollenspiels unterbricht der Leiter mit einem Stopp-Ruf den Handlungsablauf. Positionen, Körperhaltungen und Mimik werden »eingefroren«. Die Zuschauer haben jetzt Zeit, sich das Bild genau anzuschauen und zu interpretieren. Oder die »eingefrorenen« Rollenspieler sagen, was sie jetzt genau denken, wie sie sich fühlen, was sie sehen. Dieses Einfrieren einer Handlung erleichtert es, die nonverbalen Signale einer Interaktion genauer und bewusster wahrzunehmen und die Beziehungsebenen zu analysieren. An diesen eingefrorenen Standbildern kann dann auch handlungsorientiert weitergearbeitet werden: Die Zuschauer verändern die Körperhaltungen und Positionen der Einzelnen in eine negative oder positive Richtung weiter – es entsteht eine Art Karikatur, indem die Grundzüge des Bildes betont werden.

Beispiel Training von Beratungsgesprächen: Ein Personalberater hat eine schwierige Beratungssituation eingebracht. Ich lasse ihn im Rollenspiel die angesprochene Szene darstellen. In einem Moment, wo mir das Gespräch als sehr schwierig erscheint, rufe ich: »Stopp, einfrieren!« Die beiden Darsteller bleiben sofort in ihren jeweiligen Gesprächspositionen. Ich frage die Zuschauer, was sie wahrnehmen, was sie sehen. In erster Linie wird das Gefühl des Mitleides erwähnt: Die Stimme, die Körperhaltung, der Blick des Beraters drückt Mitleid aus. Ich frage die Klientin (im Spiel), was sie in ihrer Rolle jetzt denkt und empfindet. Sie sagt, es gehe ihr ganz schlecht, sie sei völlig deprimiert. Ich fordere sie auf, ihre Körperhaltung in die Richtung ihrer Befindlichkeit zu verändern. Sie rutscht langsam unter den Tisch, bis sie am Boden sitzt mit angezogenen Knien, den Kopf nach unten hängend. Ich fordere die beiden Darsteller auf, jetzt einen Satz zu sprechen, der zu ihrer Person in dieser Situation passt. Dadurch kann der Berater die Stimmungen und Gefühle, die er und seine Klientin haben, zu erfassen versuchen.

> *»Der Geist ist wie Wind und der Körper wie Sand. Willst Du wissen wie der Wind bläst, schau in den Sand.«*
> Bonnie B. Cohen

Standbilder aufbauen

Standbilder können auch direkt entstehen, indem die Teilnehmer mit Körperhaltung, Mimik und Position bestimmte Ereignisse, Situationen und Gefühle darzustellen versuchen. Dies kann beispielsweise in einer Befindlichkeitsrunde stattfinden, wenn der Leiter die aktuelle Stimmung in der Lerngruppe erfassen will: Anstatt mit Worten wird die momentane Befindlichkeit ausgedrückt mit einer Bewegung, die dann zu einer Haltung eingefroren wird.

Verschiedene Lernziele Standbilder können zu verschiedenen Lernzielen eingesetzt werden:

❖ Gefühle und Gedanken zeigen, die mit Worten nur ungenau wiedergegeben werden können,
❖ Selbst- und Fremdbild erkunden,
❖ Wirkung von Körpersprache und Haltungen klarmachen,
❖ Einstellungen und Werthaltungen gegenüber anderen Personen erkunden,
❖ kritische Situationen, Wünsche, Fantasien, Träume bildlich darstellen,
❖ Training der Ausdrucksfähigkeit.

Das folgende Beispiel zeigt, wie ich dies in einem Führungskräftetraining eingesetzt habe:

Beispiel aus einem Kommunikationstraining für Führungskräfte: Wir bearbeiten das Thema »Selbst- und Fremdbild in meiner Rolle als Führungsperson«. Die Teilnehmer nehmen eine Körperhaltung ein, die ihr Selbstbild als Führungskraft darstellt. Ich fordere sie auf, auf viele Details zu achten: Sitze oder stehe ich? Wohin geht mein Blick? Wie ist meine Mimik? Was machen meine Hände? Und so weiter. Von jedem Teilnehmer wird daraufhin eine Polaroid-Fotografie gemacht. Dasselbe Verfahren erfolgt nun aus einer anderen Perspektive: »Ich stelle mir vor, meine Mitarbeiter sehen mich so …« Von diesem Standbild wird eine zweite Fotografie gemacht. Die Auswertung lasse ich in Kleingruppen machen. In diesen Kleingruppen beurteilen die Teilnehmer die Fotografien, vergleichen Selbst- und imaginiertes Fremdbild. Sie diskutieren: Wo gibt es Diskrepanzen? Welche Haltungen, Ziele und Werte kommuniziere ich ungenügend oder falsch. Was muss ich verstärken?

Statuentheater

Standbilder, wie sie bisher besprochen wurden, sind Einzelarbeiten oder das Produkt von »Einfrieren« eines laufenden Rollenspieles. Standbilder können aber auch aus einer Gruppenarbeit heraus entstehen: Die Teilnehmer modellieren in diesem Fall Statuengruppen, die ihre kollektive Vorstellung zu einem bestimmten Thema (Unterdrückung, Arbeitslosigkeit, Familie etc.) darstellen.
Augusto Boal (vgl. auch die Ausführungen zum Forumtheater im Kapitel »Anwendungsformen des Rollenspiels in der Erwachsenenbildung«, Seite 100) spricht in diesem Zusammenhang von Statuentheater:

»Jeder fügt die anderen zu einer Skulpturengruppe und bestimmt ihre Haltung bis hin zum Gesichtsausdruck. Die übrigen Teilnehmer werden gefragt, ob sie mit dem Bild einverstanden sind oder Veränderungen vornehmen wollen. Jeder darf den ersten Entwurf verändern. Wichtig ist zu einem Bild zu gelangen, das als kollektive Vorstellung der Realität akzeptiert wird und nach Auffassung aller die plastische Umsetzung des Themas ist. Sind sich alle einig, wird das Thema erneut dargestellt, jetzt so, wie es in der Wunschvorstellung der Teilnehmer existiert. Ausgehend von diesen beiden Bildern soll das Übergangsbild entstehen, d.h., die Teilnehmer sollen zeigen, wie sie vom realen zum idealen Bild gekommen sind. Wir haben eine Wirklichkeit vor uns, die wir verändern wollen. Wie können wir sie verändern?« (Boal 1979, S. 53)

Im Playback-Theater (Fox 1996, vgl. auch Seite 105 im Kapitel »Anwendungsformen des Rollenspiels in der Erwachsenenbildung«) gibt es zwei interessante Varianten des Statuentheaters, die Techniken der Fließenden Skulptur und die Ambivalenz-Paare.

Fließende Skulptur

In einem Workshop Kommunikationstraining will der Leiter sich vergewissern, wie die Teilnehmer die eben abgeschlossene Trainingseinheit verdaut haben, es gab ziemlich heftige Konflikte zwischen einzelnen Teilnehmern. Vier bis sechs Personen stehen auf der Bühne bereit. Der Workshop-Leiter fragt die Zuschauer nach ihrer jetzigen Befindlichkeit. Eine Zuschauerin sagt, dass sie ganz durcheinander ist: »Ich fühle mich irgendwie verwirrt, ich weiß nicht recht, wo ich hingehöre.«

Gefühle darstellen   Dieses Gefühl wird jetzt dargestellt: Ein erster Darsteller geht in die Mitte der Bühne, sein Körper macht Pendelbewegungen, sein Kopf dreht sich in alle Richtungen und er sagt: »Aahh-hier-nein-hier-aahh-nein-…« Danach kommt der zweite Darsteller dazu und improvisiert eine dazu passende Körperhaltung oder Bewegung, auch die Stimme setzt er entsprechend ein. Nach und nach kommen die anderen Darsteller dazu und verbinden ihre Handlungen mit der bereits vorhandenen »fließenden Skulptur«. Am Ende wird das Bild eingefroren und es ist eine Menschenskulptur entstanden, bei der die Darsteller probiert haben, das ausgesprochene Gefühl bildlich darzustellen. Der Leiter fragt dann die betreffende Zuschauerin: »Ist es so?« Wenn es in etwa die Stimmungslage trifft, kann zum Nächsten übergegangen werden. Trifft es allerdings nicht zu, wird noch einmal eine weitere Skulptur-Improvisation ausprobiert.

Ambivalenz-Paare

Innerer Kampf
der Gefühle   Gegenstände, Personen, Situationen, Ideen oder Werthaltungen können bei uns ambivalente Gefühle auslösen. So kann man beispielsweise eine Person lieben und trotzdem unausstehlich finden. Um diesen inneren Kampf der Gefühle zu explorieren, eignet sich sehr gut diese Standbildvariante: Ein Zuschauer schildert, dass er einer Person (oder Situation) gegenüber ein ambivalentes Gefühl hat, beispielsweise Trauer und Zorn oder Lust und Überdruss etc. Zwei Darsteller stehen nun nahe beieinander und jeder improvisiert einen Pol dieser Ambivalenz mit Bewegung, Mimik und Stimme. Es entsteht ein regelrechter Wettkampf zwischen diesen beiden sich widersprechenden Gefühlen. Wenn die Darsteller das Gefühl haben, jetzt ist das Standbild komplett, so frieren sie ihre Bewegung ein, die Figur »fließt« nicht mehr. Der Leiter fragt nach: »Ist es etwa so?« Wenn es zutrifft, kommt es zur nächsten Improvisation.

Beispiel aus einem Trainingskurs für Personalberater des Arbeitsamtes, Beratungsgespräche zielorientiert führen: Im Umgang mit schwierigen Klienten fällt es uns oft schwer, adäquat und zielorientiert zu kommunizieren, wir müssen aggressive Gefühle verstecken und tun diese als unprofessionel ab. Dieser innere Konflikt kann zu emotionalem Stress führen: Der Beratende kann sich selber gesetzte Ziele nicht erreichen, er fühlt sich überfordert. Wir thematisieren diese schwierige Situation mit der Technik der Ambivalenz-Paare. Ich bilde zwei Gruppen, eine Gruppe stellt sich in dem Teil des Kursraumes auf, der als Spielbühne benutzt wird, es sind die Darstellenden. Sie werden jeweils paarweise die ambivalenten Gefühle darstellen. Die andere Gruppe sind die Auftraggeber und Zuschauer: Sie versuchen, sich an eine schwierige Beratungssituation zu erinnern und formulieren widersprüchliche Gefühle, die sie dabei empfunden haben. Ein Paar aus der Darstellergruppe versucht nun, diese beiden Gefühle zu improvisieren, die Gefühle werden lebendig und sichtbar, sie kämpfen miteinander, welches Gefühl gewinnt die Oberhand? Beispielsweise Sympathie/Misstrauen, Freundlichkeit/Wut, Interesse/Antipathie, Freude/Langeweile, Konfrontation/Mitleid. Anschließend werden die Gruppen gewechselt, die Darstellenden werden Zuschauer und umgekehrt.

Die Teilnehmer sehen, dass sie mit dem Problem von ambivalenten Gefühlen gegenüber Klienten nicht alleine dastehen. Sie erleben, dass diese Gefühle real vorhanden sind und eine große Kraft haben, Situationen negativ zu verändern. Der nächste Arbeitsschritt erfolgt dann mit der Technik des Forumtheaters (siehe Seite 100). Wir werden im Rollenspiel ausprobieren, wie der Berater Stress abbauen kann, indem er diese Gefühle mit dem Klienten thematisiert (verbal oder nonverbal).

Standbilder aufbauen ist eine lebendige Technik, die sehr einfach ist in der Vorbereitung und Anwendung. Allerdings ist es schwierig, diese Technik mit Worten gut zu beschreiben – es ist eine visuelle Technik, die erlebt werden muss.

Ganz unkompliziert ist das Unterbrechen und Einfrieren von Rollenspielsequenzen: Die Teilnehmer sind bereits in Aktion und daraus ergibt sich ein Standbild. Etwas schwieriger ist es aber, einen Teilnehmer aufzufordern, ein Standbild aufzubauen: Oft stehen die Teilnehmer dann eher hölzern da, weil sie die ganze Aufmerksamkeit der Gruppe auf sich gerichtet fühlen. Standbilder sollten daher nicht als Einstiegstechniken zum Einsatz kommen, sondern setzen bereits eine gewisse Rollenspielpraxis voraus.

Aufstellungen

Soziogramme

Wir haben mit den Standbildern in erster Linie Eigenschaften von Gruppen thematisiert, so wie sie von einem Teilnehmer gesehen werden (»vom Bildhauer oder Fotografen«). Wie aber sieht sich die Gruppe als Gruppe? Wie stellt sich ein Team auf und definiert damit die Beziehungsstrukturen im Team? Es besteht ein grundlegender Unterschied zwischen der Sichtweise eines einzelnen Teammitgliedes auf die Teamstruktur und der Sichtweise aller Beteiligten: Das Team wird nicht *hingestellt* für ein Gruppenfoto, sondern jedes Mitglied *wählt* seine Position in Bezug auf den Standort der anderen. Dies geschieht zu den verschiedensten Fragestellungen, beispielsweise: »Mit welchen Mitarbeitern möchte ich in der Gruppe Qualitätssicherung arbeiten? Mit wem will ich am liebsten mein Büro teilen? Wen halte ich für den Teamleader?«

> »Im Grunde gibt es den einzelnen Menschen gar nicht.
> (Er bildet sich's bloss ein.)«
> Christian Morgenstern

>*»Wahlen sind grundlegende Faktoren in allen menschlichen Beziehungen. Wahlen betreffen Menschen oder Gegenstände. Ob die Motive dem Wählenden bekannt sind oder nicht, ist von sekundärer Bedeutung. Sie sind nur im Hinblick auf den kulturellen oder ethischen Index bedeutungsvoll. Es ist zunächst nebensächlich, ob sie unklar oder höchst deutlich, irrational oder rational sind. Solange sie spontan und echt das Selbst des Wählenden zum Ausdruck bringen, bedürfen sie keiner besonderen Rechtfertigung. Es sind Tatsachen erster Ordnung.*
>*Im Wählen wird die Person Subjekt des eigenen Handelns. In der Wahlhandlung kann sich die Spontaneität der Wählenden entfalten. Durch die Wahl eröffnen sich die Wähler Handlungsspielraum für Veränderungen.*
>*Wahlen sind somit nach Moreno für die Gestaltung der menschlichen Interaktion und der Interaktion des Menschen mit seiner Umwelt konstitutiv. Die Dynamik der Wahl betrifft alle Lebensbereiche, seien es die Dyade ›Mutter-Kind-Beziehung‹, das Familiensystem, soziale Gemeinschaften oder seien es die globalen Vernetzungen der ganzen Welt. (...) Die Entwicklung eines Individuums oder einer Gemeinschaft ist abhängig von dem Ausmaß der Er-*

fahrung, selber wählen zu können und somit Einfluss zu haben auf die aktive Gestaltung von Beziehungskonstellationen. Mit der Erfahrung, selber aktiv handeln und wählen zu können, nicht mehr ohnmächtig einer Soziodynamik ausgeliefert zu sein, gewinnen Subjekte immer mehr Freiheitsgrade für das eigene Handeln und können sich so quasi selbst »ermächtigen«. (Schwehm 1994, S. 166)

Moreno hat dazu ein Instrument entwickelt, um die emotionale Struktur einer Gruppe (die offenen und versteckten Wahlen) in Bezug auf bestimmte Fragen hin zu untersuchen: *der soziometrische Test.* Die Teilnehmer können ihre Personenauswahl auf Zetteln aufschreiben oder als »lebendes Soziogramm« räumlich darstellen, indem die Personen jene räumliche Position zueinander einnehmen, die ihrer Auswahl entspricht. Die Darstellung kann ebenso mit Gegenständen erfolgen (zum Beispiel als Stuhl- oder Schuhsoziogramm).

Der soziometrische Test

Beispiel Schuhsoziogramm: In einem Ausbildungsseminar für Trainer übernahm ich am vierten Kurstag die Leitung. Tagesthema war »Evaluationsmethoden in Kursen«. Als Einstieg führten wir ein Schuhsoziogramm durch. Das heißt: Wir bildeten einen Kreis, jeder Teilnehmer zog einen Schuh aus (am besten natürlich an dem Fuß, wo der Socken am wenigsten Löcher hatte) und positionierte ihn im Raum vor uns in einer Weise, dass die Distanz zu den anderen Schuhen stimmte in Bezug auf die Fragestellung: »Welchen Teilnehmern fühle ich mich in dieser Lerngruppe am nächsten?«

Beziehungen können dabei gleichermaßen durch Zu- bzw- Abkehr der Schuhspitzen, durch Nebeneinander- oder Aufeinanderstellen angezeigt werden. Während des Schuhaufstellens sollte niemand sprechen. Die Position des eigenen Schuhes kann im Verlaufe des Prozesses verändert werden, bis jeder wirklich das Gefühl hat, dass das »Schuhbild« stimmt.

Die mündliche Auswertung erfolgt nach den Fragen: Wo steht mein Schuh in Beziehung zu den anderen? Was fällt mir auf? Ist mir diese Position in Gruppen bekannt? Wie fühle ich mich jetzt?

Die räumliche oder grafische Darstellung der Ergebnisse eines soziometrischen Tests nennen wir *Soziogramm*. Die Erfahrung zeigt, dass die Darstellung von Beziehungen in Gruppen häufig auf Widerstand bei den Teilnehmern stößt. Dieser wird umso heftiger, wenn sich die Gruppe noch in einer Phase des Kennenlernens, der Orientierung und der Gruppenorganisation befindet. Auch in einer zweiten Phase, wo die Rollen in der Gruppe definiert werden und Kompetenz- und Machtkonflikte ausgetragen werden, wird eine Thematisierung und bildhafte Darstellung der Beziehungen in der Gruppe oft vermieden. Der Leiter kann in diesen Fällen der Gruppe kein »belehrendes« Soziogramm aufzwingen: Die Gruppe würde sich weigern oder eine Aufstellung einnehmen, die nichts sagend ist (beispielsweise alle ganz harmonisch im Kreis). Vielmehr sollte der Leiter noch einmal die Zielsetzung einer Gruppenaufstellung erläutern: die Darstellung der Beziehungen in einer Gruppe bezüglich bestimmter Fragestellungen, wie beispielsweise Untergruppenbildung, Nähe/Distanz, Fachkompetenzen, Hierarchie, Sympathie usw. Ist den Teilnehmern die Zielsetzung klar, muss die Gruppe entscheiden, ob sie sich auf diese Arbeit einlassen will. Wenn ja, müssen sich die Gruppenteilnehmer auf Fragestellungen einigen, die von allen akzeptiert werden. Generell gilt: Soziometrische Arbeit mit Gruppen in Phasen der Konfliktaustragung sollte stets nur durch eine Kursleitung erfolgen, die in Gruppendynamik ausgebildet ist und damit Erfahrung hat.

Zielsetzung einer Gruppenaufstellung erläutern

Bei jeder Arbeit mit Gruppen ist es wichtig, die Wahrnehmung der Teilnehmer bezüglich des Gruppenprozesses zu trainieren: Wie sind die Beziehungen in der Gruppe? Wie sind die Gruppenstrukturen? Wie werden Regeln festgelegt? Wer bestimmt was? Welche Werte und Normen werden durch die Gruppe und die Einzelnen vertreten? Wer bringt welches Wissen und Fähigkeiten mit? Wie sind die Funktionen in der Gruppe verteilt?

Beispiel soziometrische Landkarte in einem Kurs für erwerbslose Stellensuchende: Dies ist eine Initialtechnik, die die Gruppenteilnehmer anregt, miteinander ins Gespräch zu kommen. Es ist eine spielerische Kennenlernübung, bei der die Teilnehmer sich bewegen müssen und miteinander verhandeln können.

Vorgehensweise: Ein möglichst großer, freier Teil des Kursraumes wird als Landkarte definiert, in deren Zentrum der Kursort ist. Dabei dienen folgende Fragen als Leitpunkte.

❖ Frage 1: *Wo wohnen Sie?* Bitte stellen Sie sich auf dieser Landkarte auf, wo Sie wohnen. Dabei müssen Sie Himmelsrichtung, Distanzen etc. selber aushandeln. Anschließend sagt jeder Kursteilnehmer, wo er wohnt.

❖ Frage 2: *Wer kennt wen?* Bitte stellen Sie sich im Raum so auf, dass ersichtlich wird, wer wen bereits kennt. Anschließend erklären die einzelnen Gruppen, woher sie sich kennen, wie lange sie bereits miteinander bekannt sind.

❖ Frage 3: *Wie lange dauert nun schon Ihre Arbeitslosigkeit?* Hier ist der Punkt für: seit gestern arbeitslos; dann geht es immer weiter, drei Monate, ein halbes Jahr usw.

❖ Frage 4: *Welche Berufe haben miteinander zu tun?* Stellen Sie sich auf nach Berufsgruppen. Sie müssen dabei miteinander verhandeln, welche Berufe etwas miteinander zu tun haben, welche dagegen ganz unterschiedlich sind.

❖ Frage 5: *Was wollen Sie noch voneinander wissen?* Die Übung kann fortgesetzt werden mit allen möglichen Fragen: Alter, Anzahl der Kinder, an welchem Ort wäre ich jetzt am liebsten, Hobby, Religion, politische Einstellung etc.

Dazu möchte ich noch folgende Anmerkung machen: Während die Frage 1 noch ziemlich neutral ist, kann es bereits bei Frage 3 ziemlich »heiß« werden: Was machen Langzeitarbeitslose, die sich von ihrer Arbeitslosigkeit distanzieren, oder was machen stigmatisierte Arbeitslose bei dieser Frage?

Stellen Sie sich nun vor: Es herrscht eine kritische Kursstimmung, die Teilnehmer und die Leitung können sich nicht über das weitere Tagesprogramm einigen. Es wurden bereits mehrere Vorschläge von verschiedener Seite eingebracht. Es stellt sich also die Frage, wie geht es weiter. Ich schlage in solchen Fällen Folgendes vor:

Beispiel Prozessorientierung: »Wir haben drei Themenvorschläge, die ich alle unterstützen kann, aber wir können heute nur einen umsetzen.« Ich bitte die drei Personen, die die Themen eingebracht haben, sich je an einen freien Ort hinzustellen; die anderen Gruppenmitglieder zeigen nun ihr Interesse für das jeweilige Thema durch räumliche Nähe. Sie stellen sich also dort auf, wo es sie mehr hinzieht.

Hat jeder seinen Platz gefunden, kann die Wahl begründet werden. In den meisten Fällen kommt so eine Entscheidung zustande. In einer Pattsituation dagegen muss weiter verhandelt werden. Jede Gruppe formuliert nun Argumente und versucht weitere Mitglieder zu werben.

Aufstellungen als Feedback-Technik

Aufstellungen sind besonders effektiv als Feedback-Technik: Die Teilnehmer erhalten direkte Rückmeldungen in der Ich-Form von allen Gruppenmitgliedern und sie können sich mit den anderen vergleichen.

Beispiel Feedback: In einer Sportlehrerausbildung sind wir beim Thema »Coaching«. Mittels Metaplan definierten wir sieben Eigenschaften, die ein guter Coach haben muss.

Jedes Gruppenmitglied schätzt sich zu den einzelnen Eigenschaften selber auf einer imaginären Skala im Raum ein (das eine Ende des Raumes symbolisiert »sehr wenig« und das andere Ende »sehr viel«). Es entstehen somit sieben Standbilder der Selbsteinschätzung. Die Gruppenmitglieder sehen bei jeder Eigenschaft, wo sie stehen. Dies gilt auch in Beziehung zur Gruppe. Bei jeder Eigenschaft diskutiert »das lebendige Standbild« über die Qualität des entstandenen Gruppenbildes: »Stimmt die Position, wo ich stehe, im Verhältnis zu den anderen? Ist meine Selbsteinschätzung adäquat (Selbstbild – Fremdbild)? Kann ich Feedback zulassen?

Soziogramme sind Darstellungen von Beziehungen in einer Gruppe, die aufgrund von Wahlen entstehen: Im oben stehenden Beispiel wählen die Teilnehmer durch das Einnehmen einer Position auf der imaginären Skala betreffend Konfliktfähigkeit gleichzeitig auch den besten und schlechtesten »Konfliktbewältiger«: Aus den Wahlen ergibt sich eine Rangordnung.

Das Soziogramm wird oft eingesetzt als schriftliche Explorationsmethode: Die Gruppenmitglieder schreiben auf einen Zettel den Namen der Person ihrer Wahl zu einem bestimmten Kriterium (positive Wahl). Auf einen weiteren Zettel notieren sie die negative Wahl (beispielsweise »Mit dieser Person möchte ich auf gar keinen Fall mein Büro teilen«). Der Leiter sammelt die Wahlzettel ein und macht eine grafische Darstellung der Beziehungen in der

Gruppe nach dem vorgegebenen Kriterium, indem er auf einem Blatt die positiven und negativen Wahlen mit Pfeilen, die zu den einzelnen Namen führen, darstellt.

Diese grafische Darstellung von Gruppenbeziehungen ist sehr einfach in der Ausführung und wird daher oft in Schulen und in der beruflichen Aus- und Weiterbildung eingesetzt. Ich rate von diesem Vorgehen eher ab. Soziogramme können dazu führen, dass Positionen in Gruppen zu stark gefestigt werden: Außenseiter werden stigmatisiert und Gruppenleader erhalten (über das jeweilige Befragungskriterium hinaus) zu viel Bedeutung. Die Gruppen verlieren dadurch an Flexibilität und Leistungsfähigkeit.

Soziogramme sind nur dann effizient, wenn die Lerngruppe die Fragestellung wünscht und das Ergebnis analysiert und bearbeitet werden kann.

Gruppenbilder

Im Gegensatz zu den Standbildern, wo der körperliche Ausdruck zentral ist, untersuchen wir mit soziometrischen Aufstellungen die Beziehungskonstellationen in einer Gruppe. Das heißt: Die Personen werden in ihrem systemischen Zusammenhang im Raum »aufgestellt«. Während in der oben beschriebenen Technik die Gruppenbeziehungen erforscht werden, können mit diesen Aufstellungen auch die inneren Bilder einer Person über die eigene Familie, das Arbeitsteam, die Schule, Wohngemeinschaft etc. dargestellt werden. Dabei können Personen als Rollenträger oder auch Symbole (Stühle, kleine Steine, Miniaturen) eingesetzt werden (vgl. Moreno 1996).

*Beziehungs-
konstellation
in einer Guppe*

Beispiel aus der Supervision: A arbeitet seit einem halben Jahr als Krankenschwester in einem Spital. Sie leitet ein Team von sechs Mitarbeiterinnen. Sie ist immer gestresst, macht viele Überstunden, sie hat das Gefühl, dass ihre Kolleginnen es leichter nehmen. Sie fühlt sich nicht gut integriert im Team, es fällt ihr auch schwer, ihre Vorstellungen klar mitzuteilen und Kritik anzubringen. Eigentlich findet sie alle nett, aber irgendwie funktioniert die Teamarbeit nicht gut. Der Supervisor schlägt A vor, das Team einmal bildlich darzustellen: »Suchen Sie sich einen Ort in diesem Raum, wo wir das Team figurativ darstellen können. Suchen Sie sich da zuerst einmal einen Platz für sich selbst: Wo stehen Sie? Wie stehen Sie da? Oder sitzen Sie? Und nun wählen Sie eine Person aus der Gruppe hier, die Ihre Rolle übernehmen kann, ein Doppel-Ich.« Das Doppel-Ich nimmt den Platz von A ein. Daraufhin stellt A die weiteren Teammitglieder auf, in-

dem sie aus der Gruppe (wohlverstanden: das sind nicht die realen Teammitglieder) Personen auswählt, ihnen eine Position, eine Blickrichtung und eine Körperhaltung zuweist. Sie achtet auf die Distanzen zwischen den Personen und verändert wenn nötig das Bild. Der Supervisor bittet A, noch einmal die eigene Rolle, also den Standpunkt Ihres Doppels einzunehmen. Darin bleibt sie einen Moment und sieht sich das Team aus dieser Perspektive an. Anschließend verlässt sie diesen Platz und geht mit dem Supervisor auf eine gewisse Distanz. Hier betrachtet sie das Bild und wird vom Supervisor interviewt: »Was fällt Ihnen auf? Wie ist es Ihnen in der Rolle als Teamleiterin ergangen? Was sehen Sie aus dieser Perspektive? Stimmen die Distanzen? Was bedeuten sie? Wie sieht die Beziehungsstruktur aus? Gibt es Untergruppen? Wollen wir die Teammitglieder befragen?« Supervisor und A befragen dann die einzelnen Teammitglieder: »Was sehen Sie? Wie fühlen Sie sich? Wie ist der Kontakt zu A?«
Auswertung: In einem ersten Schritt kann A das Gruppenbild verändern: Sie stellt Ihr Idealbild auf. In einem zweiten Schritt werden in der Gruppendiskussion die beiden Bilder diskutiert: Wo liegen die Schwachstellen im Netzwerk? Welches sind problematische Beziehungen? Wie sind die Kommunikationswege? Was muss verändert werden? Mögliche Wege zur Veränderung werden vorgeschlagen, die Weiterarbeit wird geplant.

Mit der Technik des Gruppenbildes kann man mit wenig Aufwand und in sehr kurzer Zeit eine präzise Bestandsaufnahme der emotionalen Beziehungen und Organisationsform einer Gruppe erhalten. Im Psychodrama wird diese Technik das Soziale Atom genannt.

»Beim wievielten Baum beginnt ein Wald?«
Heinrich Dörner

Das Soziale Atom

»*Das Soziale Atom ist nach Moreno die kleinste, notwendige soziale Einheit, in der das Individuum aufgehoben sein muss, um existenzfähig zu sein. Es besteht aus Repräsentanzen von Personen (aber auch von Tieren, Dingen und Ereignissen), mit denen das Kernindividuum mehr oder weniger viel zu tun hat. (…) Die Technik zur Erhebung und Bewusstmachung dieses Sozialen Atoms zum Zweck anschließender Bearbeitung wird ebenfalls nur kurz ›das Soziale Atom‹ genannt und ist eine spezielle Form vom Soziogramm (vgl. S. 32). (…)*

Das Soziale Atom kann auf verschiedene Arten ermittelt werden, z.B:
❖ *schriftlich: die emotional relevanten Personen werden grafisch einander zugeordnet. Für Männer verwenden wir ein Dreieck, für Frauen einen Kreis. Emotionale Nähe lässt sich durch die grafische Nähe darstellen, Be-*

*deutung der Person durch ihre Größe, die Art ihrer Beziehung durch ge-
strichelte Verbindungen u.a. (…)*

- ❖ *Soziales Atom mit Münzen: Für jede Bezugsperson wird eine Münze gewählt (in der Münzenwahl kann sich der emotionale Wert niederschla-
gen). Vorteil: Die Münzen sind beweglich, Nähen und Distanzen können
ausprobiert werden, bis sie emotional stimmen.*
- ❖ *Eine andere Variante ist das Soziale Atom mit Stühlen. Hier symbolisie-
ren Stühle die Repräsentanzen. Vorteil: Die Erstellung des Sozialen Atoms
kann nahtlos in psychodramatische Arbeit übergehen, weil der Rollentausch mit den durch die Stühle repräsentierten Personen möglich ist.*
- ❖ *Auch Schuhe eignen sich usw. Der Fantasie kann freier Lauf gelassen
werden.«* (Zeintlinger 1996, S. 78f.)

Beim oben beschriebenen Supervisions-Beispiel handelt es sich um bildungs-
gewohnte Teilnehmerinnen. Bei Gruppen, die weniger gewohnt sind, mit
kreativen Instrumenten zu arbeiten, erweist es sich oft als schwierig, ein aus-
sagekräftiges Bild mit Personen darzustellen. Bildungsungewohnten Teilnehmern fällt es aber leicht, mit Münzen, Steinen, Miniaturfiguren etc. ihr Bild
einer Gruppe darzustellen. Meist sind die Personen selber überrascht wie einfach es ist, ein klares Bild der Strukturen in einer Gruppe praktisch aus dem
Ärmel zu schütteln.

Die Technik des Gruppenbildes wird in der systemischen Therapie (vgl.
Satir 1999) und in der psychodramatischen Supervision (Williams 1995) oft
eingesetzt. Bekannt geworden ist in den letzten Jahren die Technik der Familienaufstellungen von Hellinger. Dabei geht Hellinger wesentlich weiter als
seine Kollegen aus Psychodrama und systemischer Therapie: Er begnügt sich
nicht mit Fragenstellen und dem explorativen Suchen nach Lösungen, sondern gibt die Lösung gleich selber vor. Es ist hier der Leiter, der den Personen
und dem Hauptdarsteller einen Platz zuweist, ein Lösungsbild aufstellt, bei
dem die Ideen des Leiters über »Ordnungen der Liebe, sein Denken und seine
Therapiephilosophie über systembedingte Probleme und systemische Lösungen in einer bewundernswert einfachen und verdichteten Form in die thera-
peutische Praxis« umgesetzt werden (Weber 1997, S. 243).

In der beruflichen Aus- und Weiterbildung kann dieses Prinzip des Ein-
greifens in ein Bild sicher teilweise übernommen werden. Es gibt Aufstellungen, bei denen die Schwachstellen dermaßen offensichtlich sind, dass sich ein
direktives Eingreifen fast aufzwingt. Wichtig bleibt aber in jedem Fall, dass
die Betroffenen die Möglichkeit haben, neue Lösungen auszuprobieren, und
die Freiheit haben, diese gegebenenfalls auch zu verwerfen.

Rollentausch

»Bist du bei mir, so will ich dir die Augen aus den Höhlen reißen und anstelle der meinen setzen und du wirst die meinen ausbrechen und anstelle der deinen setzen; dann will ich dich mit den deinen und du wirst mich mit den meinen Augen anschauen.« (Moreno 1974, S. 137)

Gegenseitige Rollenübernahme

Der Rollentausch ist eine gegenseitige Rollenübernahme: Zwei Rollenspieler wechseln jeweils in die Rolle des anderen. Sie versuchen, die bisher wahrgenommenen Handlungsweisen des Gegenübers möglichst genau zu übernehmen, und versuchen, die Sprechweise, Mimik, Gestik und Körperhaltung zu imitieren. Indem ich die Rolle meines jeweiligen Beziehungspartners übernehme, erhalte ich Aufschluss über die Denkweise, Werte, Gefühle und Handlungspläne meines Gegenübers. Und ich erfahre, wie mich mein Partner erlebt: Ich schlüpfe sozusagen in seine Haut und probiere aus, wie es sich dann anfühlt, die Begegnung mit mir selbst.

Der Rollentausch wird meistens im Verlauf eines Rollenspiels eingesetzt: »Jetzt tauschen Sie einmal die Rollen. Sie sind der Abteilungsleiter und Sie die Verkäuferin. Tauschen Sie bitte Ihre Positionen, übernehmen Sie eine ähnliche Körperhaltung und den Tonfall. Wiederholen Sie nochmals die letzten Worte, die gewechselt wurden. Dann geht es weiter im Rollenspiel.« Dieser Rollentausch kann dabei mehrmals stattfinden, also hin und zurück. Gerade dieser mehrfache Rollentausch – vom Abteilungsleiter zur Verkäuferin, dann wieder zurück in die Ausgangrollen und nach einer Weile wieder in den Rollentausch – ermöglicht es, die verschiedenen Sichtweisen zu explorieren und die Beziehungsdynamik zu verändern.

Im Rollentausch kann das eigene Verhalten aus einer fremden Perspektive wahrgenommen werden. Oft wird man sich der Wirkung seines Verhaltens nur bewusst, wenn man die Position eines anderen einnimmt. Auch die Haltung und das Verhalten des Gegenübers kann dadurch verständlicher werden. Der Rollentausch ist ein ganz wertvolles Instrument im Rollenspiel und ist die zentrale Technik im Psychodrama.

Perspektiven wechseln

In der Erwachsenenbildung muss ein Rollentausch aber mit Vorsicht eingesetzt werden, da dieses Instrument sehr ins innerpsychische Erleben führen kann. Ich erlebe häufig, dass Teilnehmer darauf gar nicht einsteigen wollen (»Ich kann doch nicht ihn spielen, das kann er selbst viel besser …«).

Beispiel Seminar Stressbewältigung: Die Teilnehmerin F ist eine türkische Mitarbeiterin, die ziemlich gut Deutsch spricht. Sie hat im Betrieb aber oft Mühe, ihren Vorgesetzten zu verstehen, wenn er Anweisungen erteilt. Sie meint, es sei wahrscheinlich ihr Fehler, und so tut sie meistens, als ob sie es verstanden hätte. Dies führt aber dann zu Stress, da sie die fehlenden Informationen irgendwie herholen muss, um den Auftrag termingerecht zu erfüllen. Die Seminargruppe ist sich einig: F muss lernen, ihrem Vorgesetzten zu sagen, wann sie ihn nicht versteht. Ich schlage vor, dies im Rollenspiel zu trainieren, und fordere F auf, uns ihren Arbeitsplatz zu beschreiben und einen Ort im Kursraum zu bestimmen, wo wir symbolisch den Arbeitsplatz einrichten können. Dann wählt F ein Gruppenmitglied aus (M), welches die Rolle des Vorgesetzten übernehmen wird. Wir spielen die Szene durch, F gelingt es aber nicht so recht, den Vorgesetzten bei seinem Redeschwall zu stoppen. Ich schlage einen Rollentausch vor: F soll die Rolle des Vorgesetzten übernehmen, M spielt die Rolle von F. Meine Idee dabei ist, dass F vielleicht in der Rolle des Vorgesetzten herausfindet, was er von F erwartet bezüglich der Bestätigung des Hörens und Verstehens. Aber F hat Mühe, die Rolle zu übernehmen, sie fällt in

ein andauerndes Kichern. Ich schlage vor, sie soll doch den Redeschwall auf Türkisch sprechen, aber auch das hilft nichts. Sie ist offensichtlich nicht in der Lage, den Rollentausch vorzunehmen.

Dies kann einerseits an kulturellen Vorgaben liegen: F hält es möglicherweise für nicht wünschenswert, einen Mann zu spielen. Denkbar ist auch, dass die Szene für sie sehr Angst machend ist: die Sorge um den Arbeitsplatz. In der simulierten Situation wird die Angst wieder aktiv. Ich breche den Rollentausch ab, wir kehren zur Ausgangssituation zurück. Der Vorgesetzte kommt, um F etwas zu erklären. Ich fordere F auf, unter den Seminarteilnehmern zwei Personen auszuwählen, die sie bei der Suche nach einer Lösung unterstützen könnten. F wählt zwei Teilnehmerinnen aus, die ein ziemlich selbstbewusstes Auftreten haben. Wir werden nun die Szene noch einmal ohne Rollentausch durchspielen, aber diesmal mit zwei »Hilfs-Ichs«: F erhält zwei Schutzengel, die aktiv ins Geschehen eingreifen können und so F unterstützen werden.

Der Rollentausch ist besonders geeignet, neue Verhaltensweisen aufzuzeigen. Menschen, die Hemmungen haben, die Konflikten aus dem Wege gehen, die eigene Bedürfnisse nicht anmelden können, die mutlos sind, die Angst vor Bestrafung haben, können im Rollentauch die Situation explorieren und mögliche Lösungsvarianten aus der aktiven Gegenrolle heraus erleben. Wir haben im oben stehenden Beispiel gesehen, dass der Rollentausch jedoch zu Blockaden führen kann. Eine Voraussetzung für den Rollentausch ist ein relativ gesundes »Ich«: Nur wer einigermaßen festen Boden unter den Füßen hat, wird sich darauf einlassen, mal ein anderes »Ich« zu spielen.

»In der Psychodramaliteratur wird als wesentliche Wirkung des Rollentauschs häufig die Exploration des Beziehungspartners und die Du-Erkenntnis genannt. Diese Einschätzung der Wirkung des Rollentausches ist aber so unvollständig, dass sie Unwissende in die Irre führt. Denn sie unterschlägt das, was den Rollentausch so besonders macht, nämlich die Möglichkeit, Beziehungsmuster in Konflikten zu erkennen und zu verändern. (…) Der Protagonist übernimmt im Rollentausch nicht nur wie in einem Rollenspiel die Rolle des anderen, sondern die Rolle des anderen in Beziehung zu sich selbst und auch wieder die eigene Rolle in der Beziehung zu dem anderen. (…) Diese spezifische Wirkung des Rollentauschs kommt dadurch zustande, dass der Rollentausch mehrfach wiederholt und immer auch wieder zurückgenommen wird, sodass die Spieler sich auch in den ursprünglichen Rollen immer wieder neu begegnen.« (Krüger 1997, S. 164)

Beispiel: Im Kurs »*Motivationstraining für Erwerbslose*« hat die Teilnehmerin D ein ziemlich großes Problem. Sie hat von ihrem letzten Arbeitgeber ein schlechtes Arbeitszeugnis erhalten. Nach einer schriftlichen Anfrage beim Arbeitgeber ist dieser bereit, mit D dies nochmals zu besprechen. Wir machen eine »Probe aufs Exempel«: Die zukünftige Situation wird simuliert und durchgespielt. Im Rollenspiel ist D nicht fähig, auf die Kritik des Arbeitgebers zu kontern, sie reagiert mit Schweigen. Ich schlage daher einen Rollentausch vor, mit dem Ziel, dass D sich in die Rolle des Arbeitgebers hineinversetzen kann. Sie soll erleben, wie der Arbeitgeber sie sieht, was für einen Handlungsspielraum er ihr einräumt. D und Arbeitgeber tauschen also ihre Rollen und spielen die Situation zeitversetzt und aufeinander bezogen nach und entwickeln das Rollenspiel weiter. Nach einem kurzen Moment kommt es zu einer wichtigen Bemerkung des Arbeitgebers (»Sie haben unsere Erwartungen eben nur teilweise erfüllt«). Der Rollentausch geht zurück zu den ursprünglichen Rollen: Der Arbeitgeber wiederholt den letzten Satz. Nach einem kurzen Zögern, wagt D zu fragen, was er denn genau damit meine, welche Arbeitsleistungen ungenügend waren. Wieder Rollentausch: Der Arbeitgeber (D) erklärt, dass der Abteilungsleiter sich negativ geäußert hat und die Zwischenbeurteilung nicht besonders positiv war. Es tue ihm Leid, aber da könne er halt nichts machen. Wieder Rollentausch zurück: D entgegnet jetzt dem Arbeitgeber, dass sie sehr überrascht sei, der Abteilungsleiter habe nie Kritik geäußert. Sie wünscht, dass dieser hinzugezogen wird. (Das Rollenspiel geht in dieser Form noch einige Runden weiter.)
Auswertungsrunde: D und ihr Partner berichten, wie sie sich in beiden Rollen gefühlt haben. D konnte ihren Horizont erweitern und hatte erfasst, dass der Arbeitgeber einige Floskeln gebraucht. Wertvoll ist auch das Feedback des Partners aus der Rolle von D. Dann geben die Zuschauer Hinweise, die wichtigen Momente im Spiel werden analysiert und mögliche Varianten diskutiert.

Rollentausch ist dann besonders effektiv, wenn die beiden Rollenspieler in der Ausgangssituation ihre eigene, reale Rolle spielen. Im oben stehenden Beispiel spielt D ihre reale Rolle in einer Vorwärts-Simulation, der Arbeitgeber hingegen wird von einem ausgewählten Gruppenmitglied gespielt (und ist selber auch Erwerbslos). Meistens haben wir die Möglichkeit nicht, mit den realen Personen zu simulieren. In einer Familientherapie hingegen ist dies oft möglich: Die ganze Familie ist an den Sitzungen beteiligt. Auch in Teamsupervisionen oder bei innerbetrieblichen Weiterbildungen ist dies der Fall: X ärgert sich, dass Y sich wenig persönlich engagiert und selten Verantwortung für irgendetwas übernimmt. Sind X und Y bereit, diesen Konflikt zu bearbeiten, kann eine konflikthafte Szene aus der Vergangenheit simuliert werden, wobei X und Y ihre realen Rollen übernehmen. Im »Hin-und-zurück-Rollentausch« kann nun dieser Konflikt bearbeitet werden: Durch den Rollentausch werden die Gefühle der Konfliktparteien sichtbar und die Protagonisten erleben, welche Wirkungen das eigene Verhalten beim Gegenüber auslöst.

Wir haben gesehen, dass Rollentausch eine recht große Rollenflexibilität voraussetzt. Um diese zu trainieren, kann die Technik bereits zu Seminarbeginn spielerisch und unproblematisch eingeführt werden, beispielsweise als Kennenlernübung.

Beispiel Rollentausch als Kennenlernübung: Es ist der erste Kurstag, wir sind beim Thema: Kennenlernen, Erwartungen an den Kurs. Die Anleitung lautet: »Suchen Sie sich einen Partner oder eine Partnerin für ein gegenseitiges Interview zur Person und zum Kurs (Warum haben Sie sich für diesen Kurs angemeldet? Was erwarten Sie?). Danach stellt jeder seinen Interviewpartner in der Plenarrunde vor, indem er die Rolle seines Interviewpartners übernimmt und in der Ich-Form für seinen Gesprächspartner spricht.«

Doppeln

Die Technik des Doppelns wird im Psychodrama mit der Zielsetzung eingesetzt, die Gefühle, Gedanken und Ziele des Hauptdarstellers zu klären und zu verdeutlichen. Dabei tritt ein Gruppenmitglied oder der Leiter hinter den Hauptdarsteller und spricht Gedanken aus, die der Hauptdarsteller haben könnte. Der Doppler verlässt sich hierbei vollkommen auf seine Intuition. Trifft seine Vermutung zu, so kann dies dem Hauptdarsteller helfen, sich über Gefühle und Wünsche Klarheit zu verschaffen. Sind die »gedoppelten Gedanken« unzutreffend, sagt dies der Hauptdarsteller, er lehnt sie dann ab.

Im pädagogischen Rollentraining kann diese Technik spielunterstützend eingesetzt werden: Ist das Spiel stockend, findet ein Rollenspieler »seinen Text« nicht mehr, kann ein Gruppenmitglied sich hinter diese Person stellen und in der Ich-Form und/oder pantomimisch der Handlung einen Anstoß geben. Durch das Doppeln wird also versucht, dem betreffenden Spieler eine mögliche Fortsetzung zu »soufflieren« – und wie beim Soufflieren soll die Information nur so lang sein, wie unbedingt nötig, damit der Spieler weitermachen kann. Dabei ist es dem betreffenden Spieler freigestellt, die soufflierte Fortsetzung zu übernehmen oder diese abzulehnen. Doppeln bedarf einer großen emotionalen Intelligenz: Um jemanden zu doppeln, muss ich mich in diese Person und Situation einfühlen können und die Information muss Aufforderungscharakter haben, darf aber nicht verletzend oder beschämend sein.

> »Haben Sie schon einmal eine Mutter zu ihrem Baby sprechen sehen? Natürlich freut sich das Baby darüber, aber es versteht kein einziges Wort. Das jedoch interessiert die Mutter nicht: Sie spricht für das Baby und für sich selbst.«
>
> Jakob L. Moreno

Beispiel für das Doppeln: In dem dreimonatigen Kurs »Sport, Bewegung, Bildung« ist Halbzeit, das Thema des heutigen Tages ist eine Zwischenbilanz zum Kursablauf. Anstelle des sonst üblichen Blitzlichtes steigen wir ein mit einem Rollenwechsel: A stellt sich hinter B und spricht aus der Rolle von B, wie sie den Kurs bisher erlebt hat (»Was war gut, was hat mir nicht gefallen, was erwarte ich?«). Anschließend hat B die Gelegenheit, zu bestätigen oder zu korrigieren (»Ja, das trifft genau zu, nur der eine Punkt, wo…«), und dann erfolgt der nächste Rollenwechsel. Am Schluss sollte jedes Gruppenmitglied einmal »gedoppelt« sein und hat selbst ein anderes Gruppenmitglied »gedoppelt«.

Beispiel Seminar »Beratungsgespräche führen«: Der Personalberaterin P gelingt es nicht, mit ihrem Klienten Z eine realitätsgerechte Laufbahnplanung zu erarbeiten. Z kommt immer wieder mit neuen Ideen, die aber schlecht umsetzbar scheinen. Im letzten Gespräch wollte P das Gespräch konfrontativ führen und eine (eher unbefriedigende) Bilanz der bisherigen vier Sitzungen ziehen. Irgendwie ist ihr das nicht gelungen. Ich bitte die Personalberaterin P uns eine Szene aus dem Gespräch mit Z im Rollenspiel vorzuführen. Dabei fällt auf, dass der Klient sehr viel spricht und die Beraterin eher passiv ist. Ich lade die Zuschauer ein, P zu doppeln: »Wenn ihr euch in P einfühlen könnt, wenn ihr meint, ihr wisst, was sie denkt, dann tretet doch bitte hinter den Stuhl von P und sprecht in der Ich-Form für sie den Gedanken aus, den ihr erspürt habt. Wenn eure Interpretation zutrifft, kann dies P helfen, die eigenen Gefühle und Ideen wahrzunehmen und entsprechend zu handeln. Wenn ihr mit dem Doppeln danebenliegt, dann ist das nicht weiter schlimm: P wird eure Interpretation ganz einfach ablehnen. Das Doppeln bitte kurz und prägnant, ein paar Worte genügen.«
Im Verlauf des Rollenspieles tritt ein Zuschauer hinter P und doppelt: »Eigentlich finde ich es blöd, ihm (Z) zuhören zu müssen, ich möchte …« Der Doppler spricht nicht weiter, er tritt wieder ab. Dieser angefangene Satz zeigt aber bei P Wirkung, sie übernimmt den Gedanken: »Ja, eigentlich möchte ich ihm das Maul stopfen.« Durch das Doppeln kann P die eigenen Gefühle wieder wahrnehmen: Ärger, Überdruss und Wut. Jetzt geht es darum, dies im Beratungsgespräch professionell umzusetzen.

Beispiel Doppeln im Fremdsprachenunterricht: Es ist Montagmorgen, wir machen ein Fragespiel »Was haben Sie am Wochenende gemacht?«. Einige Teilnehmer haben große Mühe, in der Fremdsprache über das Wochenende zu berichten. An dieser Stelle führen wir das Doppeln ein: Wer »soufflieren« will, kann sich hinter die betreffende Person stellen und für sie sprechen. Die Betreffende bejaht anschließend, korrigiert und ergänzt. Dadurch wird die Kursgruppe in ihrer Kommunikation aktiviert, Ironie und Humor halten Einzug.

Ziel des Doppelns ist es, die Empathie zwischen den Teilnehmern zu erhöhen, die Personenwahrnehmung zu trainieren und Hilfe bei der Selbstreflexion und möglichen Verhaltensänderungen zu bieten.

Empathie erhöhen

»Eigentlich ist es das Normalste der Welt, versuchsweise die Perspektive des anderen (Beziehungspartners) zu übernehmen, sich einzufühlen und das auszusprechen, was der andere ausdrücken möchte, aber noch nicht kann, was er vielleicht auch noch nicht wahrnimmt. Viele Mütter haben nie Psychodrama gelernt und ›doppeln‹ doch ihre Kinder. Sie ahmen die Laute des Kindes oder seine Bewegungen nach.« (Krüger 1997, S. 123)

Bei Erwachsenen kann das Doppeln aber auch auf Ablehnung stoßen (»der will mir etwas einreden«, »der interpretiert etwas in mich hinein«) oder als Verletzung der Intimsphäre betrachtet werden. Mit dem Doppeln ist es wie beim Salz: Zu wenig ist fad und zu viel ist ungenießbar.

Spiegeln

Spiegeln ist eine beliebte Aktivität bei Kindern: sich vor eine andere Person stellen und spiegelbildlich alles nachmachen. Im pädagogischen Rollenspiel kann diese Technik effektvoll eingesetzt werden, um das innere Selbstbild mit einem visuellen Bild von sich zu vergleichen.

 **Beispiel Vorstellungsrunde am ersten Kurstag:** Die Teilnehmer stehen im Kreis. Wir machen ein Namenlernspiel. Ich beginne. Ich mache zwei Schritte in die Mitte und sage meinen Namen und mache gleichzeitig eine typische Geste. Dann trete ich wieder zurück. Und jetzt »spiegeln« die Teilnehmer zeitversetzt meine Aktion: Zusammen machen alle (außer mir, ich schaue nur zu) zwei Schritte nach vorne und wiederholen meinen Namen sowie meine Bewegung. Sie imitieren dabei möglichst genau Stimme, Tonfall, Mimik, Körperhaltung und Bewegung. Der Reihe nach stellt sich nun jedes Gruppenmitglied im »Spiegel« vor.

Dies ist eine gute Anwärmtechnik zum Rollenspiel, da die Teilnehmer bereits in der Vorstellungsrunde in eine spielerische Handlung einsteigen.

Spiegeln findet im Rollenspiel automatisch statt, wenn der Rollentausch vorgenommen wird. Denn: Ich sehe mich mit den Augen des anderen. Auch die Standbilder und Aufstellungen haben einen großen Spiegeleffekt: Der Einzelne sieht seine Position im Gruppenzusammenhang. Weitere Formen des Spiegelns sind:

❖ **Konfrontatives Spiegeln:** Der Leiter oder ein Teilnehmer konfrontiert den betreffenden Rollenspieler mit dessen Verhalten, indem er versucht, sein Verhalten exakt oder sogar etwas überzeichnet zu imitieren.

❖ **Integratives Spiegeln:** Der Leiter nimmt den Hauptdarsteller aus dem Rollenspiel heraus und lässt dessen Rolle durch eine andere Person spielen. Die ganze Rollenspielsequenz wird nun wiederholt und der Hauptdarsteller kann sein Verhalten in dieser Situation beobachten. Der Leiter kann den Effekt der Selbstreflexion verstärken, indem er mit dem Beobachter ein Interview führt (»Was fällt dir auf? Wie fühlst du dich als Zuschauer? Was könnte er anders machen?«). Dadurch gewinnt der betreffende Rollenspieler *»mit der räumlichen Distanz dabei auch innere seelische Distanz zu seinem Gefühlschaos. Er kann sich von außen realitätsgerecht in dem aktuellen Gruppenzusammenhang sehen und seine Empfindungen und Gefühle mit Hilfe des (ihn in Stellvertretung über die Realität hinaus spielenden) Leiters Raum, Zeit, Logik und Sinn zuschreiben. Durch die Wahrnehmung seiner selbst von außen werden seine Ich-Grenzen deutlicher. Das explorativ-integrierende Spiegeln vermittelt dem Protagonisten Identitätserkenntnis und Ich-Bewusstsein.«* (Krüger S. 157)

❖ **Spiegeln mit Videoaufnahmen:** Videoaufnahmen können sehr effizient sein, um das eigene Selbstbild einer Realitätsprüfung zu unterziehen. Nach dem Rollenspiel sehen sich die Teilnehmer die Aufzeichnung an. Dabei ist darauf zu achten, dass in erster Linie der Hauptdarsteller selber Kommentare abgibt. Denn die Selbsterkenntnis ist viel wichtiger als alle gut gemeinten Hinweise. Es genügt oft auch, nur eine kurze Sequenz aufzunehmen und diese zu bearbeiten. Man kann davon ausgehen, dass ein Teil stets auch das Ganze enthält. Dadurch bleibt mehr Zeit für eine Auswertung und eventuell ein zusätzliches Rollentraining (Wiederholung des Rollenspieles mit Verhaltensänderung).

> *»Jeder muss seinen Mann haben, der ihm über die Schulter sieht, und dieser wieder seinen, und so fort. Das ist nur gut und billig. So kommt der Mensch vorwärts.«*
> Christian Morgenstern

Rollenübernahmen auf dem Papier

Der Lernprozess findet auf dem Papier statt

Eine Vorstufe zum eigentlichen Rollenspiel mit Rollenübernahmen bilden die »schriftlichen« Rollenspiele. Dabei werden zwar Rollen übernommen, aber nicht szenisch dargestellt. Der Lernprozess findet auf dem Papier statt. Es kommt also nicht zu einer körperlichen Spielhandlung. Dennoch sind diese Übungen sehr effizient zum Training von sozialen Kompetenzen: Neue Lebenswelten können erspürt werden und Bilder, Vorstellungen und Werte über sich selbst und andere werden einer Überprüfung unterzogen.

Biografische Texte

Briefe, Tagebücher oder Berichte werden aus der Perspektive einer anderen Person heraus geschrieben. Dabei sollte man nicht gerade so weit gehen und Hitler-Tagebücher produzieren; aber das Schreiben aus anderen Rollen heraus kann beispielsweise im Sprach-, Geschichts- oder Religionsunterricht eine lebendige Lernform darstellen:

> *»Dieses Schreiben bietet die Möglichkeit, sich in das Leben anderer Personen hineinzufantasieren und aus dieser Perspektive Situationen wahrzunehmen, zu erleben und zu reflektieren. Differenzierte Rollenvorgaben und Leitfragen können den Schreibenden helfen, sich in ihren Texten der komplexen und widersprüchlichen Lebensrealität ihrer Rollen anzunähern.«* (Scheller 1998, S. 48)

Beispiel aus dem Religionsunterricht: In der heutigen Stunde wurde das Thema Minderheiten/Stigmatisierung/Ausgrenzung behandelt. Dies hat zu ziemlich heftigen Diskussionen geführt: Kräftige und unschöne Voten über jugendliche Jugoslawen und Kosovaren in der Schweiz sind gefallen. Zwei Mädchen in der Klasse sind aus dem Kosovo – sie waren sprachlos, mit Tränen in den Augen. Auch der Lehrer wurde ziemlich überrascht von diesem plötzlichen Aggressionsausbruch. Er gibt den Schülern eine Hausaufgabe: »Ich bitte euch, im Verlauf der nächsten Woche ein Tagebuch zu schreiben – aber nicht euer Tagebuch, sondern die Gedanken und Berichte eines fremden Jugendlichen in der Schweiz. Stellt euch vor, ihr seid vor gut einem Jahr in die Schweiz gekommen mit euren Geschwistern und der Mutter. Der Vater musste im Kriegsgebiet zurückbleiben. Ihr könnt ziemlich gut Deutsch, habt das bereits in der Schule gelernt – aber wie seht ihr die neue Umwelt, wie geht es euch? Welche Erfahrungen macht ihr?« Die Schülerinnen aus dem Kosovo erhalten die umgekehrte Aufgabe. Ziel ist es, durch eine Rollenübernahme (auf Papier) zu versuchen, nichts anderes als die Wahrheit zu ergründen. Wahrheit nicht im Sinn, was richtig und was falsch, was gut und was böse ist. Wahrheit als Erkenntnis, dass »der Mensch nicht wertvoller ist als die übrige Schöpfung – allem liegt dasselbe Urprinzip zugrunde. Weder eine Person noch ein Volk sind jemals ›besser‹ als die übrigen Menschen. Stets findet sich dasselbe Urprinzip. Jeder ist gleichwertig. Warum also irgendjemand oder irgendetwas bevorzugen?« (Laotse)

Lebensrollen

Wir haben bisher von Rollenübernahmen in Rollenspielen gesprochen. Der Mensch ist aber nicht nur in Spielen ein Rollenträger, auch in seinem realen Lebenskontext spielt er verschiedene Rollen. Um einen Einblick in die Lebensgestaltung eines Menschen und sein Umfeld zu erhalten, kann es wertvoll sein, ein Bild zu erhalten, auf dem die betreffende Person ihre Rollen darstellt.

Die Person wird aufgefordert, in die Mitte eines A4-Blattes »Ich« zu schreiben. Rund um dieses »Ich« werden dann die verschiedenen Rollen eingezeichnet, die die Person in den betreffenden Welten wahrnimmt. Dabei wird auch auf die Distanz zum »Ich« geachtet: Es gibt Rollen die uns wichtiger und unwichtiger sind und die uns persönlicher, näher am eigentlichen Ich-Selbst erscheinen.

Es entsteht somit ein Bild der subjektiven Sicht eines Einzelnen über die Entfaltung seines Selbst in verschiedenen Rollen. Dabei sollen drei Bereiche einbezogen werden: die Beziehungswelt (Familie, Freundschaft, Liebe), die kulturellen Welten (Hobbys, gesellschaftliches Engagement, Religion) und die Arbeitswelt (Beruf, Erwerb, Haushalt).

Beispiel aus einem Kurs für alkoholauffällige Fahrzeuglenker: Der erste Kurstag gilt vor allem dem Kennenlernen und dem Schaffen eines vertrauensvollen Lernklimas. Ich beginne, indem ich mich vorstelle. Ich arbeite als Kursleiter für die *Beratungsstelle für Unfallverhütung* und mache ebendiese Kurse für alkoholauffällige Fahrzeuglenker. Auf einem Flipchart notiere ich als Symbol dafür den Buchstaben F. Ich leite auch persönlichkeitsorientierte Trainingsseminare für Erwerbslose. Ich notiere E. Weiter bin ich für eine Stiftung als Projektleiter tätig. Ich entwickle und organisiere Bildungsmaßnahmen für Erwerbslose (P). Von der Ausbildung her bin ich Psychologe und arbeite zum Teil freiberuflich als Psychologe (Psy). Ich bin aber nicht nur Berufsmensch, ich habe auch eine Familie: Ich bin Vater von zwei Jugendlichen (V) … usw. Ich erwähne eine Vielzahl weiterer Lebensrollen aus Familie, Haushalt und Freizeit. Auf dem Flipchart entsteht etwa das unten stehende Bild (hier ausgeschrieben).

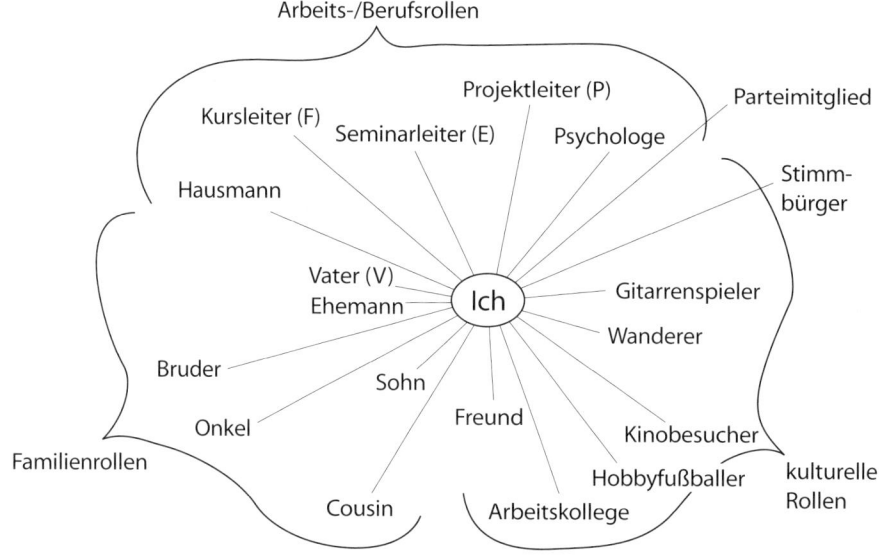

Ich bitte die Teilnehmer, ein leeres Blatt zu nehmen und ihre verschiedenen Rollen im Leben zu notieren. Wir werden danach eine kleine Vorstellungsrunde machen, wobei sich jeder Teilnehmer aus einer anderen Rolle als die des Kursteilnehmenden vorstellt: also nicht: »ich bin hier, weil ich in leicht angetrunkenem Zustand …«, sondern jeder berichtet etwas aus seiner Freizeit oder Familie. Ich weise ausdrücklich darauf hin, dass das

Blatt nicht irgendwie ausgewertet oder besprochen wird, sondern eine persönliche Übung bleibt und nur der Vorstellungsrunde dient.

Auswertung: Für bildungsungewohnte Teilnehmer kann diese Übung zu abstrakt sein. Sie machen keine grafische Darstellung, sondern schreiben einzelne Aktivitäten auf (Einkaufen, Fischen, Fernsehen, Arbeiten etc.). Dies dient ebenso der Gestaltung einer Vorstellungsrunde, die von den jeweiligen Ressourcen ausgeht.

Nach dieser Kennenlernrunde thematisiere ich die Kurs- und Gruppenregeln: »Wie wollen wir miteinander arbeiten?« Anhand der Grafik »Lebensrollen« zeige ich, dass wir uns hier in einer ganz bestimmten Rolle begegnen und führe aus, was für Erwartungen mit dieser Rolle verbunden sind (zum Beispiel aktive Teilnahme, kein Alkoholkonsum, Schweigepflicht, Respekt vor der Privatsphäre).

> »Du kannst
> nur aufgeben,
> was du kennst.
> Um zu entdecken,
> wer du bist,
> musst du zuerst
> entdecken,
> wer du nicht bist.«
>
> Nisargadatta Maharaj

Die Übung *Lebensrollen* kann auch als Standbild dargestellt werden, sie erhält dadurch mehr Substanz. Allerdings müssen in diesem Fall die Gruppenteilnehmer bereit sein, sich persönlich sehr stark zu exponieren. In einer Bildungsveranstaltung mit psychologischer Zielsetzung (Therapie, Selbsterfahrung, Förderung der Selbstkompetenz u.a.) sind Standbilder von Lebensrollen wertvolle Arbeitsinstrumente. Bei eher pädagogischen Zielsetzungen wie dem beschriebenen Anwendungsbeispiel empfiehlt sich doch eher die Papier-Bleistift-Variante. Es können dabei folgende Lernziele angestrebt werden:

❖ **Persönliche Standortbestimmung:** Qualität und Anzahl der Rollen, emotionale Befriedigung, Vereinbarkeit verschiedener Rollen, Ressourcen.
❖ **Kommunikation und Feedback in der Lerngruppe:** Rückmeldungen immer an die Person in ihrer Rolle und nicht an die Person als ganzer Mensch (nicht: »Du bist langweilig«, sondern: »Du bist ein langweiliger Kursleiter«).
❖ **Konfliktbewältigung:** Wenn ich in einer bestimmten Situation den Überblick verliere, mich irgendwie unsicher, bedroht oder angegriffen fühle, dann kann es nützlich sein, sich zu überlegen, »Wie ist die Situation, was für eine Rolle nehme ich ein, was für eine Rolle geben mir die anderen?«

Die Auswertung der Übung erfolgt beispielsweise mit folgenden Zielfragen: Welche Rollen kann ich aktivieren? Kann ich neue Rollen lernen? Welche Kommunikationsregeln wollen wir erstellen? Entspricht meine Rolle der Situation oder bin ich manchmal im falschen Film?

Rollenanalyse

Rollen haben neben einer sozialen auch eine persönliche Dimension: Ich bin zwar im richtigen Film, aber er gefällt mir nicht. Bei der Übung »Lebensrollen« kommt diese Gefühlsdimension schon etwas zum Vorschein (vor allem wenn sie als Standbild gemacht wird). Die Rollenanalyse ist eine Technik, bei der die Teilnehmer gebeten werden, ihre Lebensrollen zu beschreiben.

Ich will ein Beispiel geben aus dem Bereich der psychologischen Studentenberatung: An einem von der Universität organisierten Kurs »Motivationstraining für Langzeitstudenten« setze ich am ersten Kurstag nach der Vorstellungsrunde die Übung Rollenanalyse in folgender Form ein.

Beispiel Rollenanalyse: Tragen Sie auf unten stehender Tabelle sechs Uhrzeiten ein, die auf einen ganzen Tag verteilt sind, und tragen Sie in den betreffenden Zeilen ein, was Sie zu dieser Zeit mit wem, wo und warum gemacht haben, welches die Konsequenzen dieser Handlung sind und was für Gefühle Sie dabei hatten.

Wann?	Wo?	Was?	Mit wem?	Konse-quenzen	Gefühle

Nachdem die Teilnehmer diese Aufgabe individuell durchgeführt haben, schlage ich ihnen vor, sich in Dreiergruppen auszutauschen: War es einfach, das Blatt auszufüllen? Was hat mir am meisten Schwierigkeiten gemacht? Was fällt mir auf? Was stört mich? Was will ich verändern?

Die Gruppen berichten anschließend im Plenum, was sie von dieser Übung halten und welche Ergebnisse sie daraus ziehen können.

Die Tabelle bleibt bei den Teilnehmern, sie bleibt persönlich und unveröffentlicht. Aber indem die Teilnehmer fast buchhalterisch ein Rollenverhalten in einem Tagesablauf festgehalten haben, sind mögliche Themen für eine weitere psychodramatische Bearbeitung aufgetaucht. In einem nächsten Schritt kommt jetzt die Frage: »Wer will spielen?«

Bevor Sie weiterblättern: Machen Sie die Übung Rollenanalyse einmal für sich, aber in einer aktuellen Version: Was haben Sie in den letzten zwei Stunden gemacht? Nehmen Sie ein leeres Blatt Papier und tragen Sie nach oben stehendem Muster Ihre Tätigkeiten ein.

> »Der Mensch kennt seine Schwäche so wenig wie der Ochse seine Stärke.«
> Chinesisches Sprichwort

Wenn in der Rubrik Konsequenzen das Lesen dieses Buches einen persönlichen oder beruflichen Gewinn bringt und die dabei empfundenen Gefühle eher positiver Natur sind, dann dürfen Sie jetzt weiterlesen.

Die Technik der Rollenanalyse ist ein wichtiges Instrument auch für den Rollenspiel-Leiter: Er führt für sich, in seinem Kopf, immer wieder eine Rollenanalyse durch in Bezug auf die aktuellen Rollen im gerade ablaufenden Spiel. So eine Art Kontrollpeilung: Was wird gespielt? Wo ist die Szene? Welche Konsequenzen hat dieses Spiel? (Vgl. dazu S. 148 und 171.)

Theorieexkurs: Was ist eine »Rolle«?

(Peer Gynt nimmt eine Zwiebel und rupft Hülle um Hülle ab.)
»Nein, so eine Vielzahl. Schicht liegt auf Schicht.
Kommt denn nicht einmal ein Kern ans Licht?
(Zerrupft die ganze Zwiebel.)
Und ob er das tut. Bis ins innerste Innre
nichts als Schichten – immer dünnre und dünnre.«

Henrik Ibsen lässt in seinem Drama den alten, unglücklichen Peer Gynt die Sinnfrage stellen: Wer bin ich eigentlich? Wie eine Zwiebel rupft er sein Leben, nach dem Kern seiner Existenz suchend. Er findet nichts, keinen Identitätskern, nur verschiedene Schichten, und so stellt sich die Frage nach der Identität: Was ist dieses »sein, der man ist«? Wer bin ich? »Du selbst warst <u>du</u> doch nie«, muss sich Peer Gynt an seinem Lebensende vorwerfen lassen. Verzweifelt sucht er nach dem Wesen seiner Existenz. Verzweifelt fragt er sich, ob sein Leben nur ein Rollenspiel war (eine Aneinanderreihung von Zwiebelschalen) oder ob er im Verlauf seines Lebens auch echt, wahr und einmalig existiert hat: »Wo war ich, ich selbst, keinem sonst zu vergleichen?« Ibsen legt die Antwort auf diese existenzielle Frage der Geliebten von Peer Gynt in den Mund: »In meinem Glauben, Hoffen und Lieben warst du.« Die entscheidende Frage ist also nicht: Wer bin ich? Sondern: Wer bin ich für dich?

Der Philosoph Martin Buber hat dieses Prinzip der Begegnung zur Identitätsfindung folgendermaßen formuliert:

»Es gibt kein Ich an sich, sondern nur das Ich des Grundwortes Ich-Du und das Ich des Grundwortes Ich-Es. (…) Wenn Du gesprochen wird, ist das Ich des Wortpaares Ich-Du mitgesprochen. (…) Das Grundwort Ich-Du kann nur mit dem ganzen Wesen gesprochen werden. Die Einsammlung und Verschmelzung zum ganzen Wesen kann nie durch mich, nie ohne mich geschehen. Ich werde am Du; Ich werdend spreche ich Du. Alles wirkliche Leben ist Begegnung.« (Buber 1974, S. 9, 18)

Wir können also den Begriff der Rolle nicht unabhängig vom Begriff der Begegnung definieren: Rollen sind verschiedene Muster von Handlungsabläufen, die in einer sozialen Interaktion von den Partnern als organisiert und zielgerichtet wahrgenommen werden.

Beispiel: Ein Mann steht an einer Straßenkreuzung, er hebt und senkt die Arme, macht Bewegungen mit den Händen, bewegt und dreht seinen Kopf in verschiedene Richtungen. Das Ganze erscheint mir als sinnlose Verhaltensabläufe. Wenn ich aber beobachte, dass seine Bewegungen den Verkehrsteilnehmern gelten, und wenn ich erst noch erkenne, dass er eine Uniform trägt, so wird mir klar, dass er die Rolle eines Verkehrspolizisten spielt (das wahre Wesen der Zwiebel und doch nur eine von vielen Rollen bzw. Schichten, welche dieser Mann in seinem Leben spielt). Vielleicht ist er dabei nicht gerne Verkehrspolizist und seine Selbstverwirklichung erlebt er vielmehr beim Angeln oder beim Fernsehen, aber die Rolle, die er spielt, ist nicht falsch, die ist absolut echt und ein integrativer Bestandteil des ganzen Menschen (der ganzen Zwiebel).

Die Frage nach der Identität des Menschen, nach *Sein* und *Schein* ist ein zentrales Thema des antiken und modernen Theaters. »Rolle« ist vom Lateinischen »rotula« abgeleitet. In Griechenland und ebenso im alten Rom wurden Teile der Theaterstücke auf solchen »Rollen« geschrieben und von den Souffleuren den Schauspielern vorgelesen, die versuchten, ihren Part auswendig zu lernen. »Eine Rolle spielen« bedeutet im Theater also, die Gefühle, Handlungen und den Text einer Dramaperson szenisch darzustellen. Theater ist eine »Als-ob-Realität«, die Geschichten sind meist nicht wahr, die Personen und Handlungen erfunden. Der Begriff der *Rolle* ist dementsprechend mit Fiktion und Künstlichkeit behaftet. Wer eine Rolle spielt, ist demnach nicht echt, versteckt sich hinter einer Rolle, spielt nur etwas vor.

Diese Sichtweise entspricht ganz und gar nicht dem Begriff der Rolle, wie ich ihn im Bild der Zwiebel geschildert habe: Rollen sind verschiedene Facetten eines Menschen, die sich ergänzen und ein Ganzes ausmachen. Jede Schale der Zwiebel ist Teil der Zwiebel, so ist auch jede Rolle, die ich ausübe, Teil meiner Persönlichkeit.

Im Bereich der Sozialwissenschaften erhielt der Begriff der Rolle erstmals bei George H. Mead diesen interaktionistischen Ansatz der Begegnung. Rolle wird dabei mit der Position und dem Status mitdefiniert, den eine Person in einem bestimmten sozialen System innehat. Zum Rollenbegriff gehören demnach auch die Rollenerwartungen (Verhaltensweisen, Rechte und Pflichten), die an eine bestimmte Position gebunden sind. Das Erkennen von Rollenverhalten erlaubt es, in spezifischen Situationen das Verhalten eines Interaktionspartners zu antizipieren. Mead postuliert, dass die Qualität der Interaktionen durch wechselseitig verbindliche Rollenerwartungen bestimmt wird.

Moreno legte dem psychodramatischen Rollenspiel diesen interaktionistischen Theorieansatz zugrunde:

»Das Rollenkonzept übergreift die Wissenschaften vom Menschen – Physiologie, Psychologie, Soziologie, Anthropologie – und verbindet sie auf einer neuen Ebene. (…) Rolle kann definiert werden als die aktuelle und greifbare Form, die das Selbst annimmt. Wir definieren Rolle also als die funktionale Form, die der Mensch in dem spezifischen Moment annimmt, indem er auf eine spezifische Situation reagiert, an der andere Personen oder Dinge beteiligt sind. (…) Jede Rolle ist eine

Fusion persönlicher und kollektiver Elemente. (...) Das Konzept, das diesem Ansatz zugrunde liegt, ist die Erkenntnis, dass der Mensch ein Rollenspieler ist, dass jeder Mensch durch eine bestimmte Anzahl von Rollen, die sein Verhalten bestimmen, gekennzeichnet ist und dass jede Kultur durch eine bestimmte Reihe von Rollen, die sie ihren Mitgliedern mit unterschiedlichen Graden an Erfolg auferlegt, gekennzeichnet ist.« (Moreno 1989, S. 105ff.)

In der Praxis des Rollenspiels ist das Rollenkonzept zentral. Der Mensch ist immer in einer Rolle, dies ist nichts Künstliches, Falsches, sondern gehört zum Wesen des Menschen. Im gleichen Sinne gibt es keine falschen oder unechten Rollen: Es gibt aber Rollenverhalten, welches nicht als solches erkennbar ist, bzw. inadäquat erscheint. Dennoch haftet dem Wort »Rolle« etwas Lügenhaftes an. Bei der Übung *Lebensrollen* (siehe Seite 50) habe ich schon ganz entrüstete Kursteilnehmer erlebt: »Ich spiele doch keine ›Rollen‹«, »Ich mache niemandem etwas vor«, »Ich kann es mir nicht leisten, im Geschäft nur eine ›Rolle‹ zu spielen, als Abteilungsleiter habe ich Verantwortung für meine Mitarbeiter«. Tatsächlich stellt das Rollenkonzept die Frage nach der »wirklichen« Identität des Menschen. Ich will dies am Höhlengleichnis von Platon veranschaulichen:

»Stellen wir uns eine große Höhle vor und in ihrem Innern einige Männer, die von klein auf dort so gefesselt sind, dass sie zeitlebens nur auf die rückwärtige Wand sehen und ihren Blick nie dem Ausgang zuwenden können. Im Rücken dieser Unglückseligen, gleich außerhalb der Höhle, verläuft eine ansteigende Straße, die von einer kleinen Mauer gesäumt wird, hinter der andere Männer vorübergehen, die auf ihren Schultern Statuen und Gegenstände jeder Art und Form tragen, ein wenig wie Gaukler, die den Zuschauern die Puppen zeigen. Die Träger unterhalten sich lebhaft miteinander und ihre Stimmen werden durch das Echo in der Höhle verzerrt. Hinter dem Ganzen beleuchtet die Sonne oder, wem es lieber ist, ein großes Feuer die Szene.
Frage: Was werden die gefesselten Männer über die Schatten denken, die sie über die Höhlenwand ziehen sehen, und über das Stimmengewirr, das sie hören? Antwort: Sie werden besten Glaubens sein, dass die Schatten und die Geräusche die einzig bestehende Wirklichkeit sind.

Nehmen wir jetzt einmal an, dass es einem von ihnen gelingt, sich zu befreien, sich umzudrehen und so die Statuen zu sehen. Im ersten Augenblick würde er sie, vom Licht geblendet, sehr undeutlich erkennen und die Schatten, die er vorher gesehen hat, für klarer halten. Sobald er aber dann hinausträte und sich an das Sonnenlicht gewöhnte, würde er bald merken, das alles, was er bisher gesehen hatte, nur der Schatten der greifbaren Objekte gewesen war. (...)
Das Höhlengleichnis lässt sich in einfachen Worten erklären: Das Sein ist die Sonne oder die Erkenntnis, das Nichtsein sind die Schatten oder der Schein, dazwischen, zwischen Sonne und den Schatten, ist die Meinung, das, was wir über die greifbaren Gegenstände denken.« (Aus: DeCrescenzo 1988, S. 97f.)

Was hat das Höhlengleichnis mit dem Rollenkonzept zu tun? Ganz einfach: Rollen sind das, was wir über die aktuelle und greifbare Form, die das Selbst annimmt, denken. Rollen gehören in den Bereich der Meinungen. Meine Kinder beispielsweise sind für mich eindeutig die besten Kinder dieser Welt. Das ist meine Meinung. Ich bin immer wieder erstaunt, dass andere das nicht so sehen wie ich. Über eine und dieselbe Person gibt es unzählige Meinungen. So erlebe ich meinen Sohn sicherlich anders, als der Lehrer ihn erlebt. Und auch der Mitschüler, mit dem er um dieselbe Schülerin rivalisiert, wird eine ganz spezielle Meinung über ihn haben. Welche Meinung ist nun richtig? Welcher Dario Schaller ist nun der »richtige«? Damit soll aber nicht gesagt sein, dass Rollen nur leere Gedanken sind. Nein, sie sind die greifbare Form des Seins und dienen durch standardisierte Rollenmuster dazu, Gestalt und Ordnung in die soziale Welt zu bringen:

»Von jedem wird erwartet, dass er seine offiziellen Rollen im Leben ausfüllt; ein Lehrer soll als Lehrer handeln, ein Schüler als Schüler und so fort. Aber der Mensch sehnt sich danach, weit mehr Rollen zu verkörpern als jene, die ihm im Leben zu spielen gestattet sind, und selbst innerhalb der gleichen Rollen eine oder mehrere Variationen davon zu spielen. (...) Jeder Mensch hat – genauso, wie er zu allen Zeiten eine Reihe von Freunden und eine Reihe von Feinden hat – eine Reihe von Rollen, in denen er sich selbst sieht, und eine Reihe von Gegenrollen, in welchen er die anderen um sich herum sieht. Sie treten in verschiede-

nen Entwicklungsstufen auf. Die greifbaren Aspekte dessen, was als »Ego« bekannt ist, sind die Rollen, in denen er handelt, die Muster der Rollenbeziehungen, die sich um einen Menschen herum konzentrieren.« (Moreno 1989, S. 106)

Eine schöne Beschreibung des menschlichen Lebenslaufes mit den entsprechenden Rollen in den verschiedenen Entwicklungsstufen gibt William Shakespeare im Drama »Wie es Euch gefällt« (2. Aufzug, 3. Szene):

Die ganze Welt ist Bühne,
Und alle Frau'n und Männer bloße Spieler.
Sie treten auf und gehen wieder ab.
Sein Lebenlang spielt einer manche Rollen,
Durch sieben Akte hin. Zuerst das Kind,
Das in der Wärt'rin Armen greint und sprudelt;
Der weinerliche Bube, der mit Bündel
Und glattem Morgenantlitz, wie die Schnecke
Ungern zur Schule kriecht; dann der Verliebte,
Der wie ein Ofen seufzt, mit Jammerlied
Auf seiner Liebsten Brau'n; dann der Soldat,
Voll toller Flüch' und wie ein Pardel bärtig,
Auf Ehre eifersüchtig, schnell zu Händeln,
Bis in die Mündung der Kanone suchend
Der Seifenblase Ruhm. Und dann der Richter,
Im runden Bauche, mit Kapaun gestopft,
Mit strengem Blick und regelrechtem Bart
Voll, weiser Sprüch' und neuester Exempel
Spielt seine Rolle so. Das sechste Alter
Macht den besockten hagern Pantalon,
Brill' auf der Nase, Beutel an der Seite;
Die jugendliche Hose wohl geschont,
'Ne Welt zu weit für die verschrumpften Lenden;
Die tiefe Männerstimme, umgewandelt
Zum kindischen Diskante, pfeift und quäkt
In seinem Ton. Der letzte Akt, mit dem
Die seltsam wechselnde Geschichte schließt,
Ist zweite Kindheit, gänzliches Vergessen,
Ohn' Augen, ohne Zahn, Geschmack und alles«

Jede Rolle entspricht einem Zeitpunkt und einer Position innerhalb eines sozialen Systems. An jede Rolle sind mehr oder weniger stark normierte Erwartungen über das Rollenverhalten geknüpft. Jedes *Ich* setzt ein *Du* voraus – jede Rolle setzt andere, sie ergänzende Rollen voraus. So ist die Rolle der Mutter nicht ohne Kind und die des Richters nicht ohne Angeklagten »spielbar«.

Die Tatsache, dass der Mensch ein Träger sozialer Rollen ist, dass er gleichzeitig verschiedene Rollen spielt und dass er immer eine Rolle spielt (er kann nicht Nicht-Rollenspielen), ist ein ganz zentrales Grundverständnis zum Rollenspiel. Denn es beeinflusst das Selbstverständnis des Spielleiters bei der Anwendung dieser Methode. Der Spielleiter muss wissen, dass es im Rollenspiel nicht wahr und falsch gibt, nicht gut und schlecht, nicht richtig und falsch. Rollenspiele sind soziale Interaktionen. Diese sind immer mehrdeutig. Ziel jeden Rollenspieles ist es, den Beteiligten die Mehrdeutigkeit von sozialem Verhalten zu eröffnen und adäquates Rollenverhalten zu ermöglichen.

Anwendungsformen des Rollenspiels in der Erwachsenenbildung

Verschiedene »Rollenspiel-Schulen«

Die Grundtechniken des Rollenspielens werden je nach Zielsetzung verschieden kombiniert und nach bestimmten Spielregeln angewendet. Diese verschiedenen »Rollenspiel-Schulen« sollen jetzt kurz vorgestellt werden. Wir unterscheiden dabei zwei Funktionen des Rollenspiels: die psychologische Funktion und die pädagogische Funktion.

Rollenspiel ist die zentrale Methode in der Psychodramatherapie. Rollenspiel wird auch in vielen anderen psychologischen Therapien angewandt (Gestalttherapie, Transaktionsanalyse, neurolinguistisches Programmieren [NLP], Psychoanalyse, systemische Therapie u.a.). Die szenische Darstellung von interpersonellen und intrapsychischen Konflikten, Fantasien, Träumen, Imaginationen bereichert viele Therapieformen. In der Sozialpädagogik wird das Rollenspiel häufig mit dem Ziel des Verhaltenstrainings eingesetzt. Problematische Situationen aus dem Alltag der Teilnehmerinnen und Teilnehmer werden szenisch dargestellt, um neue Handlungsstrategien entwickeln zu können. Ziel ist die Verbesserung der Methoden- und Sozialkompetenz. Eine weitere viel benutzte Anwendungsform ist das pädagogische Theaterspiel. Es gibt zu diesem Anwendungsbereich eine umfassende Literatur, wir werden daher diesen Bereich hier nicht weiter thematisieren.

Im Folgenden sind die bekannteren Anwendungsformen des Rollenspiels nach dem Zielkriterium Psychologie/Pädagogik aufgezeichnet.

❖ Die *psychologische Ausrichtung* des Rollenspiels ist dann gegeben, wenn das Spiel von psychologisch geschulten Personen geleitet wird mit dem Ziel der Behandlung und Prävention von psychosomatischen Störungen und der Selbsterfahrung mit dem Ziel des psychischen Wohlbefindens.
❖ Die *pädagogische Ausrichtung* wird im Rollenspiel eingesetzt mit dem Ziel des Verhaltenstrainings, der Verhaltensänderung, der Praxisbegleitung, der Persönlichkeitsentwicklung sowie zur Vermittlung von fachbezogenem Wissen in unterschiedlichsten Bereichen.

Selbstverständlich ist die Trennungslinie unscharf. So kann bei einer betrieblichen Weiterbildungsveranstaltung ein Rollenspiel mit dem Ziel des Kommunikationstrainings schnell und unerwartet innerpsychische Konflikte aufzeigen. Auf diesbezügliche Abgrenzungsmöglichkeiten in der Praxis werde ich im Kapitel »Schwierige Situationen« (s. Seite 168ff.) zu sprechen kommen.

Ein weiteres Kriterium zur Differenzierung von Rollenspielen ist das Ausmaß an Gestaltungsmöglichkeiten der übernommenen Rolle: Übernehme ich eine fiktive Rolle und improvisiere oder erhalte ich eine umfassende Rollenbeschreibung und versuche, diese Person möglichst genau darzustellen?

Wir werden dementsprechend unterscheiden zwischen

❖ **angeleiteten Rollenspielen:** die Rolle, Situation und Handlung des Spiels sind weitgehend vorgegeben (ähnlich dem traditionellen Theater); und

❖ **improvisierten Rollenspielen:** wo ein hoher Grad an Wahlfreiheit bei der Rollenübernahme, Rollendefinition und Situationsbeschreibung herrscht und ein hoher Grad an Gestaltungsfreiheit im Spielablauf erwünscht ist.

> *»Gehe zur Ameise, betrachte ihr Verhalten und werde weise!«*
> Buch der Sprichwörter

Die nachfolgende Übersicht zeigt die verschiedenen Anwendungsformen, nach zwei Dimensionen geordnet: die Zielsetzung und die Anleitung.

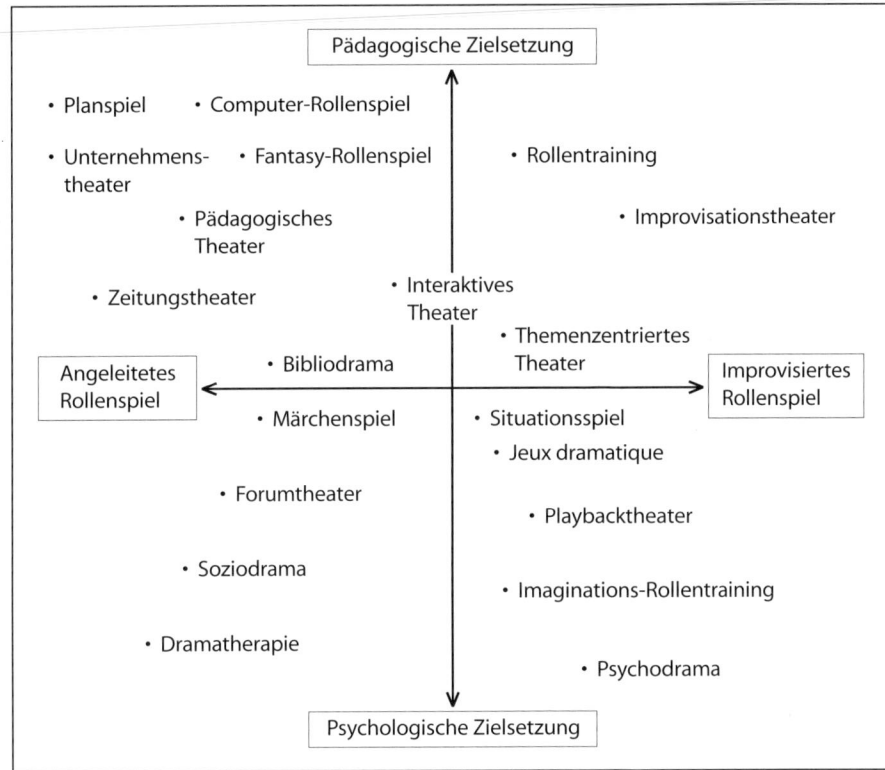

Kurzbeschreibungen verschiedener Rollenspiel-Anwendungsformen

Ich werde im Folgenden verschiedene Anwendungsformen beschreiben, die in der Abbildung auf Seite 63 aufgelistet wurden. Auf die in der Erwachsenenbildung am meisten verwendeten Anwendungsformen des eher improvisierten Rollenspieles werde ich detaillierter eingehen und auch Praxisbeispiele geben. Es handelt sich dabei um folgende:

❖ protagonistenzentriertes Rollentraining,
❖ angeleitetes Rollentraining mit definierten Rollen,
❖ Situationsspiel und Gruppenspiel,
❖ Imagination-Rollentraining,
❖ Forumtheater,
❖ Zeitungstheater,
❖ Playback-Theater,
❖ Soziodrama.

Vorausgehend werde ich von den weiteren Anwendungsformen, die auch in der oben genannten Abbildung aufgelistet sind, eine Kurzbeschreibung geben. Dies soll ein Versuch sein, in der bunten Welt des Rollenspiels mit seinen unzähligen Bezeichnungen und Benennungen einen Überblick zu schaffen. Es ist mir aber klar, dass ich in dieser Kürze den beschriebenen Anwendungsformen (wie beispielsweise Erlebnistheater, Planspiel, Bibliodrama) nicht gerecht werde. Interessierte Leser verweise ich auf weiterführende Literatur.

Fantasy-Rollenspiele

Bei Strategiespielen werden ansatzweise Rollen übernommen (im »Monopoly« bin ich Liegenschaftenhändler und Hotelbesitzer) die Handlung wird aber nicht szenisch dargestellt, sondern mit Spielfiguren ausgeführt. Die Eigenschaften der Rolle haben bei den Strategiespielen keine Bedeutung. Im Gegensatz dazu sind bei den Fantasy-Rollenspielen die Charaktereigenschaften und Fähigkeiten der Personen zentral, daher auch der Begriff Rollenspiele.

Die Teilnehmer wählen eine bestimmte Rolle aus der Spielbeschreibung. Es sind dies meist Abenteurer in einer fantastischen Welt. Die Spieler kämpfen nicht gegeneinander, sondern sie müssen eine schwierige und gefährliche Aufgabe lösen (zum Beispiel: Befreiung einer Prinzessin, Verhinderung einer Invasion, Suche nach einem verlorenen Schatz). Die Spieler versetzen sich gedanklich in die Rolle des betreffenden Abenteurers. Sie erhalten dazu eine ausführliche Rollenbeschreibung. Auch die anderen Personen und das Umfeld werden genau beschrieben.

Zu einer Rollenbeschreibung in einem Fantasy-Spiel gehören zum Beispiel: Name, Geschlecht, Herkunft, Rasse, Personenstand, gesellschaftliche Funktion, sozialer Rang, Größe, Gewicht, Kraft, Ausdauer, Bewaffnung, Verletzungen und Behinderungen, Schwachpunkte, Fachkenntnisse, Erfahrungen, Spezialkenntnisse, Fertigkeiten. Ein Teilnehmer übernimmt die Rolle des Spielleiters. Er definiert entsprechend der Spielanleitung den Spielablauf. Innerhalb der Spielregeln versuchen die Spieler nun, die Aufgabe zu lösen, wobei sie von einem Spielleiter immer neue Informationen und Schwierigkeiten erhalten. Im Unterschied zu anderen Gruppenspielen (im Monopoly etwa spiele ich als Roger einen Liegenschaftenhändler und entscheide so, wie ich, »Roger«, das tun würde) trifft der Fantasy-Spieler Entscheidungen aus einer fiktiven Rolle heraus. Die Spieler tun, als ob sie in dieser Fantasy-Welt wären, und »verhalten« sich so, wie sie meinen, dass der betreffende Abenteurer es tun würde. Das »Verhalten« bleibt aber imaginär, das ganze Spiel erfolgt verbal, es kommt nicht zu körperlichen Spielhandlungen. Weitere Informationen dazu unter den Suchwörtern »Rollenspiel« oder »Roleplay« im Internet.

Computerspiele

Das Angebot ist mittlerweile riesig und reicht von Flugzeugsimulationen und Kampfspielen, zu Management-Games und Sciencefiction-Abenteuern. Bei den Simulationen geht es in erster Linie um die Reaktionsfähigkeit, Ziel ist das Training eines schnellen und adäquaten Verhaltens unter schwierigen Bedingungen. Die Simulationen werden daher immer wirklichkeitsnäher: Die Firma Advanced Interactive Systems hat in den USA einen Simulator entwickelt, mit dem Polizisten die Bekämpfung von bewaffneten Kriminellen trainieren können: Auf einem Großbildschirm werden Schauplätze für kriminelle Tätigkeiten konstruiert. Viele verschiedene Szenarien (Komplizen, Passanten, Hindernisse und Bewegungen, verschiedene Waffen) machen es den Polizisten schwer, die Verbrecher mit einem präzisen Schuss zu treffen. Das Besondere dabei ist, dass die Verbrecher nach ganz verschiedenen Szenarien handeln, je nach Reaktion des Polizisten. Und das Besondere an diesem Simulator ist, dass die virtuellen Gegner auch wirklich zurückschießen: Ducken sich die Polizisten nicht rechtzeitig hinter einem Polster, werden sie von murmelgroßen Kugeln aus Hartnylon getroffen, abgefeuert von Spezialgewehren oberhalb des Bildschirms. Wir sehen, dass der Trend immer mehr hin zu wirklichkeitsnaheren und interaktiven Simulationen geht.

Bei den Strategiespielen geht es nicht um schnelle Reaktionen, sondern um komplexe Entscheidungen: So muss beispielsweise der Spieler Entscheidungen treffen als Fussballmanager bei der Führung eines Bundesligaklubs (mit besonderen Problemen bei Transfers, Steuern, Marketing etc...) oder als Bürgermeister einer Großstadt, die mit diversen Stadtplanungsproblemen, sozialen Konflikten und Steuerflucht konfrontiert ist. Bei diesen Spielen übernimmt der Spieler nicht eigentlich eine Rolle, sondern er drückt aus, was er machen würde, wenn er Bürgermeister dieser fiktiven Großstadt wäre.

Ähnlich wie bei den Fantasy-Rollenspielen, gibt es bei den Computerspielen aber auch Abenteuerspiele, bei denen der Schwerpunkt auf den Charakteren und den Beziehungen zwischen Personen liegt: Der Spieler muss eine Rolle auswählen und gedanklich übernehmen (meist eine Heldenfigur) und kann sich im Spielverlauf bei verschiedenen Getreuen Unterstützung holen. Je nachdem, welches Team sich der Spieler so zusammenstellt, nehmen die Abenteuer einen anderen Verlauf, denn die Spielfiguren besitzen verschiedene Charaktereigenschaften. Beispiele sind »Baldur's Gate«, »Diablo«, »Curse of Monkey Island«.

> »Spielen ist experimentieren mit dem Zufall.«
> Novalis

Planspiele

Ursprünglich als militärische Sandkastenspiele entwickelt, werden Planspiele in Aus- und Weiterbildung zur Bearbeitung von komplexen wirtschaftlichen und sozialen Zusammenhängen eingesetzt. Dabei wird eine Situation schriftlich dargelegt, die Rahmenbedingungen werden festgehalten und die Teilnehmer versetzen sich in die Position von Personengruppen, die an der Situation beteiligt sind und Entscheidungen herbeiführen können. Im Gegensatz zu den Computerspielen liegt beim Planspiel der Schwerpunkt auf dem Gruppenprozess: Indem an der Problemlösung verschiedene Gruppen beteiligt sind, die die Schwierigkeiten und Lösungsvarianten jeweils aus verschiedenen Blickwinkeln betrachten, kann das Nachdenken über Strukturen und Prozesse in Politik und Alltag übertragen werden und Verhaltenskonsequenzen werden erfahren (vgl. Heidelhoff 1998; Knoll [9]2000; Klippert [3]2000). Planspiele haben den Nachteil, dass sie sehr aufwendig in der Vorbereitung sind. Eine vereinfachte Form des Planspieles beschreibt Landwehr (1997): Im so genannten Konferenzspiel geht es um die Planung und Durchführung von Konferenzen mit dem Ziel des Erkennens von unterschiedlichen Werten und Interessen der Konferenzparteien inklusive entsprechender Wahrnehmungs-, Denk- und Handlungsmuster.

Wie beim Rollenschreiben oder bei Strategiespielen identifizieren sich die Spieler im Planspiel mit den Rollen, es findet aber keine eigentliche Rollenübernahme statt.

Beschreibungen von diversen Planspielen (und anderen interaktien Lernmedien) finden Sie im Internet bei der Datenbank www.management-games.com/main.html.

Pädagogisches Theater, Dramapädagogik, Erlebnistheater

Mit diesen Begriffen wird eine Anwendungsform des Theaterspielens bezeichnet, das mit Kindern und Jugendlichen im schulischen und außerschulischen Bereich sowie in der Erwachsenenbildung durchgeführt wird. Ziel ist einerseits die Schulung der Ausdrucksfähigkeit und die Entwicklung der Persönlichkeit, andererseits aber auch Wissenseinheiten Theater spielend begreifbar zu machen (Lernen durch Drama) und die Förderung der sozialen Kompetenzen. Das inhaltliche Spektrum ist dabei außerordentlich weit, beispielsweise:

Ausdrucksfähigkeit schulen, Persönlichkeit entwickeln

❖ das Experimentieren mit brechtschen Lehrstücken, um Erfahrungen mit Gewalt, Macht und Ohnmacht zu bearbeiten und produktive Haltungen in Konfliktsituationen zu erproben (Gugel 1998, S. 106);
❖ das Training der Sprechfähigkeit in einer Fremdsprache durch die Interpretation einer Theaterrolle (vgl. Tselikas 1999).

In der Spielanleitung vorgegeben sind dabei wahlweise Rollen, Situationen und Ereignisse aus der Geschichte, aus der Fantasie oder dem aktuellen Lebens- und Zeitgeschehen oder Theatertexte (die bearbeitet, ergänzt oder abgeändert werden). Hauptziel ist dabei nicht die Aufführung, sondern das Experimentieren und Entwickeln von Geschichten und Charakteren (vgl. Spolin 1993; Schopf 1993; Paris 1994; Kempe 1998).

Interaktives Theater

Persönlichkeitsbildung

Diese Theaterform wird häufig in Schulen eingesetzt zur Persönlichkeitsbildung (Umgang mit schwierigen Gruppensituationen, Partnerschaft, Sexualität, Gewalt, Sucht etc.). Dabei spielen professionelle Schauspieler ein kurzes Theaterstück. In einer Wiederholung haben die Zuschauer dann die Möglichkeit, in kritischen Passagen den Spielern durch Zurufen Handlungsanweisungen zu geben und so den Handlungsablauf zu beeinflussen. Ziel ist das Sichtbarmachen und Gegenüberstellen von verschiedenen Handlungsalternativen mit den entsprechenden Folgen.

Interaktives Theater als Instrument der politischen Bildung in Lateinamerika wurde von Augusto Boal (1989) beschrieben: Ursprünglich als politisches Theater von professionellen Schauspielern für eher ländliches und theaterungewohntes Publikum konzipiert (das Publikum wurde bei Schlüsselszenen jeweils gefragt, wie die Handlung weitergehen soll), entwickelte Boal eine Theaterform, bei der die Zuschauer zu Schauspielern werden: das Forumtheater. Ich werde dieses Instrument weiter unten ausführlicher beschreiben.

Improvisationstheater

Improvisations-wettkampf

Mehrere Teams führen einen Improvisationswettkampf zu einem vorgegebenen Thema durch. Ein Spielleiter fordert zwei Teams auf, innerhalb einer kurzen Zeit (zum Beispiel drei Minuten) zu einem aktuellen Thema eine komische Szene zu improvisieren. Die Zuschauer bestimmen daraufhin das Gewinnerteam mittels Applaus-Lautstärke. Der Verlierer scheidet aus, der Gewinner kommt in die nächste Runde. Aufgrund des Wettkampfcharakters wird diese Kabarettimprovisation auch Theatersport genannt (vgl. Johnston 1998). Ziel ist die Förderung der Spontaneität und Kreativität und natürlich die Steigerung des Wohlbefindens: Lachen ist gesund.

Unternehmenstheater

Ein von einem Unternehmen in Auftrag gegebenes Theaterstück thematisiert einen Konflikt oder einen Prozess, den die Unternehmensleitung bewältigen will. Das Stück wird von professionellen Schauspielern vor den Mitarbeitern aufgeführt und soll Probleme ansprechen und bewusst machen, die sonst im Unternehmen nicht offen angesprochen werden (Konkurrenz, Mobbing,

Angst vor Arbeitsplatzverlust, Unternehmensphilosophie, Leitlinien etc.). Damit sollen die Diskussion und Lösungssuche unter den Mitarbeitern angeregt werden. Auch die Technik des interaktiven Theaters (Zurufen von Handlungsanweisungen) ist im Unternehmenstheater einsetzbar (vgl. Schreyögg 1999).

Bibliodrama

Im Bibliodrama erfolgt eine Auseinandersetzung mit Episoden aus der Heiligen Schrift im psychodramatischen Rollenspiel. Es handelt sich hierbei nicht um eine Art religiösen Theaters, sondern um das Begreifbar- und Erlebbarmachen von biblischen Texten:

> »*Jeder Spieler übernimmt die Rolle als Individuum und versucht sie im Rahmen der biblischen Erzählung so zu realisieren, wie er sie erfährt oder erlebt, ohne dass er durch irgendwelche Regieanweisungen in seinem Spiel eingeengt würde. Als Methode ›lebendigen Lernens‹ kann das Bibliodrama bei der religiösen Unterweisung von Kindern verwandt werden. Wenn es mit Erwachsenen und Jugendlichen durchgeführt wird, stehen Szenen im Vordergrund, die Probleme aufwerfen oder dem heutigen Verständnis schwer zugänglich sind.*« (Petzold 1984, S. 358)

> »*Gott ist immer in uns und um uns herum, wie bei den Kindern. Statt vom Himmel herabzusteigen, tritt er durch die Bühnentür ein.*«
> Jakob L. Moreno

Weiterführende Literatur zur Anwendung des Bibliodramas finden Sie bei Stangier 1997.

Jeux dramatiques

Dabei handelt es sich um ein improvisiertes Theaterspiel ohne eingeübte Spieltechnik mit dem Ziel, inneres Erleben und Gefühle spielerisch auszudrücken. Es kann von Textvorlagen ausgegangen werden (Märchen, Gedichte, Erzählungen) oder auch von bekannten Figuren, Tieren, Pflanzen oder Ereignissen. Die Texte, die ein Sprecher zum Spiel liest, werden von den Spielern völlig frei nach ihren Vorstellungen dargestellt oder auch im Rahmen eines gemeinsam besprochenen Konzeptes. Als Ergänzung zur leistungsbezogenen Schulung will dieses Ausdrucksspiel aus dem Erleben den Teilnehmern ermöglichen, in einer angstfreien Umgebung, wo es kein Richtig oder Falsch gibt, zu experimentieren und eigene Gefühle und Gedanken auszudrücken.

Der Begriff »Jeux dramatiques« wurde von dem französischen Pädagogen L. Chancerel geprägt und anfangs vor allem in der Erziehungsarbeit mit Kindern angewendet. Heute wird diese Methode auch in der Aus- und Weiterbildung von Lehrern, Sozialpädagogen und Erwachsenenbildnern eingesetzt (vgl. Arbeitsgemeinschaft für Jeux Dramatiques 1990 und Weiss 1999).

Themenzentriertes Theater

Methode des Identitätslernens

Bei dieser Methode des Identitätslernens werden Situationen durch eine Lerngruppe im Rollenspiel inszeniert. Das Spielerleben soll eine Reflexion und einen Austausch über das unterschiedliche Wahrnehmen von Lebenssituationen ermöglichen. Dabei gelten drei Grundsätze:

❖ Menschen besitzen neben dem Kopf-Gedächtnis auch ein Körper- und Seelegedächtnis,
❖ Gelerntes muss sofort anwendbar sein,
❖ der Lehrstoff muss direkte Verbindungen zum eigenen Leben enthalten.

Themenzentriertes Theater ist weitgehend vom Psychodrama abgeleitet und sehr verwandt mit den Methoden Soziodrama, Erlebnistheater und Jeux dramatiques (vgl. Werthmüller 1993).

Märchenspiel

Pädagogische und psychologische Zielsetzungen

Das Märchenspiel ist eine Anwendungsform des Rollenspieles, die zu pädagogischen und auch psychologischen Zielsetzungen eingesetzt werden kann. Wir finden diese Methode daher in den verschiedensten »Schulen«: Psychodrama, Dramatherapie, Mythodrama, Jeux dramatiques, themenzentriertes Theater, Unternehmenstheater, pädagogisches Theater. Durch die Darstellung von Märchen gelangen die Spieler zu ihren inneren tiefen Persönlichkeitsanteilen und mobilisieren hilfreiche archetypische Kräfte, die der Konflikt- und Problembewältigung dienen können.

»Im psychodramatischen Märchenspiel werden Zeichen und die Gestalten des Märchens zu persönlichen Symbolen. In den Rollen verbinden Spieler die Abbilder des Märchens mit ihren eigenen leiblich-seelisch-geistigen Erfahrungen. Das psychodramatische Märchenspiel bekommt ich-stärkenden-Charak-

ter, weil es erlaubt, in den Rollen Strukturelemente, zum Beispiel einen Affekt, in ein szenisches Bild und Beziehungsspiel zu integrieren.« (Pfirter 1998, S. 11)

Eine Spezialform des Märchenspiels ist das Mythodrama. Es ist ein psychotherapeutisches Gruppenverfahren für Kinder und Jugendliche, bei der Mythen oder Märchen nachgespielt werden. Die Beteiligten werden im symbolischen Spiel mit Problemen konfrontiert, die sie in der realen Lebenssituation antreffen (vgl. Guggenbühl 1999). Weiterführende Literatur zum psychodramatischen Märchenspiel finden Sie bei Franzke 1985, Wittinger 2000.

Dramatherapie

Mit Hilfe dieser psychologischen Therapieform soll durch das Erarbeiten, Spielen und Verändern von Theaterstücken ein heilender Effekt bei psychisch Kranken bewirkt werden. Peter Weiss (1965) beschreibt in seinem Theaterstück »Die Verfolgung und Ermordung des Jean Paul Marats, dargestellt durch die Schauspieltruppe des Hospizes zu Charenton unter der Anleitung des Herrn de Sade« eine der ersten dramatherapeutischen Arbeiten in einer psychiatrischen Klinik Anfang des 19. Jahrhunderts. Heute wird in vielen psychiatrischen Kliniken das Theaterspielen als Therapieform eingesetzt. In der Regel wird das Theaterstück vom Therapeuten vorgegeben und im Verlauf der Spielproben findet eine Auseinandersetzung und Bearbeitung der Rollen statt. Der Verfremdungseffekt des Theaterspiels führt einerseits zu einer Distanzierung: Darsteller und Zuschauer wissen, dass es sich um eine künstliche Realität handelt. Anderseits kann eine Identifikation mit den dargestellten Personen stattfinden: Durch den psychologischen Prozess der Einfühlung (Katharsis) in die Rollen und Situationen können Erlebnisse gemacht werden, die bei der Deutung und Bewältigung von Lebenskrisen und Konflikten hilfreich sein können.

Theaterspielen als Therapieform

Bei kleineren Gruppen oder in Einzeltherapien kann der Therapeut Spielszenen selber entwickeln, die auf die Biografie und Krankheit der jeweiligen Patienten Bezug nehmen (vgl. Petzold 1993; Jennings 1998).

Psychodrama

Das Psychodrama ist nach Moreno »die Methode, welche die Wahrheit der Seele durch Handeln ergründet«. Im protagonistenzentrierten Psychodrama bringt ein Gruppenmitglied ein relevantes Thema ein, welches es bearbeiten möchte, und wird somit zum Hauptdarsteller (Protagonisten) des psychodramatischen Rollenspieles. In der Regel entscheiden die Gruppenteilnehmer selber, wer Protagonist wird. Und dieser bestimmt selbst, welche Szene er im Rollenspiel darstellen möchte. Der Psychodramatherapeut unterstützt den Protagonisten durch aktives Zuhören und geschickte Fragestellungen. Wenn es die Gruppendynamik erfordert, kann der Psychodramatherapeut auch zum Spiel einer bestimmten Szene auffordern. Der Protagonist richtet seinen Spielraum mit den ihm wichtig erscheinenden Requisiten ein. Anschließend wählt er die Gruppenteilnehmer aus, die bestimmte Rollen übernehmen werden. Mit den Techniken der Rollenübernahme, des Rollentauschs, Doppelns und Spiegelns wird das Protagonistenspiel durchgeführt.

Über spontane szenische Wiedergabe von relevanten Situationen der Gegenwart, der Vergangenheit und auch von Wünschen, Fantasien, Träumen im psychodramatischen Spiel kommt es zu einem intensiven emotionalen Erleben. Dieses Erleben, die aktive Spielhandlung und das dadurch erworbene neue Wissen kann zu Verhaltensänderungen führen und erhöht die soziale Kompetenz, die Flexibilität und Autonomie der Teilnehmer und Teilnehmerinnen (vgl. Brenner 1998; Bosselmann 1996; Zeintlinger 1996; Moreno 1989).

Zum Repertoire des Psychodramas gehören neben dem protagonistenzentrierten Spiel auch verschiedene Gruppenspiele (Imaginationstechnik mit dem leeren Stuhl, Situationsspiel, Soziodrama, Märchenspiel, Stegreifspiel) und die Soziometrie mit ihrer weit bekannten Anwendungsform der Familienaufstellungen, welche in den letzten Jahren bedeutend weiterentwickelt wurden (vgl. Williams 1994; Hellinger 2000).

Das Psychodrama verfügt über die wohl variantenreichste Methodologie im Bereich Rollenspiel. Viele Anwendungsformen des Rollenspieles in Pädagogik und Psychologie sind direkt oder ungenannt vom Psychodrama abgeleitet. Weiterführende Literatur zum Psychodrama: Krüger 1997; Serafin 1997; Bosselmann 1996; Brenner 1996; Petzold 1993; Haan 1992; Wittinger 2000.

> »Wie kann man sich selbst kennenlernen? Durch Betrachten niemals, wohl aber durch Handeln.«
>
> Johann Wolfgang von Goethe

Rollentraining

Das Rollenspiel als Rollentraining ist die zentrale Methode zur Förderung der persönlichen Flexibilität und Handlungsfähigkeit im Bereich der Erwachsenenbildung. Dabei wird eine vorher klar definierte, realitätsnahe Szene (Ort, Zeit, Handlung, Personen) durchgespielt und anschließend in einer Feedbackrunde besprochen.

Ziel des Rollentrainings ist es, sich auf bevorstehende kritische Situationen vorzubereiten, indem verschiedene Handlungsmöglichkeiten ausprobiert werden. Also eine Art Probe fürs Leben: So können beispielsweise Sozialarbeiter das »konfrontative Gespräch« üben, Hotelangestellte üben den Umgang mit Reklamationen, Stellensuchende üben das Vorstellungsgespräch.

> »*Fortschritt ist keine Lehre, sondern eine Tätigkeit.*«
> Moshé Feldenkrais

»*In einer Spielszene verbinden sich affektive, psychomotorische und kognitive Anteile im Menschen. Im Erleben, in der Aktion können die abgespalten Anteile erfahren und erlebt werden. (…) In einer spielerisch angstfreien und ungefährlichen Situation hilft die Aktion,*

❖ *eigene und fremde Anteile am Geschehen insbesondere bei konflikthaft erlebten Ereignissen zu unterscheiden,*

❖ *durch die beständige Übernahme verschiedener Rollen Flexibilität und psychische Beweglichkeit zu fördern,*

❖ *insbesondere durch den Rollentausch Einfühlung und Mitgefühl für die Handlungsprobleme anderer Menschen zu entwickeln und*

❖ *aus vorgespielten Handlungsangeboten Anregungen zur Erweiterung des eigenen Handlungsrepertoires kennen zu lernen.*« (Brenner 1996, S. 13)

In der Erwachsenenbildung findet das Rollentraining in erster Linie in folgenden Variationen statt:

❖ **Protagonistenzentriertes Rollentraining:** Es geht darum, mögliche Situationen aus der Zukunft einer Person simulieren, wobei die betreffende Person (Protagonist) ihre eigene zukünftige Rolle improvisiert. Es können auch Situationen aus der Vergangenheit gespielt werden (die in der Zukunft wieder vorkommen können), bei denen der Protagonist sein Verhalten ändern möchte, beispielsweise ein Training von Beratungsgesprächen für Personalberater: Ein Teilnehmer schildert eine schwierige Beratungssituation und spielt diese dann im Rollenspiel durch.

❖ **Angeleitetes Rollentraining mit definierten Rollen:** Hier gibt es keinen eigentlichen Protagonisten, der mögliche Situationen aus seiner Zukunft oder bereits erlebte simuliert, sondern Rollen und Spielsituation werden auf Rollenkarten von der Leitung vorgegeben, die Teilnehmer übernehmen abwechslungsweise die »Trainingsrolle« (zum Beispiel ein Verkaufstraining: Die Teilnehmer müssen ein bestimmtes Produkt anbieten, Situation und Rollen sind auf Rollenkarten beschrieben).

❖ **Situationsspiel, Gruppenspiel und Imagination-Rollentraining:** Selbstverständlich ist jedes Rollenspiel eine Art Rollentraining. Diese weiteren Anwendungsformen unterscheiden sich von den stark lernzielorientierten Verhaltenstrainings dadurch, dass fiktive Personen oder sogar nichtmenschliche Lebewesen, Pflanzen, Gegenstände, Gefühle etc. im Rollenspiel dargestellt werden; mit dem Ziel, neue Erfahrungen und Verhaltensmöglichkeiten in gewohnten oder ungewohnten Situationen zu erkunden. Beispiel: Ein Abteilungsleiter spielt die Rolle seines Terminkalenders und berichtet warum er (Terminkalender) so wichtig ist für seinen Besitzer, welche Sicherheiten er ihm gibt und wie er (Terminkalender) den Abteilungsleiter sieht. Es sind hervorragende Instrumente im Bereich Einstellungs- und Verhaltensänderung.

Protagonistenzentriertes Rollentraining

Es folgt nun ein ausführliches Anwendungsbeispiel zum protagonistenzentrierten Rollentraining aus dem Berufsfeld der Personalberatung: Zwölf Personalberater einer regionalen Arbeitsvermittlung nehmen an einer zweitägigen Weiterbildung zum Thema »Beratungsgespräche mit schwierigen Arbeitslosen« teil.

Ein Teilnehmer (Protagonist) bringt einen Fall ein, den wir im Rollenspiel bearbeiten wollen. Protagonistenzentrierte Rollentrainings entstehen im Lernprozess, sie können nicht vorbereitet werden. Die Rollenbeschreibungen erfolgen daher mündlich: Der Protagonist beschreibt die Szene, seine und die anderen Rollen, der Protagonist wird zum Regisseur.

Rollenzuweisung und Situationsbeschreibung für Rolle A

Ein Teilnehmer übernimmt die Rolle A. Er spielt sich selber. Er erklärt: »Es ist das fünfte Beratungsgespräch mit B. In den ersten beiden Gesprächen, wurden in erster Linie die Berufsbiografie und die Berufswünsche diskutiert. Ein Termin war wegen Krankheit von B ausgefallen. Bei den zwei weiteren Terminen wurden mögliche Stellen angesprochen, die B jedoch abgelehnt hat, weil sie nicht seiner Branche angehören. Auch die Möglichkeit eines persönlichkeitsorientierten Kurses wurde besprochen, jedoch ohne Erfolg. Ich muss und möchte B klarmachen, dass es so nicht weitergehen kann. Er muss berufsfremde Stellen annehmen oder einen Kurs besuchen. Mit Sanktionen möchten ich aber nicht drohen, da er dann wahrscheinlich noch mehr blockieren würde. Ich möchten aber herausfinden, wie vermittlungsfähig er wirklich ist.«

Rollenzuweisung und Situationsbeschreibung für Rolle B

Die Rolle B übernimmt ein weiterer Teilnehmer, der von A gewählt wurde. Die Rollenbeschreibung für B wird von A mündlich angeleitet. Er schildert wie er diese Person sieht: »Du bist 55 Jahre alt, dein Name ist Max Meier, du bis verheiratet und hast drei erwachsene Kinder. Du wohnst mit deiner Frau, die als Verkäuferin in einem Schuhgeschäft arbeitet, in einer Eigentumswohnung. Du bist ausgebildeter Versicherungskaufmann, hast die letzten 22 Jahre bei derselben Firma gearbeitet. Aufgrund einer Fusion mit einer anderen Versicherung kam es zu einem Stellenabbau. Zwar hat man dir eine Stelle in einer anderen Niederlassung angeboten, ein Wohnortwechsel kommt aber für dich nicht infrage. Von deiner Grundhaltung her bist du optimistisch, auch die sechs Monate Arbeitslosigkeit hast du psychisch gut verkraftet. Für dich kommt aber nur die Versicherungsbranche infrage. Dies ist nicht zuletzt auch eine Frage des Gehaltes. Beim letzten Beratungsgespräch wollte der Berater, dass du einen Kurs besuchst. Das hast du abgelehnt.«

Situationsbeschreibung: Es ist ein Dienstagmorgen im April, das Beratungsgespräch ist um 11 Uhr geplant und dauert normalerweise 45 Minuten. Heute hat der Berater aber nur 15 Minuten Zeit. Die Gespräche finden einmal monatlich statt, es ist bereits das fünfte Beratungsgespräch. Ort der Handlung ist das Büro von A.

Ablauf des Rollenspieles

❖ **Einrichtung des Raumes:** Der Leiter bittet A, im Bühnenraum sein Büro einzurichten. Braucht es einen Tisch und Stühle? Wo? Wo sitzt der Protagonist, wo der Kunde? Wie groß ist der Raum? Wie hell bzw. dunkel ist es, welche Farben herrschen vor, welche Pflanzen, wichtige Gegenstände gibt es? Wo ist die Türe, wo befindet sich das Fenster? Wie ist der Ausblick aus dem Fenster? (Methodischer Hinweis: Es ist wichtig, dass sich Spieler und Zuschauer die Szene vorstellen können und dass sich die Spieler im Raum orientieren können – also beispielsweise zur fiktiven Türe rein- und rausgehen und nicht durch die Wand). Spieler A richtet den Spielraum ein und sagt, wo und wie die Szene beginnt (beispielsweise mit dem Anklopfen durch B). Der Leiter macht A auch nochmals darauf aufmerksam, dass das Rollenspiel maximal 15 Minuten dauert, A muss also die Zeit kontrollieren und seinen Gesprächspartner rechtzeitig verabschieden.

❖ **Rollenbesetzung:** A wählt einen Mitspieler aus für die Rolle B (oder ein Teilnehmer meldet sich für die Rolle). Der Leiter fragt A, ob noch weitere Rollen zu besetzen sind: Möglicherweise ist der Chef wichtig, auch wenn er selbst nicht im Raum anwesend ist – so könnte er doch einen Platz auf der Bühne erhalten. Oder vielleicht hat für A ein Gegenstand eine große Bedeutung (Telefon, PC, Wandbild, Foto etc.) und er möchte diesen mit einem Spieler besetzen.

❖ **Rollenspiel:** Ziel des vorliegenden Rollenspieles ist, dass der Personalberater seine Beratungskompetenz erweitert. Die Methode der Wahl ist hierbei der Rollentausch: Im Rollentausch mit B wird sich der Berater A in den Arbeitslosen einfühlen können und erfahren, welche Interventionen adäquat sind und welche nicht. Der Leiter wird also die Spieler A und B zu einem Rollentausch einladen. Sind noch andere Rollen besetzt worden, so kann der Leiter diese Imaginationstechnik nutzbar machen und mit dem Telefon ein Rolleninterview führen: Was hörst du? Was siehst du? Was denkst du darüber? Hast du eine Idee, was A anders machen könnte? Was meinst du, wie fühlt sich A?

❖ **Auswertung:** Die Auswertung findet in folgenden Schritten statt:
   - Feedback aus den Rollen: Die Rollenspieler berichten, wie es ihnen in ihren Rollen ergangen ist: Was habe ich gefühlt und gedacht? Was hätte mich einen Schritt weiterbringen können? Was hat mir gar nicht gepasst?
   - Zuschauer-Feedback: Welche Beobachtungen wurden gemacht? Wie wird das Verhalten der Rollen beurteilt? Wo hätte man auch anders reagieren können?
   - Der Protagonist (Rolle A) sagt, wie er das Rollenspiel erlebt hat, wie seine Befindlichkeit ist und welche Hinweise er jetzt aufnehmen kann. In einer Diskussion werden jetzt mögliche Verhaltensweisen in dieser Beratungssituation diskutiert.

Angeleitetes Rollentraining mit definierten Rollen

Während im oben stehenden Beispiel der Protagonist die Rollenbeschreibung und Zuweisung macht, wird beim angeleiteten Rollentraining mit Rollenkarten gearbeitet, auf denen die einzelnen Spielrollen beschrieben sind. Rollenkarten können bei Bedarf selbst produziert werden oder sind auch im Fachhandel erhältlich.

Es folgt nun ein Beispiel von Rollenkarten aus einem Seminar für Führungskräfte im Krankenhaus.

Rolle A

Funktion: Du bist Krankenschwester in der Notfallaufnahme eines Krankeshauses, Abteilung innere Medizin mit 15 Krankenschwestern und Pflegern.

Personalien: Dein Name ist Verena Meier, du bist 40 Jahre alt, Schweizerin, mit einem Arzt verheiratet, bist Mutter eines 17-jährigen Sohnes, du lebst mit deiner Familie in der Stadt Biel.

Biografische Angaben: Du arbeitest seit fünf Jahren in diesem Krankenhaus, seit einem halben Jahr in dieser Abteilung. Du hast nach dem Schulabschluss einen einjährigen Sprachlernaufenthalt in England gemacht und anschließend, wieder zurück in der Schweiz, ein halbjähriges Praktikum in einem Pflegeheim absolviert. Nach der vierjährigen Ausbildung zur Krankenschwester hast du mehrere Jahren in diversen Krankenhäusern gearbeitet. Nach der Geburt deines Kindes warst du acht Jahre lang vor allem Mutter und Hausfrau gewesen. In dieser Zeit hast du aber in Teilzeit in der Nachtwache als Krankenschwester gearbeitet. Vor fünf Jahren bist du wieder voll in den Beruf eingestiegen.

Informationen zum beruflichen Kontext: Sparmaßnahmen im Pflegebereich führen dazu, dass die einzelnen Mitarbeiterinnen immer mehr Leistungen erbringen müssen und andere Leistungen dabei vernachlässigt werden. Das ärgert dich. Denn dies entspricht nicht deinem Verantwortungsbewusstsein. Du ärgerst dich vor allem über einige jüngere Mitarbeiterinnen, die unordentlich und chaotisch sind. Du fühlst dich für die Qualitätskontrolle der Pflegeleistungen verantwortlich, auch wenn du keine leitende Funktion hast. Es ist dir bewusst, dass unter deinen Kolleginnen eine gewisse Unzufriedenheit herrscht. Auch du stehst immer unter zeitlichem Druck. Für Gespräche mit den Patienten bleibt praktisch keine Zeit mehr. Auch Krankheitsfälle unter dem Personal haben sich in den letzten Monaten gehäuft, was noch zusätzlichen Druck bringt.

Persönliche Eigenschaften: Du nimmst es mit der Pünktlichkeit und Ordnung sehr genau. Du übernimmst gerne Verantwortung, schließlich geht es ja hier um Menschen. Mit Vorgesetzten und Patienten hast du ein sehr gutes Verhältnis. Du kennst die Stationsschwester aus der gemeinsam absolvierten Ausbildung. Du bist eher zurückhaltend, aber freundlich und hilfsbereit. In Gruppen bist du eine sehr angenehme Person und sorgst dich sehr um die physischen Bedürfnisse der Gruppe. Du hast gerne Harmonie, Konflikten gehst du eher aus dem Weg. Du ärgerst dich über einige Kolleginnen, die zu wenig Verantwortung übernehmen, die Krankendossiers unvollständig führen und unordentlich sind.

Ausgangssituation: Du kennst die Stationsschwester recht gut, ihr habt miteinander die Ausbildung gemacht, euch aber anschließend aus den Augen verloren. Seit etwa einem Jahr ist sie jetzt auch in diesem Spital als Stationsschwester. Ihr wart nicht befreundet, aber sie ist okay. Sie ist pflichtbewusst, manchmal aber zu wenig konsequent, findest du. Es gibt auch Details, die ihr offensichtlich entgehen. So hast du dich bereits vor zwei Monaten bei ihr über zwei Mitarbeiterinnen beschwert. Sie vergessen oft, den Medikamentenschrank abzuschließen, füllen Medikamente und Material nicht wieder auf und auch die hygienischen Vorschriften werden vernachlässigt. Ihnen persönlich hast du nie direkt etwas gesagt, auch bei den Teamsitzungen nicht. Du willst dich jetzt noch einmal beschweren, denn so kann das nicht weitergehen.

Die Rolle B stellt die Person der Stationsleiterin dar. Es handelt sich dabei um die Rolle, die trainiert werden soll und die im Spiel von verschiedenen Teilnehmerinnen übernommen wird. Auf dieser Rollenkarte gibt es nur Angaben zur Funktion, zum beruflichen Kontext und zur Ausgangssituation, damit das Rollenspiel einen gemeinsamen Nenner hat. Die persönlichen Eigenschaften werden von der jeweiligen Teilnehmerin (die meisten sind auch in Wirklichkeit Stationsleiterinnen) selbst eingebracht. Die Rolle B besteht also aus einem Teil Realität und einem Teil Fiktion.

Rolle B

Funktion: Du bist Stationsleiterin in der Notfallaufnahme eines größeren Spitals, Abteilung innere Medizin mit 15 Krankenschwestern und Pflegern. Die meisten Mitarbeiterinnen sind jünger als du, eine erfahrene Krankenschwester hat mit dir die Ausbildung gemacht. Du siehst das bisher relativ gute Arbeitsklima bedroht durch die steigenden Leistungsanforderungen an die Mitarbeiterinnen.

Informationen zum beruflichen Kontext: Sparmaßnahmen im Pflegebereich haben dazu geführt, dass qualifiziertes Personal in Privatkliniken abwandert. Du musst mit zahlreichen Teilzeitarbeiterinnen und mit vielen Berufsanfängerinnen zusammenarbeiten. Du versuchst, Prioritäten zu setzen und die Kommunikation im Team nicht zu vernachlässigen.

Ausgangssituation: Im Team herrscht zurzeit kein gutes Klima. Es missfällt dir, dass viel hintenrum getuschelt wird. Auch sind einige nicht gewohnt, unter Druck zu arbeiten. Insbesondere Verena scheint sich immer noch an den Arbeitsrhythmus während der Nachtwache zu halten, wo alles der Reihe nach erledigt werden kann. Tagsüber ist der Betrieb viel hektischer und da setzt sie nicht immer die richtigen Prioritäten. Du willst mit Verena sprechen und ihr mitteilen, dass du mit ihrer Arbeit nicht zufrieden bist: Ihre Kommunikationsfähigkeit im Team und ihre Prioritätensetzung sind ungenügend. Du hast aber zusätzlich ein Problem: Ihr habt zusammen die Ausbildung gemacht und sie ist dir eher unsympathisch.

Ablauf des Rollenspieles

> *»Ich vergleiche die Arbeit an einem Stück häufig mit der Herstellung einer Mayonnaise: genau wie die Mayonnaise ›kommt‹ oder nicht, ›kommt‹ das Stück oder es ›kommt‹ nicht.«*
>
> Jean-Louis Barrault

❖ Zunächst erfolgt die Aufteilung in Dreiergruppen. In jeder Gruppe werden die Rollen verteilt: A, B und Gesprächsbeobachterin.

❖ Dann erfolgt die individuelle Vorbereitung eines Gesprächskonzeptes durch die beiden Rollenspielerinnen sowie die individuelle Vorbereitung einer Checkliste für die Gesprächsbeobachtung (vgl. dazu S. 152).

❖ Anschließend werden die Rollenspiele in den Kleingruppen durchgespielt.

❖ Danach gibt es die Rückmeldung durch die Beobachterin und das Rollenspiel wird in den Kleingruppen diskutiert.

❖ Im Anschluss daran finden die Rückmeldungen aus jeder Gruppe statt. Im Plenum berichtet die jeweilige Gesprächsbeobachterin.

❖ Die gemachten Erfahrungen werden analysiert und Richtlinien ausgearbeitet für ein Konfrontationsgespräch in ähnlichen Situationen.

Methodischer Hinweis: Die Abwechslung der Sozialform (Kleingruppe, Großgruppe, Plenum) bei Rollenspielaktivitäten bereichert enorm den Lernprozess. Immer im Plenum zu arbeiten ist bei Rollenspielen, wo nur wenige Rollen zu besetzen sind, auf die Dauer langweilig und demotivierend. In Kleingruppen können auch unabhängig voneinander verschiedene Rollenspielabläufe stattfinden: Dadurch kann eine Problemsituation ganz verschiedene Facetten erhalten.

Situationsspiel und Gruppenspiel

Situationsspiel

Im Situationsspiel werden die Teilnehmenden konfrontiert mit komplexen Situationen, die ein kreatives und spontanes Rollenverhalten erfordern. Dabei werden die Situationen und Rollen meistens so vorgegeben, dass bereits bekannte Verhaltensmuster (»Rollenkonserven«) zur Bewältigung der Aufgabe eher untauglich erscheinen. Ziel dabei ist das Training individueller Handlungskompetenzen im Bereich Teamarbeit, Kooperationsfähigkeit, Konfliktfähigkeit, Promlemlösung, Kommunikation. Das Situationsspiel ist eine ideale Methode, um beispielsweise Fähigkeiten zu erweitern, die einen kompetenten Umgang in der Berufswelt mit Mitarbeitern, Kunden und Geschäftspartnern ermöglichen (zum Beispiel der Verkäufer in einem Bekleidungsgeschäft wird mit Kunden konfrontiert, die Seidenkrawatten zu einem sehr günstigen – weil falsch angeschriebenen – Preis kaufen wollen).

> »Ihr müsst lernen, mit Vergnügen irren zu sehen.«
> J.W. von Goethe

Das Situationsspiel ist eine aktivierende und fantasievolle Gruppenaktivität. Situationen aller Schwierigkeitsgrade können in der Gruppe für einen oder mehrere Protagonisten der anderen Gruppe inszeniert und variiert werden. Sind die vorgegebenen Rollen und Situationen für die Teilnehmenden eher realitätsfern (wie bei der Improvisation der Geschichte der »Bremer Stadtmusikanten«), so kann das Situationsspiel in einem ersten Moment bei den Teilnehmern auf Ablehnung stoßen (»wir sind hier doch nicht im Kindergarten«). Einmal begonnen, sind die Teilnehmer aber meist begeistert von dieser kreativen und lustvollen Gruppenarbeit, bei welcher die Teilnehmer ihre sozialen Fertigkeiten erproben können.

Die Spielsituationen und Rollenbeschreibungen können entweder von der Leitung vorgegeben werden (mündlich oder mit Rollenkarten) oder in Arbeitsgruppen erarbeitet werden.

Anwendungsbeispiel Kooperationstraining: Die Teilnehmer sollen für die in der Teamarbeit notwendigen nonverbalen Signale sensibilisiert werden. Sie sollen lernen, ihre Aktionen aufeinander abzustimmen.

Vorgehensweise: Die Aufteilung erfolgt in Kleingruppen à vier Mitspielerinnen bzw. Mitspieler. Diese sollen sich vorstellen, dass sie zu viert in einem Kanu fahren. Sie müssen sich nun nonverbal abstimmen, da sie das Boot um Hindernisse herumfahren, durch Stromschnellen hindurchlotsen, das Boot bei einem Stauwehr aus dem Wasser nehmen und nach dem Stauwehr wieder zu Wasser lassen müssen usw. (nach Belz/Siegrist 1997, S. 84).

Die Auswertung erfolgt anschließend im Plenum: Die Teilnehmer berichten über die gemachten Erfahrungen, die benutzten nonverbalen Signale werden erläutert.

Anwendungsbeispiel aus der beruflichen Weiterbildung: Bei einem zweitägigen Kommunikationstraining-Seminar wollen wir individuelle Schwächen thematisieren. Die Teilnehmer kennen sich als Mitarbeiter einer Firma ziemlich gut. Wir wollen herausfinden, wie die einzelnen Mitarbeiter bezüglich ihrer Kommunikationskompetenzen gesehen werden.

❖ Die Gruppe wird in zwei Kleingruppen aufgeteilt, eine Männer- und eine Frauengruppe.
❖ Jede Gruppe erarbeitet für jeden Teilnehmer der anderen Gruppe eine Ausgangssituation für ein kurzes Rollenspiel, in welchem die betreffende Person die Hauptrolle spielt und eine schwierige Kommunikationsaufgabe zu lösen hat. So erarbeitet Gruppe 1 ein »Drehbuch« für jede Person aus Gruppe 2 – ausgehend von der Frage: »Was fällt dieser Person besonders schwer zu kommunizieren?«
❖ Gruppe 1 diskutiert beispielsweise über Petra: Sie scheint besondere Schwierigkeiten zu haben, sich bei untergebenen Männern durchzusetzen. Es wird folgendes Szenarium ausgearbeitet: Eine Mitarbeiterin beschwert sich bei ihrer Vorgesetzten Petra über zwei Mitarbeiter, die sie mit vulgären Bemerkungen belästigen, und fordert sie auf, die betreffenden Männer zurechtzuweisen.
❖ Die beiden Gruppen treffen sich wieder im Plenum und abwechslungsweise inszeniert jede Gruppe ein Situationsspiel. Die Spiele werden nicht kommentiert, nur mit einem kleinen Szenenapplaus abgeschlossen.

Auswertung: Nachdem alle Rollenspiele durchgeführt wurden, findet eine situationsbezogene Auswertungsrunde statt mit Rückmeldungen von den »Drehbuchautoren« (»Warum haben wir dich in diese Situation reingesteckt?«) und von den Mitspielern und dem jeweiligen Hauptdarsteller. Dabei können folgende Schwerpunkte gesetzt werden:

❖ Hat das gespielte Verhalten zu einer Situationsverbesserung geführt?
❖ Welche Ziele wollte der Einzelne mit seinem Verhalten erreichen?
❖ Welche Handlungsalternativen sind denkbar?
❖ Was haben die einzelnen Rollenspieler in dieser Situation gefühlt?
❖ Welche altbekannten Verhaltensmuster wurden beobachtet?
❖ Welche sozialen Werte und Normen sind mit diesem Verhalten verbunden?

Methodische Hinweise: Im oben stehenden Beispiel wurden Drehbücher ausgearbeitet, in denen jeweils eine Person Hauptdarsteller ist. Die gleiche Methode kann auch für Personengruppen angewendet werden: Eine Gruppe beschreibt eine Situation für eine andere Gruppe und weist jedem Gruppenmitglied eine spezifische Rolle zu. Drehbücher sind so auf die einzelnen Personen oder Personengruppen maßgeschneidert. Sie erhalten dadurch eine persönliche Qualität, die auch etwas über das jeweilige Selbst-/Fremdbild aussagt.

Nachteil dieser Vorgehensweise ist, dass die Qualität sehr stark abhängt vom Fantasiereichtum der Teilnehmer bei der Ausarbeitung der Situationen. Und das Risiko ist, dass die Übung subtil benutzt wird, um Feedbacks zu geben, die man sich sonst zu geben nicht getraut. Auch sollte peinlichst darauf geachtet werden, dass die Situationen aus der Fantasiewelt gegriffen sind und sich keine »Geheimnisse« aus der Privatsphäre der beteiligten Personen einschleichen. Im oben stehenden Beispiel zum Thema »sexuelle Belästigung« wurde mir klar, dass diese Grenze überschritten wurde: Die betreffende Teilnehmerin weigerte sich, die Rolle zu übernehmen. Dieses Spiel wurde nicht durchgeführt und es wurde stattdessen das Thema »Feedback« diskutiert und entsprechende Gruppenregeln wurden definiert.

Sehr häufig und erfolgreich werden Situationsspiele im Fremdsprachenunterricht eingesetzt: In allen möglichen und unmöglichen Situationen müssen sich die Teilnehmer in der Fremdsprache »durchschlagen«. Das Rollenspiel findet dabei meist angeleitet statt. Das heißt: Die Situation und Rollen werden auf Karten schriftlich vorgegeben. Entsprechende Spielanweisungen finden sich auch in vielen Sprachlehrmitteln.

> »Eine feinfühlige Person ist jemand, der immer anderen auf die Füße tritt, um die eigenen Hühneraugen zu schützen.«
> Oscar Wilde

Gruppenspiel

Sonderform des Situationsspieles

Eine Sonderform des Situationsspieles ist das *Gruppenspiel*. Die Teilnehmer einigen sich auf ein Thema für ein Situationsspiel, bei dem jeder eine Rolle übernimmt und die Handlung frei improvisiert: beispielsweise eine Gruppenreise auf einem Schiff, eine Geburtstagsparty, ein Betriebsausflug etc. Jeder entscheidet sich für eine Rolle und handelt in und aus dieser Rolle und macht dabei die unterschiedlichsten Begegnungen und Erfahrungen. Die Methode Gruppenspiel wird im Psychodrama oft eingesetzt mit mehreren Zielsetzungen, unter anderem folgende:

❖ Da sich die Spieler in einer verfremdeten Fantasiewelt befinden (Schiffs-
   reise), greifen sie anfänglich gerne auf bekannte und bewährte Verhaltensmuster zurück. So wird stereotypes Verhalten sichtbar.
❖ Angetrieben durch das ungewöhnliche Thema, wird aber gleichzeitig auch
   die Abenteuerlust geweckt und neues Verhalten wird ausprobiert.
❖ Das Gruppenspiel liefert eine Bestandsaufnahme der realen Gruppendynamik. Paare und Untergruppen werden sichtbar (Wer spielt die Touris-
   ten? Wer ist in der 1. Klasse? Wer spielt die Crew? Wer »arbeitet« zuunterst
   im Maschinenraum und wer in der Steuerkabine?). Da es keine diesbezüg-
   lichen Vorgaben gegeben hat, entwickelt die Gruppe wahrscheinlich Organisationsformen, die von der realen Gruppenstruktur abgeleitet sind.

Die Vorgehensweise sieht folgendermaßen aus:

❖ Die Gruppe legt Ort, Zeit, Ausgangssituation und Rollen fest. Jeder Teilnehmer wählt eine Rolle und erklärt den andern, wer er (in der Rolle) ist.
❖ Wenn alle Rollen beschrieben wurden, wird die Spielbühne definiert und
   der Ort der Handlung genau beschrieben.
❖ Danach läuft das improvisierte Spiel eigentlich ohne Einflussnahme durch
   die Leitung ab.
❖ Das Spiel kann 10 bis 40 Minuten dauern. Die Leitung entscheidet, wann
   das Spiel beendet wird.
❖ Wenn es sinnvoll erscheint, kann die Leitung das Spiel auch »anheizen«
   (zum Beispiel »jetzt zieht ein Gewitter auf, ein starker Wind bläst, hohe
   Wellen lassen das Schiff bedrohlich schaukeln, es donnert und blitzt«).

Die Auswertung des Spiels geschieht nach folgenden Leitfragen:

❖ Wie habe ich mich in der Rolle erlebt, konnte ich mich in die Rolle ein-
   fühlen?
❖ Habe ich auf neue Situationen mit neuem Verhalten reagiert?
❖ Welche Begegnungen habe ich im Spiel gemacht? Andere als im Alltag?
❖ Sehe ich irgendwelche Parallelen zwischen dieser Spielwelt und meiner Le-
   benswelt?

Methodischer Hinweis: Gruppenspiele eignen sich ausgezeichnet, um einer
lernfähigen Gruppe, die in einer Stagnationsphase ist, neue Impulse und neue
Energie zu vermitteln. Ungeeignet ist diese Methode dagegen für Gruppen in
Krisensituationen. Auch zu Beginn einer Veranstaltung sollte man diese Me-

thode nicht einsetzen, da sich die Teilnehmer noch zu wenig kennen. Denn im Gruppenspiel wird weitgehend improvisiert und die aufgegriffenen Themen spiegeln immer reale Berufs- und Alltagssituationen wider. Daher löst diese offene Methode oft Abwehr und Widerstand aus. Die Teilnehmer wollen sich nicht zu sehr exponieren, sie sind für ein spontanes Gruppenspiel in einem verfremdeten Rahmen noch nicht »angewärmt«. Dies zeigt sich meist folgendermaßen: Ein Teil der Teilnehmer ist aktiv mit der Vorbereitung und dem Rollenspiel beschäftigt, die anderen dagegen übernehmen zwar eine Rolle, gestalten diese jedoch weitgehend passiv.

> *»Der Wunsch,*
> *klug zu erscheinen,*
> *hindert uns oft,*
> *es zu werden.«*
>
> François de la Rochefoucauld

Das Gruppenspiel ist wie zweigeteilt in eine aktive und eine passive Gruppe. Dadurch werden zwar Gruppenstrukturen und Beziehungsmuster der Lerngruppe sichtbar, in einem Moment aber, wo die Gruppe dies noch gar nicht will. Die Teilnehmer werden dann in der Regel ihre Energien nicht mehr auf das Gruppenspiel richten, sondern auf den Leiter. Sie werden die Spielhandlung als »Kindergarten« bezeichnen und dem Leiter pädagogische Inkompetenz oder manipulatives Vorgehen unterstellen. Dies ist höchst unerfreulich und kann den weiteren Lernprozess stark beeinträchtigen.

Ein ausführliches Protokoll eines möglichen Gruppenspieles im Rahmen einer betrieblichen Weiterbildung finden Sie in Brenner 1996, S. 282ff.

Theorieexkurs: Spielen als Lernmethode

»Ich ziehe es vor, Leute mit Spaß zu unterhalten in der Hoffnung, dass sie lernen, statt ihnen etwas beibringen zu wollen in der Hoffnung, dass es ihnen Spaß macht.« Walt Disney

»Wir sind doch hier nicht im Kindergarten« – die Angst vor diesem Ausspruch der Teilnehmer lässt mich oft zögern bei der Anwendung der Methode Rollenspiel: Sind die Teilnehmer genügend »angewärmt«? Ist die Arbeitsfähigkeit der Gruppe ausreichend gesichert, um diese kreative Methode einzusetzen? Sind die Lernziele angemessen klar und einfach formuliert?

»Wir sind doch hier nicht im Kindergarten« – einer meiner Arbeitskollegen hat an einer Bildungsveranstaltung für Erwachsene auf diesen Einwand Folgendes geantwortet:

»Im Kindergarten? Wir? Hier? Aber wie kommen Sie denn auf so etwas? Wir sind doch keine Kinder, wir sind alles erwachsene Menschen. – Nein, wir sind nicht im Kindergarten. Aber wenn wir es einrichten könnten, dass wir hier wie in einem Garten arbeiten, wo alles Mögliche sprießen und wachsen kann, was wir gesät und gepflanzt haben, und auch alles andere, was einfach kommt – ja, es wäre wunderbar, in so einem Erwachsenen-Garten zu arbeiten.«

In dieser Antwort wird etwas ganz Wichtiges betont: Im Kindergarten wird gearbeitet. Zwar wird Spiel meistens definiert als »zweckfreie Tätigkeit, Beschäftigung aus Freude an ihr selbst, Zeitvertreib, Kurzweil« (Wahrig: Deutsches Wörterbuch 1978) und Fußball bleibt so lange ein Spiel, wie die Fußballer dies in ihrer Freizeit tun, also ihren Lebensunterhalt nicht damit verdienen. Zwar ist neben der Spielfreude auch das Resultat wichtig, aber das Resultat darf keine materiellen Folgen haben, sonst wird aus dem Spiel Arbeit. Auch das Theaterspiel ist nur so lange ein Spielen, als die Spieler dies in ihrer Freizeit tun. Damit wird klar und eindeutig: Kindergarten ist harte Arbeit. Denn das Entscheidende sind die Folgen: die Lernerfolge. In der Kindergartensituation bzw. in der Kurssituation erzeugen die Teilnehmer eine künstliche Realität, die ihren momentanen Lernzielen entspricht.

> *»Das Kind, dessen Bedürfnisse und Emotionen im soziokulturellen Kontext ununterbrochen auf Grenzen stoßen und das in einem schmerzvollen Prozess lernen muss, Ziele und Verhaltensweisen von der Umwelt zu übernehmen, schafft sich eine Welt, in der es zumindest stellvertretend die eigenen Bedürfnisse befriedigen und die Probleme, mit denen es in der realen, d.h. der sozialen Welt nicht fertig wird, meistern kann. (…) Es erschafft Realität neu – auch jedes Nachschaffen ist eine Neukonstruktion – und erfährt auf diese Weise erst eigentlich, was Realität ist, nämlich eine Konstruktion von Akteuren. (…) Später benötigt der Mensch zu dieser Leistung nicht mehr das Spiel, er kann sich in Tagträume versetzen, er kann sich zukünftige gewünschte Situationen ausdenken und sie zu realisieren trachten. (…) Unter dieser Perspektive ist Spiel nicht eine periphere Tätigkeit, die das Kind ausübt oder auch nicht, sondern* lebensnotwendig und konstitutiv *für die Menschwerdung.«* (Oerter 1997, S. 13)

Diese Feststellung können Sie bei einem Spaziergang im Zoo verifizieren: Es ist bei Affen, Raubkatzen, Bären leicht beobachtbar, wie Jungtiere Zweikämpfe simulieren. Dieses »so tun als ob« ist aber nicht zweckfrei, sondern dient dem täglichen Training von Fertigkeiten zum Überleben und es scheint angeboren zu sein. Jungkatzen müssen das Spielen nicht erst lernen, sondern das Spielen gehört zum genetischen Entwicklungsprogramm.

Dasselbe ist beim Menschen zu beobachten: Weltweit spielen Mutter und Säugling dieselben sensomotorischen Spiele und auch die auditiven, visuellen und taktilen Reize, die die Mütter den Säuglingen vermitteln, scheinen aus einer arteigenen genetischen Schatzkiste zu stammen.

Welche Lernspiele gehören nun zum »didaktischen Erbgut« des Menschen? Oerter (1997) unterscheidet fünf verschiedene Formen von Lernspielen:

Sensomotorische Spiele

Regelmäßiges Wiederholen von Bewegungen, taktilen, auditiven und visuellen Reizen – auch das einmalige oder mehrmalige Auslassen dieser Reize – gehört zum Spiel. Beispiele sind das »Guck-guck-Spiel« oder »Hoppe-hoppe-Reiter«.

> »Bei den sensomotorischen Spielen handelt es sich um lebensnotwendige und konstitutive Wahrnehmungs- und Reaktionstrainings. Neurobiologische Befunde sind diesbezüglich eindeutig: Fertigkeiten, die nicht geübt werden, können nicht ausgebildet werden beziehungsweise gehen verloren. Es handelt sich dabei bereits beim Neugeborenen nicht um ein passives Lernen, sondern ab Geburt und wahrscheinlich schon pränatal sucht der Säugling nach sensorischer Stimulierung. Sie haben deutliche Vorlieben für Sinneseindrücke, die sie wahrnehmen wollen. Von Geburt an scheint es ein zentrales Bestreben zur Bildung und Prüfung von Hypothesen über das, was in der Welt geschieht, zu geben. Säuglinge nehmen fortwährend ›Einschätzungen‹ vor, indem sie sich fragen: ›Ist dies anders als jenes oder ist es dasselbe? Wie sehr weicht das, was mir eben begegnet ist, von dem ab, was mir früher begegnet ist?‹ Es ist klar, dass dieses zentrale innerliche Bestreben, wenn es sich fortwährend realisiert, die soziale Welt rasch nach übereinstimmenden und kontrastierenden Mustern, Ereignissen und Zusammenhängen und Erfahrungen kategorisieren wird. Der Säugling wird schnell herausfinden, welche Merkmale eines Erlebnisses invariant und welche variant sind – d.h., welche Merkmale wesentlich zu der Erfahrung ›gehören‹. Er wird dieselben Verfahren auf sämtliche Sinnesempfindungen und Wahrnehmungen anwenden, die ihm zugänglich sind, von den einfachsten bis zu den kompliziertesten – den Gedanken über die Gedanken.« (Stern 1994, S. 67)

Symbolspiele (Als-ob-Spiele)

Das Kind führt eine Handlung symbolisch aus, es simuliert Realität, ohne dass fremde Rollen übernommen werden. Beispielsweise gibt das Mädchen einer Puppe das Fläschchen (dazu benutzt es einen flaschenähnlichen Gegenstand) oder die jüngere Schwester simuliert das Aufgabenmachen (wobei sie real weder lesen noch schreiben kann).

Die Symbolspiele bilden einen weiteren Schritt in der kognitiven Entwicklung des Kindes: Sie dienen einerseits dem Einüben und Memorisieren von beobachteten lebensnotwendigen Handlungen (Ernährung, Hygiene, Kampf, Paarung etc.), das so genannte »learning by doing«. Weit entscheidender scheint gemäss Stern ein anderer Aspekt: die Herausbildung einer Ich-Identität und das Erkennen von eigenen und fremden Gefühlen in den Handlungen. Dieser zweite Aspekt ist auch in den Parallelspielen bedeutend.

Parallelspiele: Kinder spielen nebeneinander, beobachten sich gegenseitig, benutzen die gleichen Gegenstände, imitieren einander, greifen aber nicht in das Spiel des anderen ein. Zu beobachten ist dies vor allem bei Sandspielen auf dem Spielplatz oder am Strand: Die Kinder benutzen wechselseitig die gleichen Gegenstände, produzieren die gleichen Türme und Kuchen, ohne in eine manifeste Interaktion zu treten (außer wenn sie die gleiche Schaufel beanspruchen …).

Jede auch noch so einfache Handlung ist mit Emotionen verbunden. In den Symbol- und Parallelspielen kann diese soziale Abstimmung der Emotionen erlernt werden. Es sind die Mütter, die die Säuglinge in diese Spielform initiieren, indem sie ihren Säugling ständig nachahmen: Wenn er lacht, lachen sie, wenn er ein Gesicht schneidet, schneiden auch sie ein Gesicht. Es handelt sich aber hierbei nicht um eine simple Nachahmung, sondern es sind intensive Dialoge mit dem Ziel einer Kommunikation über Gefühlszustände (vgl. Stern 1994 S. 198ff.).

Rollenspiele

Rollenspiele sind gekennzeichnet durch eine doppelte Als-ob-Situation: Ich tue, als ob ich eine Mutter wäre, du tust, als ob du ein Baby wärst, und ich gebe dir dein Fläschchen. Rollenspiele sind also doppelt simulierte Symbolspiele. Sie bedingen ein großes Wissen an Handlungsabläufen, Rollenbeschreibungen und soziokulturellen Regeln (beispielsweise muss ich wissen, wie eine Mutter ist, um eine Mutter zu spielen).

Bei diesen Rollenspielen handelt es sich um komplexe soziale Fiktionsspiele. Kinder lernen dabei die Regeln des menschlichen Zusammenlebens und die Erwartungen, Verhaltensweisen, Rechte und Pflichten, die mit einer bestimmten Position in der Gesellschaft verbunden sind (Rollenerwartungen).

Regelspiele

Zwei oder mehr Spielpartner beziehen sich auf ein bestimmtes Spielobjekt (der Ball muss ins Tor) nach festgelegten Regeln, unter dem Einsatz von speziellen Fähigkeiten (springen, schießen, Tackling etc.). Sehr beliebt bei den Regelspielen ist, wenn zu den Fähigkeiten noch zusätzlich die Variante Zufall eingeführt wird (Würfel, Joker etc.).

Die Regelspiele dienen in erster Linie der Lebensbewältigung im sozio-kulturellen Kontext:

»Konflikte, die während der Sozialisation des Kindes und später induziert werden, führen zur Beteiligung an Regelspielen, die expressive Modelle solcher Konflikte bilden. In diesen Modellen kann risikoarmes Lernen stattfinden, das adaptiv für die Enkulturation ist, indem Kompetenzen erworben werden, die zur Bewältigung der kulturell vorgegebenen Konflikte und Aufgaben nötig sind. Strategiespiele sind im Kulturvergleich assoziiert mit strenger Primärsozialisation, psychologischer Disziplinierung, starkem Gehorsamstraining und höherer kultureller Komplexität. Glücksspiele sind assoziiert mit ausgeprägtem Training von Handlungsroutinen für Verantwortung, Bestrafung persönlicher Initiative und Glaube an das Wohlwollen übernatürlicher Mächte. Wettspiele, die körperliche Geschicklichkeit zum Gegenstand haben, findet man in Kulturen, die Wert auf Leistung legen.« (Oerter 1997, S. 283)

Das Auftreten der Spieltypen erfolgt nach einem entwicklungspsychologischen Schema: Bei Säuglingen sind sensomotorische Spiele beobachtbar. Mit fortschreitender Entwicklung sind sie zu Rollenspielen (ab etwa vier Jahren) und Regelspielen fähig. So ist es beispielsweise sinnlos, sechsjährigen Jungen die doch recht komplexen Fußballregeln beibringen zu wollen. Sie werden alle dem Ball nachrennen und probieren, diesen ins Tor zu schießen (wenn es sein muss sogar ins eigene …). Selbstverständlich sind bei den sensomotorischen Spielen auch Regeln vorhanden, es handelt sich hierbei noch um einfache Verhaltensregeln, die das Spiel bestimmen.

Ein wichtiges Merkmal des Spielens ist, dass die Beteiligten wissen, dass sie ein Spiel spielen. Wenn die Mutter beim Windelnwechseln ihr Gesicht hinter der Windel versteckt, um dann plötzlich wieder aufzutauchen, löst sie beim Kind eine freudige Erregung aus. Der Säugling weiß, dass die Mutter nicht verschwunden ist, dass dies ein Spiel ist, und er zeigt dies auch: Zwischen Mutter und Kind findet eine Verständigung statt über die Form und Dauer des Spiels mittels Augenkontakt, Vokalisation, Muskeltonus, Bewegung. Diese Kommunikation über die Kommunikation heißt Metakommunikation. Sie findet während der ganzen Dauer des Spieles statt, bezieht sich auf das Setting, das Thema und die Durchführung des Spiels. Spielen ist nur möglich, wenn die Spielenden über eine gemeinsame Sprache der Metakommunikation verfügen. Wir werden im Abschnitt »Zur Bedeutung der Spielanleitung (s. Seite 129) darauf zurückkommen.

Ein weiteres wichtiges Merkmal des Spielens ist, dass die Beteiligten so tun, als ob es kein Spiel wäre: Der frenetische Torjubel eines Fußballers ist für Nicht-Fußballer absolut unverständlich und lächerlich, der Betreffende beschreibt im Nachhinein das Gefühl des Torjubels als einen ekstatischen Höhepunkt, »noch besser als ein Orgasmus«. Dient der Orgasmus in erster Linie aber der Fortpflanzung, so ist aber beim Fußball das orgiastische Torerlebniss folgenlos: Was bringt es, wenn Young Fellows gegen Old Boys 1:0 siegen? Der Torjubel (außer im Profifußball, wo es um viel Geld und Lokalpatriotismus geht) ist nur erklärbar mit der besonderen Realität des Spielens, die den Menschen zu einer Bewusstseinsveränderung führt:

»Das Zeiterleben ist stark beeinträchtigt, man vergisst die Zeit und weiß nicht, wie lange man schon dabei ist. Man muss sich nicht aktiv konzentrieren, vielmehr kommt die Konzentration wie von selbst, ganz so wie die Atmung. Es kommt zur Ausblendung aller Kognitionen, die nicht unmittelbar auf die jetzige Ausführungsregulation gerichtet sind. Man erlebt sich nicht mehr als abgehoben von der Tätigkeit, man geht vielmehr gänzlich auf in der eigenen Aktivität (sog. Verschmelzung).

Der Handlungsablauf wird als glatt erlebt. Ein Schritt geht flüssig in den nächsten über, als liefe das Geschehen aus einer inneren Logik.« (Oerter 1997, S. 7)

Dieses Gefühl des Fließens im Spiel (»Flow«-Erleben) ist bei Kindern alltäglich. Affektive und kognitive Prozesse lassen sich beim frühkindlichen Lernen nicht trennen. Das Lernen selbst ist hier äußerst affektgeladen, findet im Spiel statt. Erst in der Schule findet eine radikale Trennung zwischen affektiven und kognitiven Lernprozessen statt. Wobei die affektiven Lernprozesse meist außerschulisch stattfinden (im Sport, in der Musik, im Basteln, in Symbol- und Regelspielen). Um diese äußerst ungünstige Trennung lerntheoretisch zu begründen, muss die These der zwei komplementären Großhirnhälften herhalten: Die linke Hirnhälfte verarbeitet die Sprache (digitale Informationsverarbeitung) und die rechte ist für Bilder, Analogien, Emotionen zuständig (analoge Informationsverarbeitung). Dementsprechend werden die Lernsequenzen »gehirngerecht« verabreicht (vgl. Birkenbihl 1996). Entsprechend wird oft auch die Methode Rollenspiel im Unterricht eingesetzt: zur Auflockerung, zur Abwechslung, zur Erheiterung (damit auch mal die rechte Großhirnhälfte aktiviert wird). Damit werden aber keineswegs die Möglichkeiten der Spielens als Lernmethode ausgeschöpft:

»Das Fließen ist eine Vorbedingung der Meisterschaft in Beruf und Kunst und Gleiches gilt für das Lernen. Schüler, die beim Lernen in den Zustand des Fließens geraten, sind erfolgreicher, ganz unabhängig von ihrem durch Leistungstests gemessenen Begabungsniveau. Das bestätigt in einem umfassenden Sinne, dass die Fähigkeit, die Emotionen auf ein produktives Ziel zu lenken, eine übergeordnete Fähigkeit ist. Ob wir unsere Impulse kontrollieren und eine Gratifikation aufschieben, ob wir unsere Stimmungen so regulieren, dass sie das Denken erleichtern, statt es zu behindern. Ob wir uns selbst motivieren, beharrlich zu bleiben und es auch bei Rückschlägen noch einmal zu versuchen, oder ob wir Wege finden, in den Zustand des Fließens einzutreten und dadurch höhere Leistungen zu erzielen – in jedem Fall zeigt sich, dass die Emotion ein effektives Handeln anzuleiten vermag.« (Goleman 1996, S. 123ff.)

Wieso spielt der Mensch? Anhand der gemachten Ausführungen in diesem Kapitel können wir auf diese einfache Frage mehrere nicht ganz einfache Antworten geben:

❖ Das Spielen versetzt den Menschen in einen wohltuenden, bisweilen sogar ekstatischen Zustand des Fließens.
❖ Spielen ist eine lebensnotwendige und konstitutive Form des Lernens.
❖ Im Spielen können sensomotorische Fähigkeiten erworben und trainiert werden.
❖ Das Spiel bietet einen gefahrlosen Rahmen, um den Umgang mit den eigenen Emotionen zu erproben.
❖ Das Erleben von realen oder fantasierten Situationen im Spiel kann gesunde Reinigung der Gefühle bewirken (Katharsis).
❖ Im Spiel können Schlüsselqualifikationen trainiert werden, die Spontaneität kann erhöht werden, die emotionale Intelligenz wird gesteigert.

So viele, weit reichende Antworten. Und trotzdem stelle ich mir manchmal die Frage: Wieso spiele ich (fast) täglich klassische Gitarre? An den zu erwartenden Folgen kann es nicht liegen: Mit meinem Geklimper verdiene ich weder Geld noch soziale Anerkennung. Wahrscheinlich eher die katharsische Wirkung: Beim Gitarrenspiel löse ich zwar kein einziges meiner zahlreichen Probleme, aber gefühlsmäßig geht es mir dann doch irgendwie besser. Und ich hoffe auch, damit meine Lernfähigkeit beibehalten zu können. Trotzdem, lebensnotwendig und konstitutiv scheint mir mein Gitarrenspiel nicht. Wenn ich mit stundenlanger Geduld und meist ohne ekstatisches Flow-Erleben die (sehr einfache, aber treffende und schöne) Etude op. 31, No.1 von Fernando Sor einstudiere, so denke ich: Musik und Tanz ist Spiel. Die Dichtkunst wurde in Spiel geboren und erhielt immerfort aus Spielformen ihre beste Nahrung. Religion und Kultus entfalten sich in heiligen Spielen. Auch die sozialen Konventionen, die Anstandsregeln, die Rituale der Konfliktverarbeitung, Kampfregeln und Rechtssprechung wurden im Spiel begründet und geformt.

»Spielender Wetteifer als Gesellschaftsimpuls, älter als die Kultur selbst, erfüllte von jeher das Leben und brachte die Formen der archaischen Kultur wie Hefe zum Wachsen. (…) Die Folgerung muss sein: Kultur in ihren ursprünglichen Phasen wird gespielt. Sie entspringt nicht aus Spiel, wie eine lebende Frucht sich von ihrem Mutterleibe löst, sie entfaltet sich in Spiel und als Spiel.« (Huizinga 1997, S. 189)

Die Frage »Warum Spielen in der Erwachsenenbildung?« lässt sich demnach ganz einfach beantworten: Spielen (und damit auch Rollenspielen) ist eine absolut natürliche Lernform, die mit höchster Effektivität zum Trainieren von sozialen Fertigkeiten von Menschen jeglichen Alters und jeglichen Bildungsniveaus praktiziert wird. Voraussetzung ist aber die Freiwilligkeit der Spielhandlung. Dazu nochmals Huizinga:

»Spiel ist eine freiwillige Handlung oder Beschäftigung, die innerhalb gewisser festgesetzter Grenzen von Zeit und Raum nach freiwillig angenommenen, aber unbedingt bindenden Regeln verrichtet wird, ihr Ziel in sich selber hat und begleitet wird von einem Gefühl der Spannung und Freude und einem Bewusstsein des »Andersseins« als das gewöhnliche Leben. So definiert, scheint der Begriff geeignet zu sein, alles zu umfassen, was wir bei Tieren, Kindern und erwachsenen Menschen Spiel nennen: Geschicklichkeits- und Kraftspiele, Verstandes- und Glücksspiele, Darstellungen und Aufführungen. Spielen kann als eines der allerfundamentalsten geistigen Elemente des Lebens angesehen werden.« (Huizinga 1997, S. 37)

Imagination-Rollentraining

Ich sitze manchmal am Seeufer, betrachte die weite blau-grün-graue Fläche, den dunkelgrünen Jura und habe das Gefühl, diese Landschaft »spricht« zu mir, es findet irgendein Austausch statt. Auch die Schildkröten in meinem Garten »bedeuten« mir etwas. Und oft beobachte ich Menschen, die mit ihrem Handy wie mit einem Lebenspartner umgehen. Die Tradition der Rituale zeigt uns, dass der Mensch nicht nur an Sachen glaubt, die er voll und deutlich erfahren kann. Es gibt wohl eine Realität, die wir nicht rational erfassen können, nur erahnen. Im Psychodrama wird dieser Aspekt »Surplus-Reality« genannt (vgl. Zeintlinger 1996, S. 190). Im Rollenspiel können diese Dimensionen, die nicht voll erfahrbar sind, aber unser Leben stark beeinflussen können, sichtbar gemacht werden.

Die Technik der Imagination wird im Rollentraining eingesetzt mit dem Ziel, eigenes Rollenverhalten aus einer anderen Perspektive zu betrachten und die Selbstwahrnehmung zu verbessern.

Beispiel aus einer Teamsupervision: Der Ablauf des Rollenspiels sieht folgendermaßen aus:

❖ Ein Projektleiter schildert seinen Konflikt mit einem Mitarbeiter: Dieser ist gut qualifiziert, verantwortungsbewusst und initiativ, aber wenig entscheidungsfreudig. Er wirkt schnell verunsichert. Der Projektleiter hat mehrmals versucht, ihn im Gespräch zu unterstützen, und angewiesen, die notwendigen Entscheidungen termingerecht zu treffen. Dies hat keine wesentliche Verbesserung gebracht.

❖ Der Supervisor bittet den Projektleiter (Pl), die Szene des Mitarbeitergespräches als Standbild darzustellen: Der Pl wählt zwei Personen aus und modelliert ihre Körperhaltung und gibt Anweisungen zu Mimik, Blick, Ausdruck. Der Pl betrachtet das Standbild und findet, beim Mitarbeiter fehle noch etwas: Er trage oft einen großen, ledergebundenen Terminkalender in der Hand. Der Leiter fordert ihn auf, einen Gegenstand im Raum zu suchen, der den Terminkalender symbolisiert. Der Pl nimmt ein Buch und drückt es dem Rollenträger in die Hand.

- ❖ Der Supervisor fragt: Dieser Terminkalender scheint wichtig zu sein? Der Projektleiter bejaht und findet das eher lächerlich. Der Supervisor bittet den Pl die Rolle des Terminkalenders zu übernehmen: »Wir nehmen das Buch weg, du stellst dich jetzt hier zur Hand des Mitarbeiters und spielst den Terminkalender. Lass dir Zeit, dich in die Rolle einzufühlen, versuche dir vorzustellen, du bist ein Terminkalender in der Hand des Mitarbeiters.« Nach anfänglichem Zögern wird dies ausgeführt.

- ❖ Der Leiter führt mit dem »Terminkalender« ein Rolleninterview durch: Warum bist du hier? Bist du wichtig? Was macht deinen Wert aus? Was meinst du, wieso trägt er dich immer bei sich? Wie empfindest du dieses Gespräch mit dem Pl?

- ❖ Anschließend erfolgt die Auflösung des Standbildes und das Rollenspiel wird gemeinsam ausgewertet. Der Projektleiter hat erkannt, dass der Mitarbeiter, obwohl äußerlich ruhig und besonnen, durch den ziemlich chaotischen Betrieb und die äußerst angespannte Marktlage gestresst ist und nach Strukturen sucht, an die er sich halten kann. Mit der Moderationsmethode wird nun im Plenum die Frage erörtert: »Welche Maßnahmen können dem gestressten Mitarbeiter mehr Ruhe und Sicherheit vermitteln?« In einem ersten Schritt werden die auf Karten notierten Ideen und Vorschläge gesammelt und gruppiert. In einem zweiten Schritt wird eine Auswahl getroffen: »Welche Maßnahmen sind dringend und umsetzbar?«

- ❖ Zum Abschluss kann der Projektleiter in einem »Vorwärts-Rollenspiel« prüfen, ob er die vorgeschlagenen Maßnahmen seinem Mitarbeiter adäquat kommunizieren kann.

> *»Der Mensch ist am wenigsten er selbst, wenn er in der eigenen Person spricht. Gib ihm eine Maske und er sagt die Wahrheit.«*
> Oscar Wilde

Ich habe im Kapitel über die »Grundtechniken der Methode Rollenspiel« ein Imaginationsbeispiel mit dem »leeren Stuhl« vorgestellt (s. Seite 21). Wie im oben beschriebenen Supervisionsbeispiel löst die Imaginationstechnik manchmal Angst und Spielhemmung aus. Die Teilnehmer sagen: »Das kann ich doch nicht«, »Ich kann mir überhaupt nichts auf diesem Stuhl vorstellen«, »Ein Terminkalender kann doch nicht sprechen« etc.

Imagination ist nur möglich in einem vertrauensvollen und spielerischen Lernklima. Spielen und fantasieren muss bei den Teilnehmern als Lerninstrument anerkannt sein, sonst geht da gar nichts. Imagination-Rollentrainings gibt es auch als Übungen zum Kennenlernen für den Seminarbeginn (Anwärmübungen). Hier einige Beispiele:

»Tasche packen«

Anleitung: Erinnern Sie sich an den Moment, wo Sie heute Morgen Ihre Tasche oder Ihren Koffer für das heutige Seminar gepackt haben. Stehen Sie bitte auf und gehen Sie ruhig hier im Raum herum, versuchen Sie, sich zurückzuversetzen in die Situation von heute Morgen, was ging Ihnen heute früh (oder vielleicht war es auch gestern Abend) durch den Kopf, als Sie Ihre Tasche gepackt haben. Bleiben Sie dann irgendwo in diesem Raum stehen, dort wo Sie sich gerade wohl fühlen, um diese kleine Fantasiereise in die nahe Vergangenheit zu machen. Dann wird jeder Teilnehmer kurz berichten, was ihm so durch den Kopf geht »am Morgen vor dem Seminar«.

»Übergangsobjekte«

Anleitung: Wir haben wohl alle irgendwelche Gegenstände, die für uns eine besondere Bedeutung haben, auch wenn sie nach außen eher unscheinbar wirken. Beispielsweise meine vielfarbigen Socken, die mir meine Tochter geschenkt hat – der Kugelschreiber, den ich schon bald zehn Jahre habe

– der Lippenstift mit diesem fruchtigen Rot-viola … Nehmen Sie einen persönlichen Gegenstand, legen Sie diesen vor sich, sodass alle ihn sehen können. Dann stellen Sie diesen Gegenstand in der Ich-Form vor. Ich beginne: »Ich bin die Lederweste von Roger, ich habe ein schönes braunes Leder mit Reißverschluss. Er hat mich besonders gern, er zieht mich oft an, wenn er Seminare leitet. Ich glaube, ich gebe ihm einen gewissen Schutz …«

»Wer stellt mich vor?«

Anleitung: Sich vorstellen fällt einem nicht immer leicht und meistens habe auch ich dabei ein bisschen Lampenfieber. Manchmal ist es einfacher, eine andere Person stellt uns vor. Die kann das besser, ist »objektiver«. Leider sind wir heute unbegleitet hier und die meisten von uns kennen einander nicht. Daher wollen wir uns eine Person vorstellen aus unserer Arbeitswelt, dem Freundeskreis oder der Familie, die die Vorstellung übernehmen kann. Stellen Sie sich also eine Person vor, die Sie ziemlich gut kennt. Diese Person steht jetzt hinter Ihnen. Sie werden nach einer Nachdenkzeit von zwei bis drei Minuten in einer Plenumsrunde der Reihe nach die Rolle dieser Person übernehmen, hinter Ihren Stuhl stehen und mit den Worten dieser fantasierten Person sich selber in der Ich-Form vorstellen.

»Museumsführer«

Kommt ein Leiter neu in eine bereits bestehende Lerngruppe, möchte er in möglichst kurzer Zeit viele Informationen über die Personen und Beziehungen in der Gruppe. Dafür eignet sich der »Museumsführer«.

Anleitung: Die Gruppe soll einen Teilnehmer auswählen, der für den Leiter eine Museumsführung macht. Dieser Führer stellt sich ein Museum vor und überlegt, wie er die anderen Gruppenmitglieder in diesem Museum darstellen kann (ist es ein Kunstmuseum, dann sind die Gruppenmitglieder diverse Kunstgegenstände). Der Führer stellt die Teilnehmer nun im Museum auf, gibt Anweisungen über die Art der Darstellung und führt dann den neuen Leiter durch das Museum und stellt die einzelnen Objekte vor.

Forumtheater

*Methode des
politischen
Rollenspiels*

Das Forumtheater ist eine Methode des politischen Rollenspiels, das vom brasilianischen Theatermann Augusto Boal entwickelt wurde. Boal berichtet, wie er als junger Schauspieler mit seiner Truppe in den Kleinstädten des brasilianischen Hinterlandes didaktisches Theater entwickelte. Es wurden teilweise auch klassische Theaterstücke gespielt, die die soziale Ungerechtigkeit und Unterdrückung darstellen sollten. Im Anschluss an die Vorführungen wurde mit den Zuschauern diskutiert: Was können wir machen, um die politischen Verhältnisse zu ändern? Boals Arbeit war stark durch die Pädagogik der Unterdrückten von P. Freire geprägt worden, deren Ziel es ist, durch Bewusstmachung und durch befreiende Erziehung, durch Einheit von Reflexion und Aktion eine Veränderung der bestehenden Wirklichkeit zu erreichen.

> *»Eines ist gewiss: Wo es Unterdrückung gibt, muss sie abgeschafft werden. Das Theater der Unterdrückten ist immer Dialog: Wir lehren und lernen. Das Theater der Unterdrückten geht von zwei Grundsätzen aus: Der Zuschauer, passives Wesen, Objekt, soll zum Protagonisten der Handlung, zum Subjekt werden. Das Theater soll sich nicht nur mit der Vergangenheit beschäftigen, sondern ebenso mit der Zukunft. Schluss mit einem Theater, das die Realität nur interpretiert; es ist an der Zeit, sie zu verändern. Der Zuschauer, der in einer Forumtheater-Sitzung fähig gewesen ist zu einem Akt der Befreiung, will diesen auch draußen, im Leben, vollbringen, nicht nur in der fiktiven Realität des Theaters. Die ›Probe‹ bereitet ihn auf die Wirklichkeit vor.«* (Boal 1989, S. 68f.)

Methodisch wird folgendermaßen vorgegangen: Eine Gruppe erhält den Auftrag, eine Spielszene zu entwickeln, in der eine Unterdrückung oder eine konfliktuelle Situation dargestellt wird. Dabei werden aber keine Lösungen angeboten, die Szene wird möglichst realistisch gespielt. Daraufhin wird die Szene noch einmal durchgespielt, wobei die Zuschauer aufgefordert werden, die Hauptperson (die die dargestellte Szene effektiv erlebt hat) zu ersetzen und neue Lösungen auszuprobieren. Der Fantasie und Kreativität wird dabei freier Lauf gelassen . Wichtig ist, dass es so zu einer Konfrontation zwischen den

»neuen« Hauptpersonen und den »alten« Schauspielern kommt: Die Schauspieler verändern ihr Spiel nicht, die Szene wird wiederholt, das unterdrückende Verhalten soll unverändert gespielt werden. Nur die »neuen« Hauptpersonen sollen neue Verhaltensweisen ausprobieren. Es handelt sich hierbei um eine spielerische Realitätsprüfung. Damit soll klargemacht werden, wie schwierig es ist, die harte Realität umzuformen. Es kostet Kraft, Fantasie und Durchhaltevermögen. Das szenische Spiel entwickelt sich so zu einer Art Wettkampf zwischen den Unterdrückern und den (ständig wechselnden) Hauptpersonen, welche die Realität zu verändern versuchen. Forumtheater ist in der Regel mit viel Humor verbunden.

Beispiel aus einem persönlichkeitsorientierten Kurs für Langzeitarbeitslose: Mit Hilfe der Moderationstechnik wurde die Übung »Probleme im Zusammenhang mit meiner Arbeitslosigkeit« durchgeführt. Anschließend werden zwei Gruppen à sieben bis acht Personen gebildet, die selbstständig weiterarbeiten werden.
Aufgabe: Jedes Gruppenmitglied schildert möglichst konkret eine problematische Alltagssituation, die erlebt wurde und in der die Reaktionsweise auf diese Situation unbefriedigend war. Danach wählt jede Gruppe eine Situation aus, die alle irgendwie interessiert. Diese Situation wird anschließend im Rollenspiel rekonstruiert. Diese Szene wird vorgespielt und es werden neue Reaktionsmöglichkeiten auf diese Situation ausprobiert.
Ich begleite die Gruppenarbeit, um sicherzugehen, dass eine Situation geschildert wird, in der die Schwierigkeit szenisch darstellbar ist. Gruppe 1 wählt die Situation von Monika: Sie geht ungern einkaufen, weil die Leute sie dann oft auf ihre Arbeitslosigkeit ansprechen (»Immer noch arbeitslos? Wie geht's? Hast du Zeit für einen Kaffee?«).
Die Gruppen inszenieren die ausgesuchte Situation probeweise, wobei Monika die eigene Rolle übernimmt und Regieanweisungen gibt.
Anschließend geht es zurück ins Plenum und die beiden Forumtheaterspiele werden durchgeführt. Dies läuft folgendermaßen ab:

❖ Eine Bühne und ein Zuschauerraum werden eingerichtet, in der ersten Reihe werden zwei Stühle für den Leiter und den Hauptdarsteller reserviert.

❖ Die Gruppe spielt die Situation möglichst realistisch. Drei Tische dienen als Verkaufsregale, Stühle werden als Einkaufswagen benutzt, Monika kauft ein und begegnet denjenigen, denen sie nicht begegnen möchte. Sie gibt ausflüchtig Antwort und ärgert sich immer mehr.

❖ Die Hauptdarstellerin wird aus dem Spiel genommen, die Zuschauer werden aufgefordert, neue Reaktionsmöglichkeiten auszuprobieren, alles ist erlaubt, auch absurde Variationen. Es geht darum, einfach einmal etwas auszuprobieren. Die anderen Darsteller bleiben in ihren Rollen, die Szene wird immer wieder wiederholt, die Zuschauer erfinden neue Lösungen

❖ Zum Abschluss wird die Hauptdarstellerin aufgefordert, nochmals in ihre Rolle zu gehen und die Szene so zu spielen, wie es ihr (ausgehend von den dargebotenen Variationen) am besten gefällt.

Auswertung: Die Hauptdarstellerin erzählt, wie es ihr bei diesem Spiel ergangen ist, anschließend können auch die anderen Schauspieler sich äußern. Daraufhin wird die Runde auch für die Zuschauer geöffnet. Die Leitung muss unbedingt aufpassen, dass keine Interpretationen und gut gemeinte Ratschläge einfließen. Es sollten nur Ich-Botschaften gemacht werden.

Methodischer Hinweis: Für Monika und ebenso für die Hauptdarstellerin im zweiten Spiel war es eine »Premiere«. Es war das erste Mal, dass sie persönliche Schwierigkeiten in einem kleinen Theaterspiel vor einem Publikum darstellten. Die emotionale Beteiligung war dementsprechend groß. Da dies meist der Fall ist, sollte man die gemachten Erfahrungen erst einmal wirken lassen und nicht kognitiv verarbeiten. Also Pause, Kaffeetrinken und dann etwas anderes: Weiterbearbeitung eines anderen Themas nicht mit Rollenspiel, sondern mit einer weniger affektiven Methode.

Weiterführende Literatur zum Forumtheater: Boal 1979, 1992; Feldhendler 1992; Gugel 1998.

Zeitungstheater

Das Zeitungstheater ist eine Variante des Erlebnistheaters. Es handelt sich dabei um eine sehr einfache Technik, die in den verschiedensten Bereichen angewandt werden kann: in der politischen Bildungsarbeit, im Kreativitätstraining, bei Wahrnehmungsschulungen, im Lesetraining, beim Sprachunterricht und bei vielem mehr.

> »Jeder dürfte nur bis zu dem Punkte hingeführt werden, auf dem er fähig wird, selbst zu denken, selbst zu arbeiten, selbst zu lernen.«
> Rainer Maria Rilke

Als Spielvorlage dient ein Zeitungsbericht. Einzelne Meldungen werden aus dem Zeitungskontext herausgelöst und szenisch dargestellt. Das Zeitungstheater verfolgt dabei zwei Ziele: Einerseits fördert das Darstellen von Zeitungsberichten die Wahrnehmungsfähigkeit und Kreativität der Spieler. Andererseits sensibilisiert es zu einem bewussteren Umgang mit den Massenmedien: »*Ziel des Zeitungstheaters ist es, die so genannte ›Objektivität‹ des Journalismus zu decouvrieren: richtig lesen lehren und lernen.*« (Boal 1989, S. 31)

Die methodische Vorgehensweise sieht folgendermaßen aus: Die Leitung bringt einen oder mehrere Zeitungsartikel mit (oder es werden mehrere Zeitungen zur Verfügung gestellt, aus denen Artikel ausgewählt werden) und fordert die Teilnehmer auf, in Gruppenarbeit den bzw. die Artikel zu lesen und szenisch darzustellen. Die Szenen werden anschließend im Plenum vorgestellt und besprochen. Dabei kann auf folgende Fragen eingegangen werden:

❖ Analysiere ich eine Situation anders, wenn ich darüber lese, als wenn ich sie im Rollenspiel als Mitspieler oder Zuschauer erlebe?
❖ Wie beurteile ich die einzelnen Personen im Text bzw. im Spiel?
❖ Kann ich die Beweggründe der einzelnen Personen verstehen?
❖ Welche sozialen Mechanismen bestimmen den Handlungsverlauf?

Beispiel aus der Weiterbildung von freiwilligen Betreuern im Asylbereich: Die Leitung bringt einen Zeitungsartikel mit: Darin wird berichtet, wie Asylbewerber sich weigern, bei der Ankunft in einem Zentrum aus dem Bus auszusteigen – sie halten die angebotene Unterkunft (das Zentrum ist eine unterirdische Zivilschutzanlage) für inakzeptabel. Die Gruppe liest diesen Artikel, diskutiert den berichteten Zwischenfall und beurteilt das Ereignis.

Anschließend wird die Situation szenisch nachgespielt. Die Teilnehmer wählen sich eine Rolle aus und es wird versucht, sie Szene möglichst zeitungsgetreu wiederzugeben. Da in diesem Seminar nicht genügend Teilnehmer anwesend waren, wurden nur die Rollen besetzt, die am Wichtigsten erschienen.

Weitere Angaben zur Methode Zeitungstheater finden Sie bei: Boal 1989; Gugel 1998.

Playback-Theater

Playback-Theater wurde in den 70er Jahren von Jonathan Fox entwickelt und beruft sich auf alte vorliterarische Erzähltraditionen: Theater ohne Textvorlagen, die auf Improvisation und Spontaneität aufbauen. Ausgangspunkt des Playback-Theaters sind Geschichten aus dem Kreis der Zuschauer: In einem Workshop erzählt eine Person eine kurze Geschichte aus ihrem Leben und diese Geschichte wird von einigen Teilnehmern des Workshops szenisch dargestellt, wobei der verbale Ausdruck weniger wichtig ist als die Körpersprache.

Dabei kann jedes persönliche Erlebnis »zurückgespielt« werden – es braucht aber kein tragisches Material, es genügen auch einfache Alltagsepisoden: Zum Beispiel können die Begegnung mit einer wichtigen Person im Supermarkt, ein Abschied am Bahnhof, eine Teamsitzung im Büro sowie Träume und Fantasien im Playback-Theater sichtbar gemacht werden. Die Person, die die Geschichte erzählt hat (Erzähler bzw. Erzählerin) übernimmt keine Rolle, sondern schaut sich die »Aufführung« an. Ist die Darstellung beendet, sagt der Erzähler, ob diese treffend und stimmig war oder ob dies nicht der Fall war. Es findet aber keine weitere Auswertung statt, die Teilnehmer kehren an ihre Plätze zurück und es kann eine nächste Geschichte erzählt werden.

> *»Die Grundidee des Playback-Theaters ist sehr einfach und doch ist es sehr komplex und tiefgründig. Wenn Leute zusammengeführt und aufgefordert werden, persönliche Erlebnisse zu erzählen, die dann gespielt werden sollen, werden zahlreiche Inhalte und Werte weitergegeben, von denen viele auf radikale Weise mit den vorherrschenden Inhalten unserer Kultur im Widerstreit liegen. Dazu gehört die Vorstellung, dass Sie selbst und Ihre eigenen Erfahrungen dieser Art von Aufmerksamkeit wert sind.«* (Salas 1998, S. 19)

Die erzählende Person teilt mit den anderen Gruppenmitgliedern ihre Geschichte und erhält als Geschenk eine Inszenierung. Nebst diesem positiven gruppendynamischen Effekt ist im Playback-Theater die psychologische Einfühlung zentral: Der Erzähler erlebt die Situation nochmals und in neuer Form – und kann das Ereignis neu erspüren und deuten (vgl. Katharsis

S. 113ff.). Im Playback-Theater als Workshop werden die Geschichten abwechslungsweise von den Teilnehmern selber dargestellt.

Beispiel Workshop: Ein Teil des Gruppenraumes wird zur Bühne deklariert. Am hinteren Ende der Bühne werden vier Stühle so hingestellt, dass sie frontal zu den Zuschauern stehen. Vier Teilnehmer, die spielen wollen, nehmen auf der Bühne Platz. Am vorderen Rand der Bühne, ganz an der Seite, stehen zwei Stühle. Hier sitzen der Leiter und der Erzähler. Dieser erzählt seine Geschichte: »*Wir hatten vorgestern den letzten Schultag. Ich bin mit meiner Freundin über den Markt spaziert, es gab so viele Blumen, Früchte, Farben ...*« (Der Erzähler beschreibt kurz die Szene.) Daraufhin bittet ihn der Leiter, die Rollen zu besetzen: »*Wer von den vier Personen auf der Bühne kann dich spielen? Wer deine Freundin? Wir können noch zwei weitere Rollen besetzen: Vielleicht eine Marktfrau? Oder die duftenden Blumen? Die Farben? ...*« Der Erzähler wünscht, dass süße Gerüche und der Wind dargestellt werden. Die vier Darsteller improvisieren diese Situation, als Hilfsmittel können farbige Tücher eingesetzt werden.
Der Erzähler betrachtet das Theater, lässt es auf sich einwirken, gibt eine kurze Rückmeldung und die Bühne ist frei für die nächste Geschichte.

Neben dem Playback-Theater als Workshop gibt es die professionelle Playback-Aufführung: Eine Gruppe von ausgebildeten Playback-Spielern improvisiert (auf einem Kongress, einer Betriebsfeier, Tagung etc.) Geschichten, die aus dem Publikum kommen. Die Darstellung wird meist begleitet durch eine musikalische Untermalung. Mit Musik kann sehr gut eine Grundstimmung vermittelt werden. Die Musik kann einzelne Spielhandlungen hervorheben, sie kann aber auch Emotionen zum Ausdruck bringen, die von den Schauspielern nicht oder zu wenig dargestellt werden. Ziel dieser professionellen Darstellung ist es, Themen und Situationen zu visualisieren und das Publikum für eigene Gefühlsanteile zu sensibilisieren.
Weiterführende Literatur zum Playback-Theater finden Sie bei: Fox 1996; Fox/Dauber 1999; Salas 1998.

Soziodrama

Während im Psychodrama das Individuum mit seinen zwischenmenschlichen Beziehungen im Vordergrund steht, richtet sich die ebenfalls von Moreno entwickelte Methode des Soziodramas auf Gruppenphänomene, kollektive Ideologien, gesellschaftliche Werte und Normen.

Im Soziodrama-Rollenspiel können die Teilnehmer gesellschaftliche Probleme bearbeiten, in dem ein Thema aus der Perspektive einer bestimmten Gruppe (oder auch mehreren Gruppe) szenisch dargestellt wird. Themen sind immer Beziehungen und Konflikte zwischen verschiedenen Gruppen. Es ist ein hervorragendes Instrument zur Auseinandersetzung mit gesellschaftlichen Problemen, zur Förderung eines politischen Bewusstseins und zur Lösungssuche bei ethnischen Konflikten.

Entscheidend für ein effektives Soziodrama ist ein Vertrauensverhältnis in der Lerngruppe. Da das Thema meistens von großer sozialer und emotionaler Brisanz ist und dieses Thema durch ein improvisiertes Rollenspiel inszeniert wird, müssen die Teilnehmer einander recht gut kennen und akzeptieren. Auch die Leitung muss von der Gruppe als fördernd und schützend empfunden werden. Sonst wird sich wohl niemand darauf einlassen, ein Thema, wie beispielsweise Rassismus, Eifersucht, Missbrauch, Arbeitslosigkeit usw., zu improvisieren.

Wie werden die Themen für ein Soziodrama gesammelt? Hier gibt es ganz verschiedene Instrumente, wie beispielsweise:

> *»Überzeugungen sind gefährlichere Feinde der Wahrheit als Lügen.«*
> Friedrich Nietzsche

❖ Themen sammeln und auswählen in einer Diskussionsrunde im Plenum.
❖ Themen sammeln in Dreiergruppen – anschließend vorstellen und auswählen im Plenum.
❖ Jeder Teilnehmer schreibt je auf eine Karte ein Stichwort (maximal drei Karten) zu dem, was ihn in letzter Zeit am meisten beschäftigt hat – die Karten werden an eine Pinwand gehängt und dann wird ausgewählt.
❖ Die Leitung verteilt mehrere Zeitungen mit der Aufforderung diese durchzublättern und zu schauen, wo die Aufmerksamkeit am stärksten ist. Anschließend wieder Diskussion und Auswahl.

❖ **Imagination Museumsbesuch:** Die Teilnehmer stellen sich vor, sie sind Statuen in einem Museum, sie suchen sich einen Platz und gehen in die gewählte Position – der Leiter geht jetzt durch das Museum und führt mit jeder Statue ein Interview: »Wieso stehst du so da? Was willst du damit ausdrücken? Was denkst du, wenn du den ganzen Tag so dastehst?«

❖ **Fotoimagination:** Jeder Teilnehmer nimmt ein großes weißes Blatt und stellt sich vor, das ist die Fotografie einer sehr problematischen gesellschaftlichen Situation (Armut, Unterdrückung, Diskriminierung etc.). Das weiße Blatt Papier wird also zur Projektionsfläche für die Vorstellungen des Teilnehmers. Es ist wie ein ganz konkreter Schnappschuss; anschließend hängt jeder seine »Fotografie« (also das leere weiße Blatt) an eine Wand. In einer Art Vernissage stellt jeder »Fotograf« sein Bild vor und die Gruppe entscheidet sich für ein Thema.

Ich habe hier den Prozess der Themenauswahl sehr betont. Soziodrama ist nur möglich, wenn die Teilnehmer vom Thema irgendwie betroffen sind und an der Bearbeitung des Themas interessiert sind. Dies gilt sicher für jede Form des Rollenspieles, speziell aber bei diesem improvisierten Gruppenspiel, bei dem die Leitung auch oft nicht weiß, wohin das letztendlich führt. Es dürfte also eher schwierig sein, in einer betrieblichen Fortbildung die Teilnehmer, die im selben Team arbeiten und verschiedenen hierarchischen Stufen angehören, zu einem Soziodrama zu bewegen.

Beispiel aus der Lehrerfortbildung zum Thema »Gewalt in der Schule«: Der Ablauf des Soziodramas sieht in diesem Fall folgendermaßen aus.

❖ *Themenfindung:* Die Teilnehmerinnen und Teilnehmer haben sich in Kleingruppen darüber ausgetauscht, was sie im Moment am meisten beschäftigt. In der Plenumsdiskussion einigen wir uns dann auf das Fallbeispiel »Die Eltern eines gewalttätigen Jugendlichen verteidigen ihren Sohn mit verbaler Gewalt und schieben die Schuld auf die inkompetente Schulleitung und die provozierenden Opfer«.

❖ *Rollenverteilung, Szenenaufbau:* Es werden folgende Fragen gestellt:
  – Wo sind wir und zu welcher Zeit?
  – Zu welchem Anlass begegnen sich die Personen?
  – Welche Personen sind beteiligt? Wer spielt wen?
  – Jeder Teilnehmer beschreibt kurz seine Rolle und seine Lebenssituation.
  – Die Bühne wird mit einfachen Requisiten eingerichtet, Räume, Wege, Plätze werden definiert, der Spielort soll für alle verständlich sein.
  – Wie ist die Ausgangssituation, wo stehen die einzelnen Personen?

❖ *Spielhandlung:* Der Leiter gibt ein Zeichen zum Beginn der Spielimprovisation. Eltern, Jugendliche (Täter und Opfer) und Lehrer treffen sich anlässlich einer schulinternen Ausstellung von Schülerarbeiten in der Werkstatt. Nach einer anfänglich recht ruhigen Begrüßungsphase, die eher formell und freundlich erscheint, erhitzen sich die Gemüter: Eine Mutter erkundigt sich nach dem Gesundheitszustand eines verletzten Jugendlichen. Dessen Mutter berichtet über die Brutalität des Angriffs, was nun die Eltern des betreffenden Schülers wieder in Aktion versetzt usw. Nach ungefähr 20 Minuten beendet der Leiter das Rollenspiel, weil er spürt, dass die Spielenergie zu sinken beginnt.

❖ *Auswertung:* Zuerst berichten die Teilnehmer aus ihren Rollen: »Wie waren meine Gefühle während des Spiels? Was ist mir aufgefallen? Was hat mir sehr gefallen oder mich sehr gestört? Wie waren meine Beziehungen zu den anderen?« In einem zweiten Schritt analysieren wir den Spielablauf: »Wie war der Beginn? Welches Verhalten hat den entscheidenden Impuls gegeben? Was waren die Folgen?« usw. Schließlich sammeln wir Rückmeldungen aus der Teilnehmersicht: »Was hat mir das Rollenspiel gezeigt? Ist mir das Spielen dieser Rolle leicht gefallen? An welcher Stelle hat es mich am meisten berührt? Was für Fragen stelle ich mir?«

In der Auswertung wurde sehr häufig der Begriff »Gerechtigkeit« geäußert. In ihrer Rolle haben sich fast alle ungerecht behandelt gefühlt, Schüler, Eltern und Lehrer. Wir beschließen, am Thema Gerechtigkeit weiterzuarbeiten.

Die Methode Soziodrama ist weitgehend prozessorientiert: Das Thema wird von den Teilnehmenden eingebracht und entwickelt. Es besteht aber auch die Möglichkeit, mit vorgegebenen Lehrzielen zu arbeiten. Zu einem bestimmten Thema wird ein soziodramatisches Spiel angeleitet, beispielsweise das Thema: Probleme von politischen Flüchtlingen.

Das Hochkommissariat für Flüchtlinge (UNHCR) hat ein Simulationsspiel entwickelt, bei dem Gruppen von 15 bis 67 Teilnehmenden in fiktive Lebenssituationen von Flüchtlingen hineinversetzt werden. Ziel ist es, die konkreten Probleme, mit denen Flüchtlinge täglich konfrontiert werden, zu entdecken, die sich ergebenden psychologischen Schwierigkeiten zu verstehen und ein politisches Bewusstsein zur Flüchtlingsfrage zu fördern. Das Simulationsspiel »Passages« läuft folgendermaßen ab: Zu Beginn werden Familiengruppen gebildet. Jede Familie erhält eine Familienkarte wie im folgenden Beispiel.

Familienname: B.........

Vornamen der Familienmitglieder	Rollenbeschreibung
....	Vater, 50 Jahre, Architekt
....	Mutter, 48 Jahre, Lehrerin
....	Tochter, 20 Jahre, Studentin der Naturwissenschaften
....	Sohn, 18 Jahre, Student der Rechtswissenschaften
....	Sohn, 14 Jahre, Schüler

Familienkurzbiografie und politischer Kontext: Zwei Bevölkerungsgruppen mit unterschiedlichem religiösen und kulturellen Hintergrund bekämpfen sich seit einigen Jahren gewalttätig. Die beiden Eltern der Familie B stammen aus diesen beiden sich bekämpfenden Ethnien und stellen somit eine »gemischte Ehe« dar. Diese Ehen werden von beiden Volksgruppen abgelehnt. Die Kinder aus diesen Ehen werden häufig beschimpft und ausgegrenzt. Neuerdings werden sie sogar aus den Schulen und Universitäten ausgeschlossen. Die Spannungen zwischen den Volksgruppen nehmen von Tag zu Tag zu. Familie B ist stark verängstigt und besorgt.

Spezielle Eigenschaften: zwei verschiedene Religionen
                                             Essen kein Schweinefleisch
                                             Sprechen vier Sprachen

Mitgebrachte Gegenstände: Jedes Familienmitglied konnte einen persönlichen Gegenstand auf die Flucht mitnehmen, wie beispielsweise Radio, Buch, Messer, Schlafsack, Tauchsieder, Teddy, Schmuck, Fotoalbum. Diese Gegenstände werden hier eingetragen und können im weiteren Spielverlauf nützlich oder behindernd sein.

Mitgebrachte Gegenstände: . . . .
. . . .
. . . .

»Um bei Ihnen ein echtes Lernen in Gang zu setzen, muss ich mir eine Methode ausdenken, die Sie dahinbringt, den Lehrsatz ebenso durchzudenken wie der Mann, der ihn gefunden hat.«

Moshé Feldenkrais

Die Familien werden nun verschiedene simulierte Fluchsituationen durchleben und laufend Entscheidungen und Handlungspläne entwickeln und Lösungen aushandeln müssen. Beispielsweise die Episode »Notunterkunft«. Die Familien werden mit schwierigen Lebensbedingungen konfrontiert: Leben auf wenigen Quadratmetern mit fremden Menschen, ungenügende sanitäre Installationen, fehlende Betten, gesundheitliche Probleme eines Familienmitgliedes etc. Sie müssen versuchen, sich möglichst gut anzupassen und einzurichten.

Die Spielleitung verändert den Verlauf der Simulation: Die Bedingungen wandeln sich und es gibt neue Schwierigkeiten und Aufgaben. Nach Abschluss jeder Episode (die ca. 15 Minuten dauern) machen die Familien eine Auswertung aus den Rollen heraus: »Wie fühlen wir uns? Wie erleben wir die neuen Lebensbedingungen? Was möchten wir verändern? Haben wir noch Hoffnung?«

Eine Beschreibung des Simulationsspieles »Passages« mit den entsprechenden Spielanleitungen und Rollenkarten ist (bisher nur auf Französisch und Englisch) bei der Bildungsabteilung des UNHCR erhältlich.

Weiterführende Literatur zur Methode Soziodrama finden Sie bei: Leutz 1974; Rehbock 1995; Wiener 1997; Wittinger 2000.

Theorieexkurs: Katharsis – Einfühlung und Identifikation im Rollenspiel

Katharsis ist altgriechisch und bedeutet Reinigung und ist ein zentraler Begriff im aristotelischen Theater. Den Zweck seiner Tragödien sah Aristoteles

>*in der Reinigung des Zuschauers von Furcht und Mitleid durch die Nachahmung von Furcht und Mitleid erregenden Handlungen. Diese Reinigung erfolgt aufgrund eines eigentümlichen psychischen Aktes, der Einfühlung des Zuschauers in die handelnden Personen, die von den Schauspielern nachgeahmt werden. Wir bezeichnen eine Dramatik als aristotelisch, wenn diese Einfühlung von ihr herbeigeführt wird (…). Es wird ersichtlich, dass die Nachahmung handelnder Menschen durch die Schauspieler eine Nachahmung der Schauspieler durch die Zuschauer auslösen soll.* (Brecht 1976, S. 240f.)

Aristoteles hat als Erster den Begriff der passiven Katharsis für das Theater und die Musik beschrieben. Der Akt der psychologischen Einfühlung kann ganz allgemein als Eigenschaft der Kunst bezeichnet werden: In einer Kunstausstellung betrachte ich das Gemälde »Die Mohnblumen« von Emil Nolde und bin irgendwie tief betroffen, bleibe lange vor dem Bild stehen, habe das Gefühl, die Mohnblumen sprechen zu mir, verstehe alles, weiß aber doch nicht genau, was da abläuft, wieso ich so betroffen bin. Auch Musik kann eine ähnliche Einfühlung bewirken oder das Lesen von Gedichten und Romanen.

Eine große Bedeutung in der Zeit vor dem Buchdruck hatten die Geschichtenerzähler: Durch spezielle Erzähltechniken, Metaphern und die Melodie der Stimme konnten die Erzähler erreichen, dass sich die Zuhörer in die Geschichten einfühlen, mit den fiktiven Personen identifizieren; nur durch passives Zuhören.

Bedeutungsvoll ist der Prozess der passiven Katharsis auch im psychotherapeutischen Bereich, so in der Hypnosetherapie: Das Erleben im Trancezustand von Situationen aus der Vergangenheit oder das Erleben im Trancezustand von imaginären Bildern und Sequenzen scheint eine heilende Wirkung auf die Psyche zu haben. Freud hat sich für dieses Phänomen interessiert und es weiterentwickelt: In der Psychoanalyse hat der Katharsisbegriff seine Bedeutung, indem durch das Wiedererinnern an schwierige Lebensereignisse oder durch das Erzählen von unerlaubten Fantasien und Wünschen die Patienten von Triebwünschen »gereinigt« werden oder von Ängsten befreit werden können. Dabei wurde dem Träumen und der Traumdeutung große Bedeutung beigemessen:

> *»Einen (solchen) Traum kann man als ein Drama auffassen, in welchem wir alles, d.h. der Dichter, der Regisseur, die Akteure und der Souffleur und auch der Zuschauer selber sind. Wenn man diese Art von Träumen so zu verstehen versucht, ergibt sich eine für den Träumer meistens überraschende Realisation über das, was in ihm »hinter seinem Rücken« sozusagen, seelisch vorgeht. Die Überraschung kann als peinlich, als beglückend oder als erleuchtend empfunden werden, je nachdem, wie wir das Traum-Schauspiel in unser Bewusstsein aufnehmen.«* (von Franz 1985, S. 14).

Dieser passiven Katharsis des Träumens und Zuschauens steht die aktive Katharsis des Rollenspiels gegenüber: Durch die Beteiligung an der szenischen Darstellung seiner Lebenswelt, von interpersonalen oder intrapsychischen Konflikten, von Fantasien und Imaginationen, macht der Rollenspieler neue Erfahrungen mit einer starken emotionalen Beteiligung. Dahinter steckt die Annahme, dass durch die szenische Handlung neue Energien zur Bewältigung von schwierigen Situationen gesammelt werden können. Durch Rituale werden Übergänge in eine neue Lebensphase thematisiert mit dem Ziel, Mut und Schutz für den Eintritt in eine neue Lebensphase zu erhalten.

Wir kennen dies beispielsweise in der Trauerarbeit: Durch das rituelle Abschiednehmen an einer Trauerfeier können wir neue Kräfte für eine Lebensbewältigung ohne den verstorbenen Mitmenschen sammeln. Dahingegen führt das Verdrängen von Abschied und Trauer häufig zu depressiven und psychosomatischen Erkrankungen und verhindert einen gelungenen Neubeginn. Rituale haben also eine wichtige psychohygienische Funktion: die Verarbeitung von traumatischen Erfahrungen oder der Abbau von blockierenden Ängsten:

>»Der Mensch fing in seinem ununterbrochenen Lebenskampf an zu tanzen, zu schreien, zu singen, zu beschwören und Kriegsrufe auszustoßen, um sich die Kraft seiner Vorfahren und die Stärke seiner Gegner anzueignen. Es handelte sich ursprünglich um einmalige, sagen wir magische Verhaltensweisen (…) Es ging nicht darum zu unterhalten, zu belehren, sondern darum, sich zu verteidigen. Die ganze ›Kunst‹ bestand in der technischen Vervollkommnung dieser magischen Handlungen. Die menschlichen Verhaltensarten, die sich aus Bewegungen, Schreien, Gesängen, Tänzen, Zeichnungen, Masken, Skulpturen, hervorgebrachten Tönen und Geräuschen zusammensetzen, hatten mit Literatur nichts zu tun, sie betrafen den Menschen. In diesem menschlichen Nachahmungsverhalten muss der Ursprung des Theaters gesucht werden.«* (Barrault 1962, S. 11f.)

Das kreative Rollenspiel ermöglicht es, in Beziehung mit anderen Rollen individuelle Lebensereignisse als soziale Phänomene wahrzunehmen, neue Deutungsmuster zu erkennen sowie neue Handlungsmöglichkeiten auszuprobieren und zu spüren, ob diese »stimmig« sind. Die verfremdete Realität des Rollenspielens erleichtert die Selbstwahrnehmung und die Verarbeitung innerer Konflikte. Eigene Gefühle und Anteile an einer Situation können im angstfreien Rahmen der Spielbühne (wo Fehler machen erlaubt ist) eher wahrgenommen werden. Dieses Entdecken von neuen Erlebnis- und Handlungsmöglichkeiten bewirkt bei den Spielern ein Gefühl der Entspannung und Freude.

Die Spielkatharsis kann in erster Linie als Prozess der Selbsterkenntnis beschrieben werden: ein »Aha« Erlebnis über sich selbst. Der Protagonist erkennt eigene unrealistische Haltungen und verarbeitet negative Erlebnisse, indem er neue Erlebnis- und Handlungsmöglichkeiten erkennt. Nebst diesem Prozess der Verhaltensänderung wird durch das Rollenspielen auch das allgemeine Wohlbefinden verbessert.

»*Aus der Sicht der öffentlichen Gesundheit stehen viele der wichtigsten Krankheiten der entwickelten Welt in Zusammenhang mit Stress – und anscheinend besteht eine Hauptfunktion von Katharsis darin, Stress zu reduzieren. Man fühlt sich besser, wenn man mal richtig geweint hat. Oder gelacht. Die moderne Psychologie belegt, was schon der gesunde Menschenverstand sagt; und neuerdings wird diese These auch durch biologische Befunde gestützt, die vermuten lassen, dass eine Katharsis biochemische Reaktionen auslöst, die heilend wirken. In einer Gesellschaft, in der die Idee der Trance verloren gegangen ist, sucht man (zumindest manche) einen Therapeuten zur psychologischen Katharsis und der damit verbundenen Behebung auf. Wenn wir uns aber stattdessen einen Film ansehen oder eine gute Vorstellung besuchen, tun wir uns auch etwas Gutes. Trotz des modernen Trends weg von expressiven Handlungen sind wir natürlich immer noch an dramatischen Ritualen katharsischer Natur beteiligt, wie sie seit prähistorischen Zeiten Bedeutung gehabt haben und vor allem mit Geburt, Hochzeit, Tod und dem Wechsel der Jahreszeiten verbunden sind. Bei solchen Anlässen erlebt man wahrscheinlich tiefe Gefühle und empfindet sich danach stärker als Ganzheit.*« (Fox 1996, S. 134)

Leitfaden für die didaktische Planung von Rollenspielen

Die Anfangsphase

»Lerne den Anfang erkennen. Zu Beginn sind die Ereignisse relativ leicht zu handhaben. Die Einflussnahme erfolgt noch diskret und drohende Schwierigkeiten lassen sich vermeiden. Die größte Gefahr birgt der allzu heftige Unterbruch eines sich entfaltenden Prozesses. Der kluge Gruppenleiter erfasst das Wesen der Dinge zum Voraus, ehe sie sich manifestieren. Ein knorriger, verhärteter Baum ist zunächst ein geschmeidiger Sprössling. Auch ein gewaltiges Bauvorhaben beginnt mit einem ersten Spatenstich und eine tausend Meilen lange Reise beginnt mit einem Schritt.« (Laotse)

Stellen Sie sich vor, Sie sind in der Erwachsenenbildung tätig. Im Rahmen Ihrer beruflichen Weiterbildung haben Sie sich zu einem Seminar angemeldet. Das Seminar wurde Ihnen empfohlen. Sie freuen sich, endlich wieder etwas «für sich« zu machen, nicht immer geben, sondern auch einmal »einfach da sein und zuhören zu können«.

Es ist 09.00 Uhr, Seminarbeginn. Sie wurden mit Kaffee und Hörnchen willkommen geheißen. Jetzt sitzen Sie mit etwa 15 anderen Teilnehmern in einem schönen Kursraum und hören sich die einleitenden Begrüßungsworte der Seminarleitung an. Wie aus heiterem Himmel fordert der Leiter die Teilnehmenden zur Aktion auf: »Bitte überlegen Sie, ob Sie eine konkrete Situation aus Ihrer Berufspraxis einbringen wollen. Wir werden diese Situation anschließend hier szenisch darstellen und mit verschiedenen Techniken des Rollenspieles aus der Teilnehmerperspektive her bearbeiten.«

Es meldet sich niemand. Irgendwie ärgert Sie das. Ist ja nicht ganz billig, diese Weiterbildung. Dann könnten die Referenten schon etwas bieten, anstatt einfach abzuwarten. Aber es ist auch schade, jetzt so untätig herumzusitzen. Die haben wohl alle Hemmungen, haben vielleicht wenig Berufspraxis, wollen sich nicht blamieren.

Der Seminarleiter insistiert: »Ich wünsche mir, unseren heutigen Arbeitstag mit einem konkreten Fallbeispiel zu eröffnen. Wir haben nur wenig Zeit, wir sind alle professionelle Ausbilder, ich glaube, wir sollten keine Zeit verlieren …« Langsam, aber sicher sind Sie verärgert. Und das soll eine kompetente Leitung sein?

Ich vermute, dass das oben beschriebene Seminar dennoch erfolgreich und rollenspielend durchgeführt werden kann. Trotz des »Kaltstarts«! Denn die Teilnehmergruppe besteht aus »Spitzensportlern« (alles erfahrene Erwachsenenbildner) und diese sind in der Regel zu einer Hochleistung ausnahmsweise auch ohne Anwärmung fähig.

Wie im Sport muss in einer Weiterbildungsveranstaltung die Teilnehmergruppe für das Lernen und insbesondere für das handlungsorientierte Lernen angewärmt werden. Speziell bildungsungewohnte Teilnehmer kennen aus ihrer Schulzeit in erster Linie das Lernen durch Beobachten und Zuhören. Daher muss man gerade sie an diese für sie ungewohnte Lernmethode heranführen. Aber mit welchen Techniken kann die Leitung diesen Erwartungen nach passivem Lernverhalten begegnen?

Anwärmphase

Der Ablauf der Erwärmung einer Gruppe zum Rollenspiel lässt sich folgendermaßen beschreiben: Grundvoraussetzung ist zunächst natürlich die Begeisterung der Leitung für das Rollenspiel. Sie sollte sich der eigenen Befürchtungen und Wünsche bewusst sein und muss bereit sein, sich auf einen unvorhersehbaren Lernprozess einzulassen. Auch sollte sie genügend Sicherheit haben, um bei Irrungen und Wirrungen den Gruppenprozess lernzielorientiert steuern zu können.

»Inhaltlich kann der Lehr-/Lernprozess nur dann produktiv voranschreiten, wenn seine interaktive Basis relativ deutlich ist, wenn also angemessene, d.h. auf gemeinsame Erwartungen basierende Regeln verabredet wurden und diese dann auch praktisch werden. Die beste noch so originelle Darstellung des zu vermittelnden Inhaltes durch den Dozenten ist vergebens (oder eben nur ein kurzes Strohfeuer), wenn über die gemeinsame Interaktionsformen, über das Wie der Erarbeitung des so genannten ›Stoffes‹, nicht wenigstens Teilklarheit besteht.« (Geißler 2000, S. 88)

Die Bezeichnung »Rollenspiel« kann für bildungsungewohnte Teilnehmer schwer verständlich sein. »Szenisches Spiel« wiederum klingt sehr akademisch. Ich benutze manchmal das Wort »Theater«, was aber des öfteren zu falschen Erwartungen führen kann. Am effektivsten scheint es mir, ein kleines Anschauungsbeispiel zu geben: »Wir hatten vorhin ein kleines Missverständnis, wie … Im Rollenspiel kann man diese Situation nun wiederholen und …« Die Teilnehmer erhalten so ein ganz kleines Muster dieser Technik vorgeführt. Dies ist gleichzeitig auch ein Versuch, mit den Teilnehmern ein erstes, vorläufiges Arbeitsbündnis zu schließen: Ich erkläre meine Arbeitsweise und prüfe, ob diese auf Interesse und Zustimmung stößt.

In diesem initialen Arbeitsbündnis können aber (angesichts der Komplexität der Methode) nicht die Regeln und Grundsätze des Rollenspieles explizit aufgelistet werden. Das wäre viel zu lang und missverständlich. Ein wichtiger Anteil des Arbeitsbündnisses erfolgt implizit, wird durch das Verhalten der Kursleitung vorgelebt. Durch eine starke Präsenz und spezifische Interventionen steuert diese den Lernprozess. Den Hintergrund für ihre Interventionen macht die Leitung dabei immer wieder transparent.

Ohne eine minimale Gruppenkohäsion sind Rollenspiele nur schwer durchführbar. Die Teilnehmer müssen füreinander angewärmt werden, gemeinsame Interessen und Ziele müssen vorhanden sein. Hierfür gibt es eine Reihe kreativer Übungen für den Seminarbeginn (vgl. Wallenwein 1999).

Entscheidend ist aber, dass die Anwärmübungen nicht zum Reden im Sitzen hinführen: Bei der Auswahl einer Übung sollte der Seminarleiter oder die -leiterin bedenken, dass auch körperliches und auf andere bezogenes Handeln gefördert wird. Demgegenüber sind beispielsweise ausführliche verbale Blitzlichtrunden, Erfahrungsberichte und stille imaginative Fantasiereisen mit nachfolgenden Berichten geeignet, die Teilnehmer für Gesprächsrunden zu erwärmen. Handlungsorientiertes Lernen rückt in weite Ferne, die Lerngruppe wird als Gesprächsgruppe »handeln«.

Bei der Auswahl der »Initiationsspiele« muss darauf geachtet werden, dass diese Spiele den Fähigkeiten und sozialen Einstellungen der Gruppenteilnehmer entsprechen. Es besteht die Gefahr, dass sie als »Test«, »diskriminierend«, »kindisch«, »unanständig« verstanden werden. Dies kann verhindert werden, wenn diese Übungen im gesamten Ablauf der Veranstaltung integriert sind.

»So sollte das ›Kennenlernen‹ inhaltlich die Gemeinsamkeit der Situation und die Gemeinsamkeit der zu leistenden Lernarbeit verdeutlichen, um gleichzeitig die Individuen, die diesen Prozess gestalten, in ihrer Subjektivität sichtbar zu machen. Zweifelsohne eine schwierige Gratwanderung, die Zeit braucht.« (Geißler 2000, S. 104)

Es besteht die Gefahr, dass die Leitung beim gewohnten Griff in die Spieltrickkiste versucht, die Teilnehmer von außen her zu erwärmen: »Und wirst du nicht warm, so schalte ich den Heizstrahler an.« Es passiert mir persönlich leider allzu oft, dass ich auf eine Übung, die ich toll finde und die im letzten Seminar so wirkungsvoll war, ganz automatisch zurückgreife: unabhängig davon, ob sie angebracht ist. Meine Begeisterung kann dabei »ansteckend« wirken, die Gruppe steigt auf das Angebot ein – im Nachhinein stellen wir aber fest, dass die Übung im Lernprozess ein Fremdkörper bleibt.

Die Leitung sollte nicht unter dem Erfolgsdruck stehen, ein Rollenspiel machen zu müssen. Rollenspielen ist ein Angebot, das im richtigen Moment von der Gruppe aufgenommen wird. Ob es der richtige Moment ist, entscheidet die Gruppe.

> »Es ist nicht Aufgabe des Leiters, die Gruppe zur Erwärmung zu bewegen und durch brillante und überraschende Übungen gewissermaßen zur Aktion zu verführen. Sondern es ist eine gemeinsame Aufgabe von Leiter und Gruppe, den Erwärmungsprozess zu gestalten. Ziel und Weg dorthin müssen allen klar sein. Das heißt einmal: Der Leiter kann versuchen, die Gruppe so zu verstehen, dass die wahrnehmbaren Aktionen und Interaktionen dieses gemeinsame Ziel anstreben (so geringfügig sie erscheinen mögen). Und ferner: für Klarheit über den allgemeinen Sinn und das Ziel des Erwärmungsprozesses zu sorgen – nämlich, dass es zuerst wichtig ist herauszufinden, was das Thema für jeden Einzelnen ist und wie die Gruppe sich zum offenen Ausdrücken von Erleben, auch auf der Bühne, ermutigen und sich ›wie ein Sportler‹ zum Handeln anwärmen kann.« (Schwinger 1994, S. 14)

Ein bemerkenswertes Beispiel, wie auch bildungsungewohnte Teilnehmergruppen schnell in ein Rollenspiel eingetaucht werden können, bietet uns der suggestopädische Unterricht in Deutsch als Fremdsprache:

> »Eine leicht Art zu spielen ist es vorzugeben, jemand anders zu sein, als wir ›wirklich‹ sind. Ich lade die Schüler dazu ein, sich spielerisch auf dieses Gruppenabenteuer einzulassen, indem sie einen neuen Namen und eine neue Lebensrolle annehmen, die die Grundlage für viel Spaß und imaginäre Entwicklungen sein kann. Ein oder zwei Poster zeigen deutsche Namen in farbiger Schrift. Ich lese die Namen mit erheblich variierender Betonung und fordere die Studenten auf, sich vorzustellen, als Ingrid, Hans, Else, Udo etc. getauft worden zu sein, und ›auszutesten‹, welche Namen sie am liebsten annehmen würden. (…) Wenn sich die Schüler gegenseitig mit ihrem neuen Namen ansprechen, geben sie ihre Zustimmung zum Spiel. Für Schüler aller Altersstufen und Schichten wird dieser Identitätswechsel zu einer machtvollen Erfahrung, die positive Beziehungen herstellt. Derselbe Prozess wiederholt sich, wenn den Schülern die Wahl eines Berufs oder einer Lebensrolle, wie z.B. Tänzer, Rechtsanwalt, Abenteurer, Pilot, Taugenichts, Mönch oder Geheimagent etc., angeboten wird. Der Höhepunkt dieser Gelegenheit zur ›persönlichen Wandlung‹ ist eine ausgelassene, lautstarke ›Cocktailparty‹, bei der imaginärer Champagner ausgeschenkt wird …« (Dhority 1986, S. 96)

»*Das Leben ist eine viel zu wichtige Angelegenheit, um darüber ernsthaft zu reden.*«
Oscar Wilde

Dieses Gruppenspiel kann problemlos am ersten Kurstag eingesetzt werden und bietet den großen Vorzug, dass bereits zu Beginn eine lockere und spielerische Atmosphäre entsteht, ein spontaner und humorvoller Umgang gepflegt wird und die Lernenden durch ihre Spielhandlung die Zustimmung zu aktivem, spielerischem Sprachlernen geben. Die Frage »*Wie* wollen wie arbeiten?« wird hierbei nicht explizit und verbal erörtert, sondern die Arbeitsvereinbarung erfolgt im »Tun«.

Theorieexkurs:
Zur Bedeutung der Spielanleitung

»Das Streben nach Exaktheit entspricht dem Streben nach Gewissheit; und auf beides sollte man verzichten. Natürlich will ich damit nicht sagen, dass größere Exaktheit, etwa eine Voraussage oder sogar eine Formulierung, nicht gelegentlich sehr wünschenswert sein kann. Was ich meine, ist, dass ein Streben nach größerer Exaktheit – besonders sprachlicher Exaktheit – um ihrer selbst willen niemals wünschenswert ist, denn die Folge ist gewöhnlich ein Verlust an Klarheit. Eine andere Folge ist die Verschwendung von Zeit und Kraft auf terminologische Vorstudien, die sich oft als nutzlos erweisen, weil sie vom wirklichen Fortschritt der Problemsituation überholt werden: Man soll nie versuchen, exakter zu sein, als es die Problemsituation erfordert.« (Popper 1979, S. 28)

Beim Anleiten eines Rollenspieles in einer Bildungsveranstaltung stellt sich die Frage: Wie exakt soll die Spielanleitung sein? Eine Spielanleitung muss (neben den Regeln, die das Setting des Rollenspiels definieren) schriftliche oder mündliche Angaben über die Rolle, die Situation und den Handlungsablauf enthalten (vgl. hierzu die Praxisbeispiele zur Anwendungsform Rollentraining, s. Seite 75ff.). Grundsätzlich kann gesagt werden, je weniger Anleitung,

* ❖ umso mehr Dynamik im Spiel und umso mehr fließt das Spiel: Die Teilnehmer werden improvisieren und das Spiel in der Aktion weiterentwickeln;
* ❖ umso größer das Risiko von Kontrollverlust bei der Leitung: Die Spielleitung hat keine Kontrolle darüber, welche Selbstanleitungen sich die Spieler geben (»jeder versteht, was er verstehen will«).

Ein Beispiel soll dies verdeutlichen: Wir sind in einem Kurs der Volkshochschule: »Vater sein, ein Spagat zwischen Arbeit und Familie«. Der zweite Kursabend ist dem Thema »Freizeit – Streitzeit« gewidmet. Der Kursleiter schlägt als Einstieg ins Thema ein Gruppenspiel vor.

Anleitung: *»Ich schlage vor wir machen etwas Aktives, Spannendes, vielleicht auch Humorvolles – ein Gruppen-Rollenspiel. Ausgangssituation ist ein Familienausflug an einem Sonntag in den Zoo. Bitte wählen Sie eine Rolle aus und improvisieren Sie einen Spaziergang durch den Zoo. Versetzen Sie sich in eine fremde Rolle aus Ihrer Fantasie. Spielen Sie also keinesfalls sich selbst und Ihre Familien. Stellen Sie sich vor, Sie sind ein Mitglied einer Familie, welche Rolle möchten Sie haben?«*

Anmerkung: Im Gruppenspiel kann ich mich in eine neue Rolle versetzen und muss ganz spontan reagieren. Man weiß nicht, was dabei herauskommt, aber wir können davon ausgehen, dass das Gruppenspiel eine Karikatur darstellt von Rollen und Handlungen aus unserem Alltag. Wir können dabei eigene Verhaltensmuster kennen lernen und Erfahrungen aus ungewohnten Rollen heraus machen. Das Gruppenspiel regt die Fantasie und Kreativität an.

»Sie können sich in irgendeine Rolle versetzen, die Ihrer jetzigen Stimmung entspricht. Als Regel gilt: Das Gruppenspiel findet in diesem Raum statt, jeder macht mit, aber Sie können sich auch eine Rolle wählen, wo Sie eher passiv sind, eine Rolle, die wenig Aktivitäten verlangt. Einfach so, wie es Ihnen im Moment am besten entspricht. Wenn Sie im Verlaufe des Spieles eine andere Rolle übernehmen wollen, so tun Sie es. Aber Sie müssen es so machen, dass die anderen dies auch mitbekommen.«

»Zum Einstieg wollen wir jetzt die Rollen definieren: Ich schreibe auf dem Flipchart auf, wer welche Rolle übernehmen will, und jeder beschreibt kurz seine Rolle. Anschließend wollen wir den Spielort hier simulieren: Wo genau sind wir? Wie sieht die Umgebung aus? Wo ist was? Das Spiel wird ungefähr 20 Minuten dauern. Ich werde es abbrechen, wenn ich das Gefühl habe, dass die Energie im Begriff ist zu sinken. Unter Umständen greife ich auch ins Spiel ein und kündige spezielle Ereignisse an, um die Spielhandlung zu aktivieren (zum Beispiel: Gewitter, Unfall, Gefahr). Nach dem Spiel werden wir dann diskutieren: Wie habe ich mich in der ungewohnten Rolle zurechtgefunden? Was für spezielle Begegnungen haben ich erlebt? Wie ist der Bezug zu meiner realen Lebenssituation? Welche Gefühle und Verhaltensmuster kenne ich?«

Die Spielanleitung wurde veröffentlicht. Wie wird sie von den Teilnehmern aufgenommen?

❖ Die Teilnehmerinnen und Teilnehmer am Rollenspiel werden als Erstes prüfen, was sie von dieser Situation bereits kennen, was in ihrem Gedächtnis zu den Codewörtern Familie, Zoo, Sonntag, Spaziergang etc. gespeichert ist. Sie werden eine ganz persönliche Bewertung dieser Ereignisse vornehmen.

❖ Sie holen auch bisherige Lernerfahrungen hervor und haben bereits Lernerwartungen entwickelt.

❖ Die Teilnehmer verstehen die Anleitung entsprechend ihren persönlichen Einstellungen zum ganzen Lernprozess und zum angeschnittenen Thema. Ist ihnen die Lernsituation vertraut und angenehm und meinen sie, dass sie Einfluss nehmen können auf den Lernprozess (Kontrollerwartung), so werden sie sich in einer bestimmten Weise auf den Spielvorschlag einlassen.

❖ Die wahrgenommene Spielanleitung wird überprüft nach geltenden Verhaltens- und Gruppenregeln, schließlich will ja niemand lächerlich wirken; auch übertriebener Exhibitionismus soll vermieden werden; und alles soll echt und spontan wirken …

❖ Die Teilnehmer überlegen, ob sie vielleicht auf altbekannte und altbewährte Verhaltensmuster zurückgreifen können oder auf standardisierte Rollen aus dem Alltag, Fernsehen, Theater (Rollenkonserven).

❖ Dieses Wissen werden sie mischen mit den Kurszielen und mit den Vermutungen, die sie über die Rollenspielerwartungen des Leiters haben (latentes Leiterskript). Daraus ergibt sich ein mögliches Teilnehmer-Skript für das Rollenspiel: die innere, unveröffentlichte Spielanleitung.

Dieser in einer Zehntelsekunde ausgeführte Prozess vom äußeren zum inneren Skript läuft bei den Teilnehmern unterbewusst ab, wie automatisch prüft das Hirn die Inputs, bevor es überhaupt zur Spielhandlung kommt. Dieser kognitive Kontrollprozess lässt sich schematisch folgendermaßen darstellen:

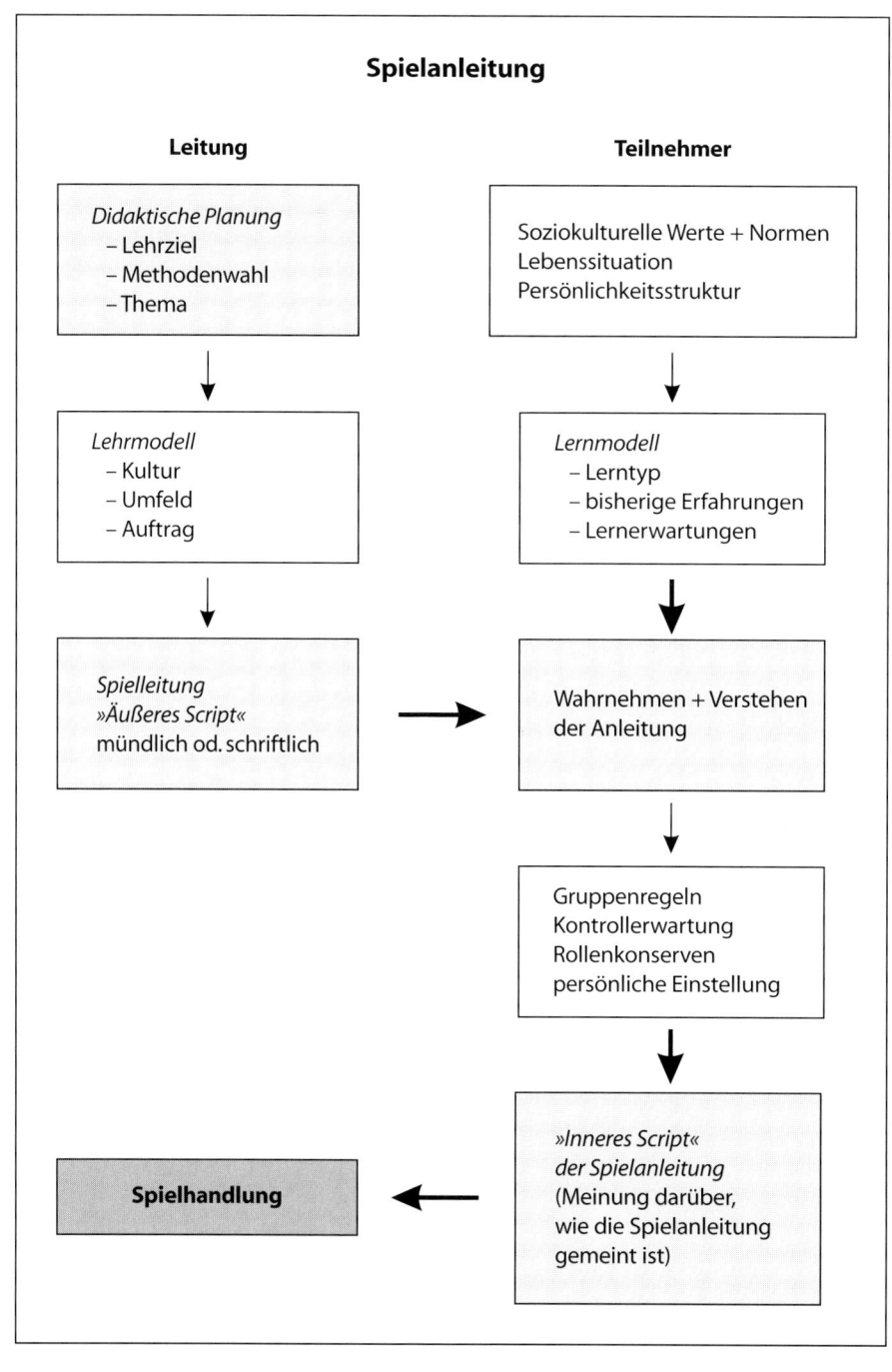

Das nebenstehende Schema versucht aufzuzeigen, wie die Spielanleitung in das Rollenspiel einführt: Zu einem großen Teil geschieht dies unabhängig von den Absichten der Leitung. Ausgehend von der Spielanleitung entwickeln die Teilnehmer nämlich ein Lernmodell, welches eine implizite Spielanleitung definiert (inneres Skript). Dieses innere Skript ist weitgehend abhängig von Persönlichkeitsmerkmalen, bisherigen Lernerfahrungen, mit der Teilnehmerrolle verbundenen Werten und Normen, persönlichen Lernzielen, kulturellem Hintergrund, Position in der Lerngruppe usw.

Ich würde gerne jetzt hier erklären, wie ich selbst als Spielleiter es meistens doch schaffe, dass es zu einer relativ großen Übereinstimmung kommt zwischen der Leitung und den Spielenden. Leider ist es mir aber nicht ganz klar. Das liegt daran, dass ich selbst als Rollenspiel-Anleiter überhaupt nicht die Fähigkeit besitze, Anleitungen und Lernziele exakt zu formulieren. Ich bin eher unordentlich und vergesse auch manchmal, das eine oder andere zu erwähnen. Erstaunlicherweise stelle ich immer wieder fest, dass trotzdem lerneffektive Rollenspiele zustande kommen. Offensichtlich findet da eine Absprache ohne Worte statt – eine gegenseitige imaginative Annahme über Rollen, Regeln und Ziele.

> Es muss ein »*umfassender Beziehungsmodus angenommen werden, der die einseitig konstituierende Intentionalität der Einfühlung zu einer gegenseitigen Intentionalität des ›Hineinfühlens‹ und des Erlebens des anderen erweitert. Die entsprechende gegenseitige, realitätsgerechte Wahrnehmung und die sich daraus ergebende Beziehung zweier (oder mehrerer) Menschen nennt Moreno Teleprozess bzw. Telebeziehung. (…) Tele ist der beidseitig voll entfaltete gesunde zwischenmenschliche Beziehungsmodus. Die Silbe ›Tele‹ bedeutet in Wörtern wie Tele-pathie, Tele-gramm, Tele-fon u.a.m. die Entfernung, welche von der einen oder anderen durch die nachfolgenden Silben gekennzeichneten Handlung überbrückt wird. Da überdies anzunehmen ist, dass der gesunde gegenseitige Beziehungsmodus auf einer Anzahl den Raum zwischen den Individuen überwindenden gegenseitigen kognitiven und kommunikativen Fähigkeiten beruht, die auf das Gegenüber als Ziel, ›Telos‹, ausgerichtet sind, verwendet Moreno das Wort ›Tele‹ als Symbol der Summe dieser Fähigkeiten.*« (Leutz 1986, S. 20)

Ein funktionierendes »Tele« in der Lerngruppe ist eine absolut notwendige Voraussetzung für das Rollenspiel. Kommt es bei der Besetzung der Spielrollen und bei der Einrichtung der Spielszene immer wieder zu Unklarheiten: »Ich verstehe nicht, was ich machen muss …?« Wer kommt zur Türe herein? Ich habe gemeint, dass ich die erste Frage stelle …?« »Sind wir jetzt zu Hause oder im Büro?« »Ist das eine Tür oder ein Fenster?« – so ist dies ein untrügliches Zeichen, dass das »Tele« nicht stimmt. Und ohne Tele – kein Spiel.

Im Idealfall kommt es zu einer relativ guten Übereinstimmung mit der Spielanleitung des Leiters: Inneres und äußeres Skript haben ein ziemlich großes Feld der Gemeinsamkeiten (s. unten »Kooperative Spielhandlung«). Das bedeutet, dass eine gegenseitige realitätsgerechte Wahrnehmung (»Tele«) vorhanden ist und ein kooperativer Beziehungsmodus erreicht ist.

Wenn dies nicht der Fall ist, ist die Fähigkeit zum Spiel stark gestört: Das innere Skript des Teilnehmers weicht dann wesentlich vom inneren Skript der Leitung ab (s. unten »Kontroverse Spielhandlung«). Der Lernende wird folglich die Spielsituation anders gestalten, als der Spielleiter dies geplant hat. Es kommt so laufend zu Missverständnissen.

Kooperative Spielhandlung	**Kontroverse Spielhandlung**

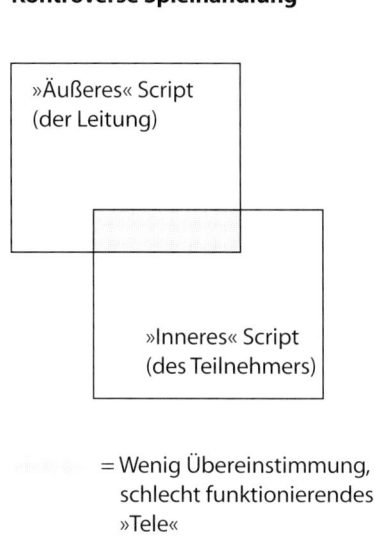

»Äußeres« Script (der Leitung)	»Äußeres« Script (der Leitung)
»Inneres« Script (des Teilnehmers)	»Inneres« Script (des Teilnehmers)
= Relativ viel Übereinstimmung, gut funktionierendes »Tele«	= Wenig Übereinstimmung, schlecht funktionierendes »Tele«

Leider ist die Rollenspiel-Realität noch viel komplizierter, als dieses Modell zeigen kann: Wir haben es ja meistens nicht nur mit einem Teilnehmenden zu tun. Stellen Sie sich also vor, dass etwa 15 Personen ein gemeinsames Feld der Verständigung finden müssen. Da ist es eine schwierige Aufgabe, die Spielanleitung verbal eindeutig zu formulieren, um eine gemeinsame Spielhandlung zu ermöglichen. Ich halte mich meist an das Prinzip: Nie genauer sein, als unbedingt nötig. Die Aufnahmefähigkeit der Teilnehmer ist sowieso begrenzt: Wir können sie nicht einfach mit Regeln und Vereinbarungen »voll stopfen«.

Oder lesen Sie etwa eine Spielanleitung von A bis Z durch? Nehmen Sie ein Ihnen gut bekanntes Spiel, das Sie in Ihrer Familie schon mehrmals gespielt haben. Lesen Sie die Spielanleitung einmal genau durch und überlegen Sie sich, ob Sie das verstehen würden, wenn Sie keine Ahnung von diesem Spiel hätten. Meistens machen wir doch einfach einen Spielversuch und eignen uns die Spielregeln an, indem wir bei Bedarf die Spielanleitung konsultieren.

Auch während des Rollenspiels wird über die Spielanleitung und die entsprechenden Veränderungen und Handlungsabläufe kommuniziert. Dieser Transkriptions-Prozess findet vor dem Spielbeginn statt und wird während des ganzen Spiels – meist unbewusst – immer wieder durchgeführt. Dazu benötigen wir auch eine entsprechende Kommunikationsform, eine »Sprache« über das Spiel. Wenn ein Rollenspieler sagt: »Ich finde das Ganze idiotisch«, so müssen die anderen verstehen können, ob dies zum Spiel gehört oder ob er das Spiel an sich meint. Solche metakommunikativen Botschaften sind aber eher selten verbal, meist erfolgen sie nonverbal und lassen sich nur schwer beobachten und beschreiben.

Im Theorieexkurs »Spielen als Lernmethode« wurde darauf hingewiesen, dass bereits im frühkindlichen Spiel metakommunikative Botschaften beobachtbar sind. Beispielsweise die nonverbale Kommunikation: »Das ist sehr lustig, bitte lass uns weiterspielen.«

Auch bei Tieren ist eine Kommunikation über das Spielverhalten beobachtbar: So treffen gefangene Delfine in einem Schwimmbecken mit den Menschen Abmachungen über das Spielverhalten. Wenn ein Fremder an ihr Schwimmbecken kommt und sich an die Brüstung setzt, versuchen sie, seine Hand ins Maul zu nehmen und sie sanft zwischen ihren Kiefern zusammenzupressen. Dabei könnten sie mit ihren scharfen Zähnen die Hand glatt abtrennen. Unterwirft sich der Fremde dieser rituellen Begrüßung, so wird der Delfin eine seiner verletzbarsten Körperstellen (den anterior-ventralen Teil seines Körpers, also den Brustteil) dem Fremden auf die Hand oder den Fuß legen. Wir können dieses Verhalten als metakommunikative Botschaften interpretieren: Indem der Delfin die Hand des Menschen ins Maul nimmt, aber nicht zubeißt, scheint er sagen zu wollen: »Ich will dich nicht verletzen, dies ist nur ein Spiel.« Und indem er seinen verletzlichen Brustteil dem Menschen exponiert, scheint er sagen zu wollen: »Ich vertraue darauf, dass auch du mich nicht verletzt.« (Aus: Watzlawick 1996, S. 100). Delfin und Mensch klären so also ab, ob eine Bereitschaft zum Spielen vorhanden ist; und sie verständigen sich über die unabdingbare Grundregel des »Nichtverletzens«. Dies ist ein Beispiel einer eher offensichtlichen, gut beobachtbaren Form von Metakommunikation: Ich exponiere meine verletzlichen Körperteile und definiere damit die Spielregeln.

Metakommunikative Botschaften sind aber als solche nur selten so klar wahrnehmbar. Metakommunikationen laufen über ganz unterschiedliche kommunikative Kanäle, wie beispielsweise Körperhaltung, Mimik, Augenbewegung, Geruch, Distanz etc. und werden meist nicht als einzelne, klar identifizierbare Signale wahrgenommen, sondern als ein komplexes gefühlsmäßiges Umfeld.

Dazu ein Beispiel: Ich sitze im Zug, gegenüber eine Frau mit einem Kleinkind. Ich habe beide noch nie gesehen. Ich lese und merke plötzlich, dass das Kind nach meinem Buch greifen will. Ich halte dem Kind das Buch hin, aber nehme es gleich wieder weg, bevor es richtig zugreifen kann. Wir wiederholen dieses »Spiel« zwei- oder dreimal. Das Kind lacht. Dann nehme ich dem Kind den Schnuller aus dem Mund und verstecke ihn hinter dem Buch. Das Kind ist fröhlich erregt, es lacht. Offenbar erlebt es das Wegnehmen des Schnullers nicht als bedrohliche Handlung, sondern als Spiel. Wieso? Ich habe nicht klar und deutlich erklärt, dass ich ihn zurückgeben werde.

Aus neueren Forschungen der Entwicklungspsychologie wissen wir, dass Säuglinge die Gefühlszustände von Interaktionspartnern schon sehr früh wahrnehmen können. Bereits von den ersten Lebenstagen an bildet der Mensch abstrakte Repräsentationen (innere Bilder) von Wahrnehmungseigenschaften und orientiert sein Handeln an diesen inneren Bildern, die mit Gefühlsqualitäten verbunden werden.

Kommen wir auf das Zug-Beispiel nochmals zurück: Ich kann nicht sagen, aufgrund welcher Verhaltenseigenschaften das Kind mein Verhalten (Wegnehmen des Schnullers) als nicht bedrohlich und spielerisch einstuft. Aber es hat meine Spielabsichten klar erkannt. Irgendwie.

Aristoteles war der erste Philosoph, der auf diese Spezialität unserer Wahrnehmung aufmerksam gemacht hat: Wir verfügen über einen »sechsten Sinn«. Damit bezeichnete er die Fähigkeit, Empfindungsqualitäten wahrzunehmen, die nicht eindeutig an einen Sinn gebunden sind (wie beispielsweise »hier riecht es nicht gut«), sondern eine Einheitsempfindung von mehreren Sinnen darstellt (»irgendwie stinkt es mir hier«). Bei Kindern ist dieser »sechste Sinn« sehr ausgeprägt und bestimmt weitgehend die Handlungsorientierung. Bei Erwachsenen erhalten einzelne, klar definierte Signale (meistens in verbaler Kommunikation) mehr Gewicht und führen oft zu widersprüchlichen Wahrnehmungen und Gefühlen: »Was ich spüre, steht im Widerspruch zu dem, was ich höre.«

Für die Spielanleitung bei der Lernsituation *Rollenspiel* lassen sich daraus folgende Maßnahmen ableiten:

❖ Rollenspiel ist, psychologisch gesehen, ein äußerst komplexes Spiel, bei dem alle Sinne beteiligt sind. Spielbereitschaft kann nicht »geplant« werden, sondern ergibt sich aus dem Prozess. Rollenspiel ist somit immer eine Methode, die auch abgelehnt werden kann. Dies muss ausdrücklich mitgeteilt werden und als Lernkultur erlebbar sein.

❖ Die verbale Ausführlichkeit und Genauigkeit der Spielanleitung gibt keine Garantie, dass sie auch so verstanden wird, wie die Spielleitung es beabsichtigt. Gegenseitiges Einfühlen beruht zu einem großen Teil auf nonverbaler Kommunikation.

❖ Ein Rollenspiel kann formal korrekt verlaufen, aber gefühlsmäßig leer sein, das heißt, Kopf und Herz sind an der Aktion nicht beteiligt. Dies weist darauf hin, dass die Spielanleitung als nicht adäquat empfunden wird. Die Spielleitung wird daraufhin die Teilnehmer fragen, was verändert werden kann, um das Spielen zu erleichtern.

❖ Metakommunikative Signale werden meist unbewusst gesendet und wahrgenommen. Sie laufen in der Regel auf einem non-verbalen Kanal. Entscheidend ist, dass die Spielleitung auf die Signale achtet und entsprechend reagiert: fehlt zwischen den Spielern ein Verständnis auf der Metaebene, ist dies ein Zeichen, dass ernsthafte Störungen vorhanden sind. Das Rollenspiel muss unterbrochen oder gar abgebrochen werden – die Bearbeitung dieser Störungen haben Vorrang

❖ Die Leitung muss bei der Spielanleitung und in der Anfangsphase des Spieles darauf achten, ob der »sechste Sinn« bei den Beteiligten funktioniert. Gibt es bei der Spielanleitung immer wieder Rückfragen und Verständigungsprobleme, so ist die Zeit wohl nicht reif für ein Rollenspiel.

Als Grundprinzip für die Spielanleitung gilt daher: Nicht was die Leitung sagt, ist maßgebend, sondern was die Teilnehmer verstehen.

Die Spielphase

Begriffsbestimmung

»Jede beliebige Tat (Aktion) wird als Ausdruck des Individuums in Ausübung der ihr entsprechenden Rolle vollzogen. (…) In seinen Rollen setzt sich der Mensch mit Mitmensch und Welt in Beziehung, verwirklicht sich selbst und verändert die Welt. Indem der Mensch in Rollen handelt, wirkt er gestaltend und verändernd auf die Verhältnisse zurück, die sein Wesen und seine Handlungen teilweise bedingen und beeinflussen.« (Leutz 1974, S. 2)

Was ist nun der Unterschied zwischen diesem alltäglichen Handeln in Rollen und dem Rollenspiel?

Beispiel: Wenn ich mich mit meinen 45 Jahren an einem Elternabend in der Schule benehme wie ein Erstklässler, so ist dies ein Handeln aus einer inadäquaten Rolle heraus. Wenn am Elternabend eine Schulsituation simuliert wird und ich spiele darin einen Erstklässler, so ist dies ein Rollenspiel: Die an der Handlung Beteiligten haben eine Vereinbarung getroffen – sie spielen ein Spiel und alle Beteiligten wissen, dass ein Spiel gespielt wird. Mein Verhalten ist nicht mehr inadäquat, sondern entspricht dem Thema unserer Gruppenaktivität.

Wir sehen, für ein Rollenspiel braucht es eine *doppelte Als-ob-Situation*: Wir tun, als ob wir in einer Schulsituation wären, und in dieser Situation tue ich, als ob ich ein Schüler wäre. Wir bezeichnen als Rollenspiel:

❖ eine Gruppenaktivität, in der eine oder mehrere Personen in einer klar umschriebenen, simulierten Situation Rollen spielen, die für sie gewohnt oder ungewohnt sind,
❖ oder eine Gruppenaktivität, in der sie ihnen vertraute Rollen spielen, dies aber in einer ihnen ungewohnten, unüblichen simulierten Situation.

Wichtig ist der Begriff der simulierten Situation, dieses »So tun als ob«.

»Simulation kennzeichnet den Prozess der spielerischen Nachahmung und modellhaften Gestaltung von Wirklichkeit. Ausgehend vom Modell der Spielsituation simulieren die Spielteilnehmer Realität.« (Keim, S. 142).

Dabei bleibt die Abgrenzung zum Theaterspiel fließend. Der Hauptunterschied liegt wohl in der Technik der Ausarbeitung einer Simulation: Während im Theater literarische Dramen mit dramaturgischen Techniken inszeniert werden, wird im Rollenspiel weitgehend improvisiert. Ein Fallbeispiel wird hier und jetzt inszeniert ohne Textvorgaben, Regieanweisungen und Spielproben. Indem die Teilnehmer eine Lebenssituation im Rollenspiel spontan darstellen, versuchen sie, die Welt zu begreifen, sie geben der komplexen Wirklichkeit eine Gestalt.

Vorbedingungen

Bei der Anwendung der Methode Rollenspiel sind folgende Vorbedingungen zu beachten (in Anlehnung an Yardley 1997):

❖ **Eine Ausgangssituation wird umschrieben und als Simulation definiert: was darin passiert hat nichts mit dem realen Leben zu tun.** Wenn also im Elternabend-Rollenspiel zwei »Kinder« miteinander streiten, heißt das nicht, dass in der Realität diese Eltern Streit miteinander haben. Dahin gehende Interpretationen sind verboten, der »Als-ob-Status« zieht einen klaren Trennungsstrich zwischen Simulation und realer Situation. Dies unterscheidet das Rollenspiel von psychologischen Tests, wo Versuchspersonen in eine »Laborsituation« gesetzt werden, um direkte Rückschlüsse auf das mögliche Verhalten in realen Situationen ziehen zu können.

❖ **Innerhalb dieser simulierten Ausgangssituation werden weitere »Als-ob«-Bedingungen gesetzt.** »Du spielst einen uninteressierten Schüler, der heute besonders niedergeschlagen ist, weil gestern seine Lieblingsmannschaft das Endspiel verloren hat.« Diese weiteren Als-ob-Bedingungen geben dem Rollenspiel eine genaue Umschreibung, sie sind sozusagen das Salz-und-Pfeffer des Rollenspiels. Zwar könnte man befürchten, zu viele Anweisungen hemmen die Spontaneität im Spiel – aber genau das Gegenteil ist der Fall. Je mehr Als-obs, umso freier kann ich mich in die Rolle hineingeben: nur wenn ich etwas gut kenne, kann ich frei spielen – demgegenüber bewirkt Unbekanntes eine Verunsicherung und hemmt das improvisierte Spielen.

❖ **Die konkrete Beschreibung einer Situation beinhaltet eine Auswahl von tatsächlich möglichen Ereignissen der wahren Situation.**
So können wir kaum eine ganze Schulwoche durchspielen, wir müssen auswählen, welche konkrete Situation aus dieser Schulstunde wir inszenieren wollen (eine ganze Schulstunde ist viel zu lang für ein Rollenspiel). Aber vielleicht gehört auch noch eine vorausgegangene Szene auf dem Pausenplatz dazu: Diese Szene wird kurz »angespielt«. Die Auswahl von Einzelereignissen führt zu einer Verfremdung der realen Situation und macht sie damit spielbar.

Die Auswahl dieser weiteren Als-obs kann sehr entscheidend sein für die Effektivität eines Rollenspiels: Je beteiligter die Teilnehmer an der Auswahl sind, umso engagierter sind sie für das Rollenspiel. Als Leiter kann ich durch die Auswahl das Spiel intensivieren: »Wir überspringen jetzt zwei Tage, wir spielen jetzt zwei Tage später, die Lehrerin bleibt schon wieder an einem Kaugummi auf ihrem Stuhl kleben.« Eine Realität im Zeitraffer.

Anwendungsregeln

Ausgehend von diesen Vorbedingungen lassen sich folgende Regeln für die Durchführung von Rollenspielen in der Erwachsenenbildung ableiten (die weitgehend dem Psychodrama entnommen sind):

> *»Sie spielen ein Spiel. Sie spielen damit, kein Spiel zu spielen. Zeige ich ihnen, dass ich sie spielen sehe, dann breche ich die Regeln.«*
>
> R.D. Laing

❖ **Arbeitsvertrag:** Der Leiter und die Spieler definieren, was sie mit dem Rollenspiel erreichen wollen (Lernziel) und treffen eine Vereinbarung über Methode und Grenzen.

❖ **Einrichten einer Bühne:** Um klarzumachen, dass es sich um eine Als-ob-Situation handelt, soll für das Rollenspiel ein Spielraum (Bühne) definiert werden. Es gibt den Spielern Schutz und Sicherheit, in einem klar definierten Raum (zum Beispiel der hintere, leere Teil des Kursraumes) aufzutreten und wieder abzutreten.

❖ **Gestaltung des Bühnenraumes:** Die Rollenspieler gestalten die Bühne aus: Wo findet das Vorstellungsgespräch statt? Wie sieht der Raum aus? Wo ist die Türe, das Fenster, der Tisch etc.?

❖ **Wichtiges im Raum:** Es stellt sich auch die Frage, was es denn noch Wichtiges in diesem Raum gibt? Mit einigen Gegenständen (Stuhl, Tisch, Kissen, Kiste …) wird der Spielraum ausgestaltet. Wichtig ist, dass die Spieler selbst den Raum einrichten.

❖ **Rollenverteilung:** Erforderlich für eine lerneffiziente Spielhandlung ist eine kurze, aber situationsspezifische Rollenbeschreibung. Die Rollenträger sollten Sie daher immer fragen, ob sie genügend Informationen zu ihrer Rolle haben: Name, Geschlecht, Alter, Herkunft, Familien- und Berufssituation, Werte/Ziele, Interessen/Einstellungen. Bei der Übernahme von Rollen kann es zur Überlagerung von Spielrolle und Realitätsrolle kommen. Wichtig ist daher, immer wieder auf den Spielcharakter hinzuweisen, damit die Rollen nicht missbraucht werden für Machtkämpfe, Besserwisserei oder Sanktionierung.

❖ **Seminarleitung:** Die Leitung übernimmt in der Regel keine Rolle im Spiel, damit sie jederzeit für die physische und psychische Integrität der Rollenspieler garantieren und notfalls eingreifen kann.

❖ **In-die-Rolle-Gehen und Aus-der-Rolle-Gehen:** Jede Rollenübernahme ist freiwillig, ein Ausstieg ist jederzeit möglich. Ich werde nur mit meinem Namen angesprochen, wenn ich effektiv meine Rolle spiele, wenn ich aber eine andere Person spiele, wird ein Rollenname benutzt. Unbedingt klar signalisieren, wenn das Rollenspiel zu Ende ist. Die Personen werden dann aus ihren Rollen entlassen (Entrollung).

❖ **Auswertungsrunde:** Nach dem Rollenspiel gibt es eine themenzentrierte Auswertungsrunde. Darauf achten, dass diese Runde sich auf das Ziel des Rollenspiels (Arbeitsvertrag) bezieht und nicht für andere Zwecke missbraucht wird. Es sollten auch keine Interpretationen erfolgen, vor allem keine, die beispielsweise auf die Privatsphäre der Rollenspieler abzielen.

Sozialform

Wie wir im Kapitel »Anwendungsformen des Rollenspiels in der Erwachsenenbildung« (s. Seite 61ff.) gesehen haben, kann Rollenspiel in ganz unterschiedlichen Sozialformen angewendet werden: als Gruppenspiel, in dem alle Teilnehmer eine Rolle übernehmen, bis hin zu Formen, in denen eine Person spielt und alle anderen zuschauen.

Es ist absolut notwendig, die Sozialform dem Zielpublikum anzupassen. Für bildungsferne Teilnehmer kann das Rollenspielen im Plenum eine Überforderung darstellen. Das Rollenspielen in Kleingruppen kann helfen, Hemmungen und Ängste abzubauen, und dient der Förderung einer guten Gruppendynamik. Wiederholt in der gleichen Sozialform zu arbeiten wird meistens zu Müdigkeit und Erlahmung der Spielfreude führen.

Ich zeige daher nun die verschiedenen Variationsmöglichkeit in den Sozialformen anhand von einigen Beispielen auf. Alle Praxisbeispiele stammen aus einem Weiterbildungsseminar für Kursleiterinnen und Kursleiter »Bildungsarbeit mit arbeitslosen Menschen«.

❖ **Einzeln:** Wir behandeln das Thema »Individuelle Strategien zur Krisenbewältigung«. Ich fordere die Teilnehmer auf, in einem entspannten Schritttempo im Raum umherzugehen und sich zu überlegen: »Wie gehe ich selbst mit Krisen um?« Welches sind meine ersten Handlungen bei einer Krise? Welche Bedürfnisse habe ich? Wie erlebe ich Krisen? Was mache ich? Anschließend soll jeder Teilnehmer in einer kurzen Szene seine Art der Krisenbewältigung pantomimisch darstellen.

❖ **Paarweise:** Wir haben besprochen, wie ein konfrontatives Gespräch mit Sanktionsandrohung mit einem störenden Teilnehmer zu führen ist. Je zwei Teilnehmer trainieren ihre Kompetenzen im »konfrontativen Gespräch«. Mit Rollenkarten werden zwei Rollen mit einer Kurzbeschreibung vorgegeben (Rolle A ist der Kursleiter und Rolle B ist der »störende« Kursteilnehmer). Innerhalb der Paare werden auch die Rollen getauscht. Auswertung der gemachten Erfahrungen erfolgt im Plenum.

❖ **Dreiergruppen:** Die oben beschriebene Paarübung kann auch mit einem Beobachter durchgeführt werden. Dieser hat dann die Aufgabe (eventuell mit einer Checkliste), den Ablauf und die Qualitäten der Übungsgespräche zu beobachten und seine Erfahrungen anschließend im Plenum mitzuteilen.

❖ **Kleingruppen (drei bis fünf Personen):** Wir sind am letzten Seminartag bei der Auswertung. Ich lade die Teilnehmer ein, sich in Kleingruppen auszutauschen zur Frage »Was kann ich aus diesem Seminar in meinen beruflichen Alltag mitnehmen?« Die Rückmeldung ins Plenum soll dann aber in Form eines Rollenspieles erfolgen: »Inszenieren Sie die Situation der Rückkehr an ihre Arbeit. Sie erzählen beispielsweise am Montagmorgen in der gemeinsamen Kaffeepause Ihren Kollegen, wie das Seminar war. Unter diesen Kollegen muss es aber mindestens einen oder zwei Skeptiker geben, die sehr kritisch zurückfragen. Vereinbaren Sie in der Kleingruppe, wer den Protagonisten darstellen will, der über den Kurs berichtet. Und übertreiben Sie ruhig ein bisschen, damit auch etwas Humor mit reinkommt. Wichtig ist aber, dass der Protagonist seinen Arbeitskollegen ganz konkrete ›Lernergebnisse‹ berichtet, die er in die Praxis umsetzen möchte – oder berichtet, warum das alles eben nur Theorie ist und schwerlich umsetzbar sein wird.«

❖ **Großgruppen:** Ich habe in einem Seminar die Grundprinzipien der Psychodynamik in Gruppen nach Raoul Schindler vorgestellt. Wir haben ausführlich diskutiert, welche Position der Kursleiter in Gruppen einnehmen könnte oder sollte. Ich schlage nun vor, in einem Rollenspiel auszuprobieren, wie das aussieht, wenn der Kursleiter in einer bestimmten Position ist (Alpha, Beta, Gamma oder Omega). Es erfolgt eine Einteilung in zwei Gruppen: Jede Gruppe erhält den Auftrag, eine Kursgruppe zu simulieren. Jede Gruppe wird die Szene zweimal spielen, wobei der Kursleiter jeweils aus einer anderen soziodynamischen Position (nach Schindler) handelt.

❖ **Plenum:** Wir behandeln das Thema »Umgang mit schwierigen Kurssituationen«. Ein Seminarteilnehmer hat eine schwierige Situation aus seiner Kurstätigkeit geschildert. Ich lade ihn ein, dies szenisch darzustellen, um im Rollenspiel nach Lösungsvarianten zu suchen. Der betreffende Seminarteilnehmer (Protagonist) richtet die Szene ein, verteilt die Rollen an die anderen Seminarteilnehmer und bestimmt auch einen Doppelgänger für seine Rolle (falls ich ihn aus dem Spiel nehmen will zum »Spiegeln«). Die Spieler erhalten kurze Rollenanweisungen, die Ausgangssituation und der Handlungsablauf werden beschrieben. Die Szene wird ein erstes Mal durchgespielt, der Protagonist gibt, wo nötig, Regieanweisungen. Darauf-

---

»Beachte, wie sich eine blockierte Gruppe oder ein Individuum öffnet, sobald du den Versuch aufgibst, das unbedingt Richtige zu tun.«

Laotse

hin wird die Szene ein zweites Mal gespielt, diesmal mit Rollentausch: Der Protagonist übernimmt die Rolle des störenden Teilnehmers. Dadurch kann der Protagonist erfahren, welche Motive und Strategien die Handlungen des Störenden bestimmen und welche Wünsche, Bedürfnisse und Erwartungen dieser an die Kursleitung hat.

Rollenspiele in Kleingruppen ohne die ständige »Kontrolle« durch die Leitung sind meistens sehr lerneffizient: Dieser intime Rahmen kann vielfach Blockierungen und Hemmungen abbauen und die Spontaneität und Kreativität enorm fördern.

Zeitstruktur

Rollenspielen erfordert viel Zeit. Speziell die Vorbereitungsphase kann je nach Gruppe und Thema sehr zeitaufwändig sein. Als Faustregel kann gelten: Vorbereitung, Spiel und Auswertung stehen im Verhältnis 2:1:2. Die Spielphase ist meistens die kürzeste.

In den meisten Handbüchern zur Methode Rollenspiel wird empfohlen, den Teilnehmern genügend Zeit zu gewähren, um das Spiel vorzubereiten. Ich tendiere eher in die Richtung, die Anfangsphase zu beschleunigen, um möglichst schnell in die Spielhandlung zu kommen. Dies führt zwar manchmal anfangs zu Missverständnissen, die dann aber während des Spiels korrigiert werden. Dies hat den Vorteil des Spielerischen. Wie gesagt: Wer liest schon eine Spielanleitung von A bis Z? Es fällt mir viel leichter, mir nur die Grundregeln und die Startsituation anzueignen. Die Besonderheiten, die weiterführenden Regeln lese ich dann im Verlauf des Spieles nach (wenn ich auf das betreffende Spielfeld treffe). Die meisten Menschen bevorzugen diese Vorgehensweise.

Möglichst schnell in die Spielhandlung kommen

Die größte Schwierigkeit bezüglich Zeit liegt wohl in der Unmöglichkeit, eine verbindliche Zeitstruktur zu planen. Rollenspiele können viel kürzer oder länger ausfallen als geplant. Sie können auch gar nicht stattfinden, wenn sich niemand für eine Rollenübernahme meldet.

Wie bei einem Folienvortrag, wenn der Projektor »aussteigt«, so muss die Leitung auch beim Rollenspiel darauf vorbereitet sein, das Thema mit einer anderen Methode zu bearbeiten.

Hilfsmittel

Der Vorzug der Methode Rollenspiel liegt darin, dass keine Hilfsmittel erforderlich sind. Rollenspiel kann fast überall und jederzeit angewendet werden. Es gibt aber durchaus Mittel, die ein kreatives Spiel begünstigen:

❖ **Raum:** Idealerweise findet die Bildungsveranstaltung in einem großen Raum statt mit eher wenig Mobiliar. In diesem Fall kann das Rollenspiel in einem Handlungsraum (Bühne) stattfinden, der sich vom Sitzungsraum abgrenzt. Der Handlungsraum ist eine leerer Raum, der bei Wunsch mit beweglichem Mobiliar zum betreffenden Szenenbild eingerichtet werden kann. In einem kleinen Raum sitzt die Gruppe vorzugsweise auf Stühlen im Kreis (ohne Tische). Als Handlungsraum für das szenische Spiel wird dann der Raum im Kreis definiert.

❖ **Requisiten:** Zur Förderung der Kreativität können verschiedenste Requisiten eingesetzt werden. Mit roten Clownnasen können Spieler dazu animiert werden, ihre Rolle zu überzeichnen. Farbige Seidentücher verstärken den Ausdruck von Gefühlsstimmungen. Verschiedenartigste Mäntel oder Jacken erleichtern das Hineinschlüpfen in fremde Rollen. Masken und Schminke erlauben es, in der übernommenen Rolle ehrlicher und ungeschminkter zu agieren.

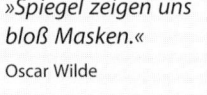

»Spiegel zeigen uns bloß Masken.«
Oscar Wilde

Als Richtlinie lässt sich sagen: Requisiten werden eher im improvisierten psychologischen Rollenspiel eingesetzt. Beim angeleiteten pädagogischen Rollenspiel wird wenig mit Requisiten gearbeitet.

❖ **Protokolle:** Je nach Lernziel empfiehlt es sich, zur Unterstützung der Auswertung die Spielphase zu protokollieren. Im besten Fall kann die Co-Leitung diese Aufgabe übernehmen. Besteht die Leitung aber nur aus einer Person, ist höchstens ein Stichwort-Protokoll möglich. Einfacher scheint es mir in diesem Fall, einen Teilnehmer zu bitten, die Protokollführung zu übernehmen.

❖ **Ton- und Videoaufzeichnungen:** Speziell im Rollentraining ist der Einsatz von Ton- und Videoaufzeichnungen sehr wirkungsvoll. In der Regel sind die betreffenden Personen sich selbst gegenüber die subtilsten und direktesten Kritiker.

Die Auswertung von Rollenspielen

Wir haben bisher stark den spielerischen Charakter von Rollenspielen hervorgehoben und gesehen, dass das Spielen an sich bereits eine lustvolle Erfahrung sein kann. Dies ist an sich eine hervorragende Lernsituation: Die Lernenden gelangen in einen Zustand des Fließens, der Lernprozess »fließt« wie von selbst. Dabei besteht aber die Gefahr, dass die Spielfreude zum wichtigsten Auswertungskriterium von Lernspielen definiert wird. Ist ein Seminar abwechslungsreich, aktiv und emotional bewegend, wurden erschütternde und humorvolle Rollenspiele produziert und sind die Teilnehmerevaluationen am Ende des Tages positiv, so gilt das Seminar als erfolgreich durchgeführt. »Am Tag danach« kann jedoch ein ungutes Gefühl aufkommen: Die Teilnehmer berichten beispielsweise ihren Arbeitskollegen, wie das Seminar gelaufen ist, und dabei fällt ihnen nur ein, dass eine große Emotionalität da war, aber warum »gespielt« wurde und was dabei gelernt wurde, bleibt fraglich. Siebert spricht in diesem Zusammenhang von einem

> »Badewanneneffekt«: »In der Badewanne (= Seminar) wird man ›erhitzt‹, anschließend (= zu Hause) wieder ›abgekühlt‹: Einstellungs- und Verhaltensänderungen werden nach Seminarende oft wieder ausgelöscht.« (Siebert 1997, S. 309)

Wir wollen in diesem Kapitel der Frage nachgehen, wie wir die Teilnehmer lerneffektiv aus dem Rollenspiel-Bad nehmen können. Dazu ist absolut notwendig, dass Spiel und Spielauswertung didaktisch geplant werden. Die Spielleitung muss wissen, wie sie das Rollenspiel auswerten wird.

> »Die Auswertung soll die Teilnehmer anregen, über das Geschehen nachzudenken, Parallelen zwischen der simulierten und der ›realen‹ Welt zu suchen und die Einsichten, die sie gewonnen haben, auf die reale Welt zu übertragen. Dabei sollten sie eine kritisch-reflektierte Distanz zum Spielmodell gewinnen.« (Steffens, S. 185, in: Keim 1992)

Die Technik der Auswertung ist abhängig von der Anwendungsform und der Zielrichtung des Rollenspieles. Bezug nehmend auf die schematische Darstellung der verschiedenen Anwendungsformen der Methode Rollenspiel auf Seite 63, unterscheiden wir drei Auswertungsformen:

❖ **die psychodramatische Auswertung** für improvisiertes Rollenspiel mit psychologischer Zielsetzung,
❖ **die erlebnisorientierte Auswertung** für Rollenspiele mit dem Ziel der Selbsterfahrung wie themenzentriertes Theater, Jeux dramatiques, Märchenspiel, Imagination-Rollentraining, Playback,
❖ **die inhaltsorientierte Auswertung** für Rollenspiele mit inhaltsbezogenen Lernzielen und zum Training von praktischen Fertigkeiten wie Situationsspiele, Forumtheater, Rollentraining, Sprachtraining etc.

Auswertung von psychodramatischen Rollenspielen

Kernstück des Psychodramas ist das protagonistenzentrierte Spiel: Ein Protagonist (Hauptdarsteller) stellt das aktuelle Gruppenthema aus eigener Perspektive szenisch dar, indem er eine Lebenssituation, einen Konflikt, einen Traum oder eine Fantasievorstellung im Rollenspiel aufleben lässt. Dabei übernehmen die anderen Gruppenmitglieder Nebenrollen oder bleiben Zuschauer. Durch das emotionale Erleben im Spiel erfährt der Protagonist eine innere Reinigung (Katharsis), die zu einer inneren Befreiung und einer Verhaltensänderung führen kann. Das Durchspielen psychosozialer Themen ist aber nur ein Teil des individuellen Änderungsprozesses: Entscheidend für eine erfolgreiche Therapie ist die kognitive Verarbeitung des dramatischen Spiels. In der psychodramatischen Gruppentherapie beginnt der Umsetzungsprozess erst mit dem Meinungsaustausch in der Gruppe. Die oft episodenhaften und flüchtigen Gefühlserlebnisse werden mit den Eindrücken und Gefühlen der anderen Gruppenmitglieder verglichen, unterschiedliche und übereinstimmende Sichtweisen werden diskutiert, Ziel- und Interessenkonflikte werden thematisiert, lebensgeschichtliche Entstehungsbedingungen werden miteinander verglichen. Wenn der Protagonist bereit ist, diese Rückmeldungen anzuhören, und dies als Lernmöglichkeit erkennt, so besteht die Chance, dass er bisherige Denk- und Verhaltensmuster überprüft.

Die Auswertungsrunde eines Protagonistenspieles im Psychodrama kann nach folgendem Modell erfolgen:

❖ **»Entrollung«:** Als Erstes gilt es, die Darsteller aus ihren Rollen zu entlassen. Die Spielbühne wird verlassen bzw. aufgelöst. Die Teilnehmer werden nicht mehr mit ihren Rollennamen angesprochen. Falls nötig, wird durch eine kleine rituelle Handlung die Spielrolle abgestreift.

Beispiele: Die Darsteller ziehen pantomimisch ihre fiktiven Rollenkleider aus. Oder: Der Protagonist »entrollt« die Darsteller persönlich mit dem Satz »Danke fürs Mitspielen, jetzt bist du wieder …«.

Es ist darauf zu achten, dass in den folgenden Auswertungsschritten die Teilnehmer wirklich »entrollt« sind, also nicht mehr aus der Rolle heraus sprechen und auch nicht in der Spielrolle angesprochen werden.

❖ **Rollenfeedback:** Die Mitspieler berichten, wie sie sich in ihrer Spielrolle gefühlt haben und was sie erlebt haben. Der Protagonist hört zu und versucht, sich ein Bild davon zu machen, wie die dargestellte Situation von den anderen Beteiligten erfahren wird. Dabei kann er wichtige Informationen erhalten, die Wesentliches zur Deutung der Situation beitragen.

Beispiel: Ein Vater hat eine Konfliktsituation mit seiner Frau (in der Gruppe nicht real anwesend) dargestellt. Im Rollenfeedback berichten nun die Rollenspieler »Frau« und »Kinder«, wie sie sich in der Rolle gefühlt haben. Insbesondere das Erleben von den nicht direkt am Konflikt beteiligten »Kindern« kann dem Vater neue Sichtweisen eröffnen.

> *»Möge mein Schweigen genauer werden.«*
> Theodore Roethke

Dabei muss die Leitung aufpassen, dass im Rollenfeedback keine versteckten Interpretationen und Ratschläge gegeben werden, sondern dass wirklich nur das Erleben in der Rolle beschrieben wird. Wenn der Protagonist dazu fähig ist, kann er nach Handlungsalternativen fragen: »Was hättest du dir als Kind in dieser Situation gewünscht?«

❖ **Sharing:** Der Protagonist hat im psychodramatischen Spiel etwas Persönliches von sich gezeigt. Durch das »Flow-Erleben« im Spiel hat er vielleicht mehr gezeigt, als ursprünglich vorgesehen. Und es kann eine gewisse Scham aufkommen, weil er sich von einer schwachen, verletzlichen Seite gezeigt hat. Der Protagonist sollte nicht mit dem Eindruck zurückbleiben, er sei eine Null und wäre mit dem betreffenden Problem der Einzige in der Gruppe. Im Sharing berichten die anderen Gruppenmitglieder und die Leitung von ähnlichen Situationen aus ihrer eigenen Lebensgeschichte mit dem Ziel, Kraft und Mut für die kognitive Verarbeitung der Problemdarstellung freizumachen.

Beispiel: Eine junge Mutter hat dargestellt, mit welchen gemischten Gefühlen sie nach der Arbeit ihr kleines Kind bei den Großeltern abholt. Nach dem Spiel kommt bei ihr Scham auf (»Habe ich nun gezeigt, dass ich eine schlechte Mutter bin?«). Im Sharing berichten andere Mütter von ihren Erfahrungen mit Arbeit und Kind. Ein Vater berichtet, wie schwer es ihm fällt, nach acht Stunden »Bürowelt« sich zu Hause auf seine Kinder einzulassen. Die Protagonistin erfährt dadurch, dass es anderen ähnlich geht und ist so offener für eine Lösungssuche.

Wichtig ist, dass nur echte Sharings gegeben werden und die Gruppenmitglieder nicht in ritualisierter Form irgendwelche ähnliche Lebenssituationen darstellen, die nicht hierher passen. Auch sollte die Leitung darauf achten, dass das Sharing nicht als Forum für eine Selbstdarstellung benutzt wird.

> *»Enthalte dich aller Versuche, Aussagen oder Gefühle herauszufordern, die nicht von allein in Erscheinung treten. Natürlich freigesetzte Gefühle verletzen nie – sie lösen sich von selbst auf.«*
> Laotse

❖ **Befindlichkeitsrunde und Planung des weiteren Lernprozesses:** Die psychodramatischen Feedback-Techniken sollen den Protagonisten vor Deutungen und Ratschlägen schützen. Der Leiter muss daher unbedingt darauf achten, dass die Gruppenmitglieder keine Interpretationen, Vermutungen und Ratschläge äußern. Der Leiter sollte während der Feedback-Phase neben dem Protagonisten sitzen, um zu dokumentieren, dass er ihm zur Seite steht. Wird der Protagonist in der Feedback-Runde heftig angegriffen, muss der Leiter auf jeden Fall den Protagonisten schützen. Denn der Protagonist soll die Feedback-Äußerungen in aller Ruhe aufnehmen können, ohne sich verteidigen zu müssen. Es ist immer wieder zu betonen, dass im Feedback Erlebnisweisen wiedergegeben werden. Dieses jeweilige Erleben der Situation ist weder falsch noch richtig, sondern es sind Annahmen des Individuums. Es ist allein die Entscheidung des Protagonisten, welche Rückmeldungen er ernst nimmt und welche nicht.

Der Protagonist hat gespielt, zugehört und was macht er jetzt mit alldem? In der Befindlichkeitsrunde äußert sich als Erster der Protagonist zu den Fragen: »Kann ich mit dem, was ich erlebt und gehört habe, etwas anfangen? Wie geht es mir jetzt? Zu welchem Thema will ich mit der Gruppe jetzt weiterarbeiten? Oder brauche ich eine Pause?« Anschließend äußern sich die anderen Gruppenmitglieder zu diesen Fragen. Wichtig ist, dass die Leitung die Gefühle und Erwartungen jedes Gruppenmitgliedes richtig wahrnimmt und die Planung der nächsten Schritte gemeinsam und unter Berücksichtigung von Einzelinteressen stattfindet.

Exkurs

Kommunikationsregeln bei der Auswertungsrunde (in Anlehnung an Cohn 1983):

❖ Der Protagonist hört zu und kann Rückfragen stellen zum Verständnis und zur Klärung – aber keine Argumentationen und Verteidigungsreden. Er kann spezielle Rückmeldungen von einzelnen Gruppenmitgliedern erbitten oder auch ablehnen. Er entscheidet autonom, wann die Rückmeldungsrunde beendet ist.

❖ Wer keine Rückmeldungen geben kann oder will, gibt auch keine. Formelle Abfragerunden sollte man vermeiden, da diese den Eindruck von Künstlichkeit (Mitleid) vermitteln könnten. Die Rückmeldungen sollen authentisch und selektiv sein.

❖ »Ich-Aussagen« sollten gemacht werden und keine Verallgemeinerungen, wie zum Beispiel »wir glauben«, »man tut«, »niemand sollte«. Dies sind fast immer persönliche Versteckspiele. Es gilt: Ich sage, was ich denke und fühle. Ich mache nur Aussagen, die ich selbst verantworten kann.

❖ Es sind nur Fragen erlaubt, die nach Informationen zur Klärung der Spielhandlung verlangen. Fragen, die kein Verlangen nach Information ausdrücken, sind unecht. Sie können Vermeidungsspiele sein, um eigene Erfahrungen zu verschweigen, oder dienen als Werkzeug für subtile Interpretationen und Machtkämpfe.

❖ Keine Interpretationen! Die Teilnehmer sollen persönliche Reaktionen schildern. Auch wenn die Interpretationen durchaus richtig sind, nützen sie dem Protagonisten meist wenig, da nach dem Rollenspiel nicht der richtige Moment ist. Der Protagonist hat sich exponiert, ist leicht verletzbar, er muss zuerst wieder seine Position in der Gruppe finden.

❖ Aussagen über das Verhalten und Eigenschaften des Protagonisten sollten nur erfolgen, wenn mit der Aussage die eigene Befindlichkeit geäußert wird: »Ich sehe dich so … und das ist für mich …«

❖ Die Aufgabe des Spielleiters ist es, die Auswertungsrunde so einzurichten, dass der Protagonist die Rückmeldungen aufnehmen und kreativ deuten kann. Wie viel der Spielleiter weiß, wie intelligent er die Inszenierungen interpretieren könnte, ist absolut unwichtig, der Protagonist selber muss das Spiel deuten.

Die Auswertung von erlebnisorientierten Rollenspielen

Es ist auffallend, dass gerade im Bereich der Selbsterfahrung ein ausgesprochener Mangel an didaktischer Planung der Auswertungsphase von Rollenspielen besteht. Zwar verfügen sie über eine reiche Palette an kreativen Rollenspielvorgaben. Die Auswertung, das heißt die Integration der Erfahrung in einen individuellen Lebensprozess, wird als selbstregulativer Prozess betrachtet, welcher nicht definiert und nur ungenügend beschrieben wird.

> »In der Sphäre eines Spiels haben die Gesetze und Gebräuche des gewöhnlichen Lebens keine Geltung.«
> Johan Huizinga

Die Teilnehmer gehen nach den kreativen Spielphasen und Abschlussrunden nach Hause mit dem Eindruck, etwas Wichtiges und Neues erlebt zu haben. Sie sind zufrieden, der Kurs wird als »gut« bis »ausgezeichnet« beurteilt und der Kursveranstalter ist sehr zufrieden. Es entspricht auch einer generellen Feststellung, dass

> *»viele Veranstaltungen der Erwachsenenbildung weniger wegen ihrer Lernziele und Inhalte als vielmehr wegen der Sozialkontakte, der Atmosphäre und des Unterhaltungswertes besucht werden. Ein Marketing-Unternehmen kommt bei einer Image-Untersuchung einer Volkshochschule zum Ergebnis: ›Erlebnis ist wichtiger als Ergebnis‹ und ›Emotion ist wichtiger als Ratio‹.«* (Siebert 1997, S. 34)

Aus diesem Blickwinkel erscheint es verständlich, dass wir im Bildungsbereich der Selbsterfahrung keine systematischen Auswertungsverfahren von Rollenspielen antreffen können. Es lassen sich aber verschiedene Vorgehensweisen identifizieren:

❖ **Die psychodramatische Auswertung:** Die weiter oben beschriebene Methode der Psychodrama-Auswertung wird so wie dargestellt (vgl. S. 143–145) oder in verkürzter Form, das heißt: nur das Sharing, angewendet.

❖ **Die »Stille«-Auswertung:** Eine Auswertung kann bewusst (meist verbal) geschehen oder aber auch ganz zielgerichtet durch eine gemeinsame Handlung ersetzt werden. Nach einem tief bewegenden Spiel kann ein gemeinsamer Spaziergang oder eine gemeinsame Kaffee-und-Kuchen-Pause die Spannung lösen und die alltägliche Realität wieder in die Kursgruppe bringen. Auch eine gemeinsame Kurzmeditation, Musikhören, Tanzen, Chorsingen etc. kann die Lebendigkeit des Hier-und-Jetzt wieder spürbar machen.

❖ **Die Curriculum-Auswertung:** Anstelle einer Rollenspiel-Auswertung erfolgt hier eine Reflexion über die Bedeutung der Bildungsveranstaltung im

Lebenslauf eines jeden Teilnehmers. Dies kann erfolgen durch die Diskussion und Planung von weiteren Bildungsveranstaltungen, aber auch durch kreative Ausdrucksformen, beispielsweise Lebenslauf malen, Collage »Gestern – Morgen«, Rollenspiel »Wie berichte ich meinem Arbeitgeber über das Seminar?« usw.

❖ **Die theaterpädagogische Auswertung:** Hier gilt der Fokus der Ausdrucksfähigkeit, dem Erleben im Rollenspiel und der Persönlichkeitsentwicklung. Mögliche Fragestellungen, die in einer gemeinsamen Runde besprochen werden, sind:

– Rollenspiele verändern den Gruppenprozess und verändern die Beziehungen der Gruppenmitglieder untereinander. »Was hat sich nach dem Spiel für mich verändert in dieser Gruppe? Wie fühle ich mich jetzt in der Gruppe?«

– Rollenspiele werden ganz unterschiedlich wahrgenommen, je nach der emotionalen Beteiligung. Es bestehen vielleicht auch Unterschiede in der Wahrnehmung zwischen der Gruppe der Rollenspielenden und der Zuschauenden. »Was habe ich gesehen?«

Die schauspielerische Leistung wird nicht bewertet!

Beim Themenkreis Ausdrucksfähigkeit im Rollenspiel ist höchste Vorsicht geboten, da eine Nachbesprechung benutzt werden kann für gegenseitige qualitative Beurteilungen und Abwertungen. Rollenspiele mit dem Ziel der Selbsterfahrung sind keine Theaterspiele. Ziel ist also nicht eine gute schauspielerische Leistung. Die Spiele werden nicht ästhetisch bewertet, weder positiv noch negativ. Wir stellen also nicht die Frage nach der Qualität des Rollenspielens, sondern nach der Qualität der Rollen. In Anlehnung an die im Kapitel »Grundtechniken« beschriebene Methode der Rollenanalyse besprechen wir:

❖ »Was für Assoziationen, Analogien habe ich zu der dargestellten Situation, den dargestellten Rollen?

❖ Welche Bedeutung hat dies für mich?

❖ Konnte/wollte ich in der betreffenden Rolle meine Gefühle ausdrücken?

❖ Welche Werte und Gefühle verbinde ich mit der Rolle/Situation?«

❖ Dabei muss die Gesprächsleitung darauf achten, dass über die Rollen und Situationen und nicht über die darstellenden Personen gesprochen wird.

❖ Die Rollenwahl kann im Hinblick auf persönliche Verhaltensmuster analysiert werden:

– »Spiele ich immer dieselben, ähnlichen Rollen?

– Fällt es mir leicht/schwer, von einer Rolle in eine andere zu wechseln?

- Kann ich Rollen spielen, die ich in meinem Leben nie spiele oder die sogar antagonistisch sind (Gegenrollen)?
- Übernehme ich oder erhalte ich immer dieselben oder immer ähnliche Rollen?
- Kann ich in einer spezifischen Rolle Gefühle ausdrücken?«

Vielleicht haben Sie folgende Episode auch schon erlebt: Sie gehen mit einem guten Freund ins Kino. Der Film begeistert beide, beide sind tief berührt. Nach dem Film herrscht eine eher schweigsame Stimmung. Bei einem Glas Wein wird dann doch noch über den Film gesprochen, Sie interpretieren die »Botschaft« des Films und erhalten Widerspruch. Sie sind höchst erstaunt, dass Ihr Partner offenbar einen »völlig anderen Film« gesehen hat.

Dieselbe Überraschung kann es im Rollenspiel geben: Jeder sieht mit seinen Augen, spürt mit seinen Händen, denkt mit seinem Kopf. In der Auswertungsrunde kann auf die Differenzen in der Wahrnehmung und Deutung der Spiele aufmerksam gemacht werden:

❖ Was habe ich gesehen und was bedeutet das für mich?
❖ Was habe ich erlebt?
❖ Wo spürte ich Höhepunkte bzw. Tiefpunkte?

Die inhaltsorientierte Auswertung

In Anlehnung an van Ments (1998, S. 16) können wir den Ablauf der Auswertungsrunde in drei Phasen einteilen:

❖ **Phase 1: Erleben.**
   Die Mitspieler werden nach ihren Erfahrungen befragt.
   Die Zuschauer berichten, was sie gesehen haben.
   Die Mitspieler und Zuschauer geben ein Sharing (»An was hat mich das Spiel erinnert?«).
   Der Protagonist wird nach seinen Reaktionen befragt.
❖ **Phase 2: Analyse.**
   Mögliche Situationszusammenhänge werden beschrieben.
   Die Gründe für das betreffende Rollenverhalten werden analysiert.
   Schlüsse über menschliches Verhalten werden gezogen.
   Verschiedene Veränderungsmöglichkeiten werden aufgezählt.
   Neues Rollenverhalten wird thematisiert.
❖ **Phase 3: Transfer.**
   Das Rollenspiel wird verglichen mit realen Lebenssituationen.
   Generellen Schlüsse können gezogen werden.
   Folgeaktionen werden geplant.

Werden Rollenspiele eingesetzt, um messbares fachspezifisches Wissen und Fertigkeiten zu vermitteln, so muss die Auswertung sich in erster Linie auf die Phase 3, also den Transfer beziehen. Die Frage lautet dann: »Wurden die Lehrziele erreicht?« Steffens stellt fest, dass das Rollenspiel ein Lehrsystem ist, bei dem der Spielleiter bzw. der Lehrende einen

> *»multidimensionalen Lernprozess inszeniert und versucht, durch teilnehmende Beobachtung und gelegentliche Eingriffe sicherzustellen, dass die Teilnehmer/Lernenden in dem gemeinsam entwickelten Lernmilieu das lernen, was er möchte, dass sie lernen sollen«* (Steffens S. 178, in: Keim 1992).

Lernen die Teilnehmer aber etwas anderes, so kann dies ebenfalls positiv sein. Wir haben gesehen, dass im psychodramatischen Rollenspiel der Klient bestimmt, was gelernt wird. Im Sprachunterricht beispielsweise ist dies natürlich anders: die Lehrenden bestimmen Lehrziele und Lehrinhalte und definieren die Lernschritte. Hauptinhalt der Auswertung ist demzufolge die Frage nach der Lehrzielerreichung.

Die Anwendungsmöglichkeiten der Methode Rollenspiel zur Vermittlung von konkretem Wissen und praktischen Fertigkeiten sind groß und die entsprechenden Auswertungstechniken sind sehr spezifisch und inhaltsorientiert.

Verhalten trainieren

Geht es darum, ein Verhalten zu trainieren (zum Beispiel Verkaufsgespräche, Kommunikationstraining für Mediziner, Sprachunterricht), kann mit standardisierten Beobachtungs- und Beurteilungsbogen gearbeitet werden. Sie finden dazu nachfolgend ein Beispiel aus einem Trainingsseminar für Versicherungsverkäufer. Auch die Verhaltensanalyse durch Videoaufzeichnungen kann sehr wirksam sein. Dabei ist aber die »Künstlichkeit« der Rollenspielsituation zu beachten: In einer Verkaufsschulung entspricht die Beziehung zwischen den Rollenspielpartnern nicht der echten Beziehung zwischen Verkäufer und Kunde. Dem »Kunden« fehlt in diesem Fall nämlich einerseits das wirkliche Interesse an der Ware, andererseits zeigt er häufig ein hoch entwickeltes Verkaufsverhalten und hat genaue Warenkenntnisse (da er ja meist selbst Verkäufer ist).

> *»Argumente sollten vermieden werden. Sie sind immer vulgär und oft überzeugend.«*
> Oscar Wilde

> *»Ein Problem wird das, wenn nicht natürliche Gespräche in der Auswertung stillschweigend wie natürliche Gespräche behandelt werden. (…) Im Extremfall korrigiert ein Trainer, der sich auf Rollenspiele stützt, bei seinen Kursteilnehmern nur Verhaltensweisen, die sie ausschließlich im Rollenspiel, nicht aber in natürlichen Gesprächen, zeigen (Korrektur am Artefakt). (…) Vermutliche Artefakte, die vom Spieler oder anderen Teilnehmern kritisch beurteilt werden könnten, sollte man besser nicht einfach übergehen, sondern explizit ansprechen und als vermutlich untypisch ›entschärfen‹. Dies erspart dem Rollenspieler unnötige Selbstkritik.«* (Bliesener 1994, S. 17)

Ich betone in meinen Seminaren immer wieder, dass es sich bei den Rollenspielen, so realitätsnah sie auch erscheinen mögen, um Simulationen handelt. Es sind nicht die reellen Berufssituationen, sondern verfremdete Situationen zu Übungszwecken. Die Rollentrainings sollten nicht dazu benutzt werden, eigene berufliche Kompetenzen vorzuführen. Ich betone oftmals: »Wir sind alle sehr kompetent, sonst wären wir nicht hier – Sie müssen also nicht Ihre beruflichen Fähigkeiten zur Schau stellen. – Bitte betrachten Sie das Rollenspiel als Training und nicht als Wettkampf.«

Beobachtungskriterien für ein Verkaufstraining für Versicherungs-Kundenberater: Um eine optimale Auswertung der Rollenspiele »Verkaufsgespräche« zu erhalten, sind die Protagonisten (Spieler der Verkäuferrollen) auf genaue Rückmeldungen angewiesen. Bitte lesen Sie die Beobachtungskriterien vor dem Rollenspiel durch und füllen Sie dann während oder nach dem Rollenspiel das Formular aus. Vergessen Sie nicht: »Wo gearbeitet wird, werden Fehler gemacht. Wo Fehler erkannt werden, wird gelernt.« Als Beobachter haben Sie die Gelegenheit, zu diesem Lernprozess wichtige Elemente beizusteuern. Seien Sie also nicht nur wohlwollend-aufmerksam, sondern auch kritisch und ehrlich. Bitte benutzen Sie, wenn nötig, die ganze Skala: von »sehr (gut)« (Note 1) bis »ungenügend« (Note 5). Beurteilen Sie nur das Verhalten der Verkaufsperson (Protagonist).

Ablauf des Verkaufsgespräches:

	1	2	3	4	5
1. Wie verlief die Begrüßung (korrekt, freundlich, angemessen)?	❑	❑	❑	❑	❑
2. Wie wirkte die äußere Haltung (Hände, Stellung, Mimik, Blickkontakt etc.)?	❑	❑	❑	❑	❑
3. Das Gespräch wurde ruhig und zielstrebig geführt (keine Hektik, Nervosität, gute Gesprächsplanung).	❑	❑	❑	❑	❑
4. Dem Verkäufer gelang es, eine symmetrische Gesprächssituation zu schaffen: Auch der Kunde konnte seine Anliegen und Argumente einbringen.	❑	❑	❑	❑	❑
5. Die gegebenen Informationen waren aufschlussreich und verständlich.	❑	❑	❑	❑	❑
6. Wie war die Gesprächsatmosphäre (freundlich, entspannt, salopp, vertrauensvoll, kühl, distanziert etc.)?	❑	❑	❑	❑	❑
7. Wie wirkte die Verabschiedung (weitere Schritte, positiv in Erinnerung bleiben etc.)?	❑	❑	❑	❑	❑

Kundenorientierung:

	1	2	3	4	5
8. Der Verkäufer bemühte sich im Gespräch um den Kunden: Er sieht im Kunden ein Individuum, nicht ein austauschbares Objekt.	❑	❑	❑	❑	❑
9. Er konnte gegenüber bestimmten Verhaltensweisen des Kunden positive affektive Reaktionen zeigen, ohne vom Gesprächsziel allzu sehr abzuweichen.	❑	❑	❑	❑	❑
10. Er konnte zuhören und verstand es, auf ablehnende Haltungen des Kunden sachlich zu reagieren.	❑	❑	❑	❑	❑

	1	2	3	4	5
11. Er konnte unausgesprochene Bedürfnisse des Kunden erkennen und entsprechend reagieren.	☐	☐	☐	☐	☐
12. Es gelang ihm, durch fachlich präzise Fragen die Kundenbedürfnisse aufzudecken.	☐	☐	☐	☐	☐

Persönliche Ausstrahlung

	1	2	3	4	5
13. Der Verkäufer wirkt motiviert, selbstsicher und kompetent.	☐	☐	☐	☐	☐
14. Er ist von seinem Produkt überzeugt: Er strahlt dies aus, ohne dabei manipulativ oder missionarisch zu wirken.	☐	☐	☐	☐	☐
15. Er vermittelt ein positives Bild seiner Firma.	☐	☐	☐	☐	☐

Weitere Beobachtungen

....

....

....

....

....

....

Fremdsprachen lernen

Ich werde im Folgenden als weiteres Auswertungsbeispiel ein Sprachlern-Rollenspiel beschreiben. Rollenspiele werden im Fremdsprachunterricht oft eingesetzt. Mit standardisierten Auswertungsbogen kann hier aber nur teilweise gearbeitet werden. Ausgehend von einem relativ einfachen Lernbeispiel (Lehrziel: Kennenlernen und Üben von reflexiven und reziproken Verben), will ich aufzeigen, wie komplex das Problem der Evaluation von Rollenspielen sein kann.

Beispiel pantomimisches Spiel im Sprachunterricht: Gelernt werden sollen reflexive und reziproke Verben mit Dativ bzw. Akkusativ. Die Lehrerin bzw. der Lehrer spielt einige Beispiele pantomimisch vor, wie etwa:

❖ Ich putze mir die Zähne.
❖ Wir treffen uns.
❖ Ich frisiere dich.

Die Lehrkraft lässt die Gruppe raten, was sie da gespielt hat. Nun findet jede Teilnehmerin und jeder Teilnehmer selbst eine entsprechende Tätigkeit (zum gleichen grammatischen Problem, zum Beispiel: ich dusche mich, ich ziehe mich an, wir unterhalten uns …) und führt die Tätigkeit, gegebenenfalls mit einem Partner, pantomimisch aus. Die Gruppe rät dann, was dargestellt wurde.

Nach dem Rollenspiel wertet der Leiter das Rollenspiel aus:

❖ **Auswertungsphase Erleben:** Die Spielleitung beobachtet die Aktivität im Spiel und kann daraus Schlüsse ziehen über Lernfreude, Beteiligung und möglichen Lerneffekt. In einer kleinen Runde kann die Spielleitung erfragen, wie das Rollenspiel erlebt wurde, Stimmungsbarometer, Fragebogen und andere kleine Evaluationsmethoden können eingesetzt werden.
❖ **Auswertungsphase Transfer:** Er folgt die Selbsteinschätzung durch die Teilnehmer selbst. Sie beantworten Fragen wie: Habe ich neue Verben gelernt? Kann ich sie im szenischen Dialog einsetzen? Kann ich sie in realen Kommunikationssituationen gebrauchen?
❖ **Schriftliche und mündliche Übungen:** Natürlich können auch schriftliche oder münliche Übungen durchgeführt werden, bei denen die Lernenden eine Selbstevaluation des Lernerfolges vornehmen können.
❖ **Test durch die Lehrenden:** Ebenso kann ein mündlicher oder schriftlicher Test abgehalten werden, der mit Hilfe standardisierter Fragen das Nachher mit dem Vorher vergleicht.

Mit diesem Auswertungsmuster prüfen wir, ob die Teilnehmer neue reflexive und reziproke Verben gelernt haben und korrekt konjugieren können (explizites Lehrziel). Implizites Lehrziel jedes Grammatik- und Wortschatzunterrichtes ist das Hörverstehen und Sprechenkönnen in realen Situationen. Dieses übergeordnete Ziel entzieht sich einer direkten Auswertung. Und genau hier steckt ein großes Problem: Lernen im Rollenspiel bedeutet Lernen in komplexen Situationen. Im Gegensatz zum klassischen Sprachunterricht, wo die Sprache segmentiert gelehrt wird (Grammatik, Wortschatz, Aussprache, Satzbau etc.) und das Lernergebnis segmentiert getestet wird, durchbricht das Rollenspiel dieses Modell, indem die Lernenden ermutigt werden, im komplexen szenischen Spiel zu kommunizieren.

Häussermann/Piepho (1996) sehen im szenischen Spiel für den Sprachunterricht folgende Vorzüge:

- ❖ *»Es lockert, löst auf, macht frei.*
- ❖ *Es öffnet für die Gemeinschaft, stellt Einfühlungsvermögen für eine gemeinsame Situation her, erweitert. Gemeinsames Agieren verbindet, schließt zusammen.*
- ❖ *Ich kann mich, meine Möglichkeiten (meine Stimme, mich im Raum) neu kennen lernen: Entfaltung.*
- ❖ *Ich beginne während des gemeinsamen Spiels etwas von der Gefühlswelt und Gedankenwelt des anderen zu ahnen, zu begreifen, lerne ihn kennen.*
- ❖ *Der kommunikative ›Erfolg‹ wirkt auf die Lernintensität zurück, lockert und sensibilisiert für die sprachliche Kommunikation.*
- ❖ *Kurz: Szenisches Spiel kann die Lernbemühungen auf vielen Ebenen leichter machen. Der Lehrer als »Erleichterer des Lernprozesses« hat hier, indem er einige Stichworte gibt und sich im Übrigen weitgehend zurückhält, eine überaus glückliche Rolle.«* (S. 270)

Die lehrzielbezogene Auswertung muss diese Vorzüge des szenischen Spiels berücksichtigen, indem das Rollenspiel verglichen wird mit der realen Lebenssituation und eine persönliche Lernbilanz gezogen wird. Folgende Fragen müssen beantwortet werden: »Welche Erfahrungen sind für mich neu? Hat sich bei mir etwas verändert? Kann ich neues Wissen oder neue Fertigkeiten bei bereits Vorhandenem anknüpfen? Bin ich für weitere Lernschritte bereit?

Bildlich gesprochen, handelt es sich bei der Lernmethode Rollenspiel, um eine »Lerninsel«: Wir gehen auf eine Insel, handeln dort eine gewisse Zeit, machen unsere Erfahrungen und kehren dann ins »reale Leben« zurück.

> *»Der Irrtum ist das formbildende Prinzip. Wahrheit kann nur als Irrtum in Erscheinung kommen.«*
> Christian Morgenstern

Gehen wir zurück auf unser Anwendungsbeispiel *Pantomimisches Spiel im Sprachunterricht*.

Für den Schüler Alberto kann es sein, dass er diese Übung lächerlich und kindisch findet; diese Lerninsel ist ihm zu fremd. Für Beat hingegen war es eine erstaunliche Erfahrung, einmal »ohne Stimme zu sprechen«; er wurde aufmerksam auf die verschiedenen Kommunikationskanäle. Claudia hat einige neue reflexive und reziproke Verben gelernt; es fällt ihr leichter, so zu lernen. Daniel ist überrascht, dass Franz und Gabi, die sonst immer passiv und schweigsam sind, hier sehr aktiv und humorvoll mitgemacht haben; er findet, das ist im Grunde genommen doch eine gute Lerngruppe.

Komplexe Rollenspiel-Inseln

Es handelt sich in unserem Anwendungsbeispiel um dieselbe Lerninsel für alle. Aber jeder Schüler und jede Schülerin kann darauf ganz verschiedene Lernerfahrungen machen. Wenn wir beachten, dass es sich bei diesem Beispiel um ein ganz einfaches Rollenspiel handelt, erahnen wir, wie komplex die Rollenspiel-Lerninseln sein können. Der Prozess der auf diesen »Lerninseln« stattfindet, wird von den Lernenden selber bestimmt: Die Akteure bestimmen das Rollenspiel und gestalten den Lernprozess. Der Spracherwerb erfolgt im Rollenspiel daher mehr oder weniger ungesteuert. Die Leitung kann das Spiel wohl anleiten, verliert aber die Kontrolle über den Handlungsablauf. Im Gegensatz dazu ist der Spracherwerb im Frontalunterricht mit Lehrbuch oder im Sprachlabor weitgehend gesteuert: Die Leitung gibt alle Lernschritte vor, definiert die sprachliche Progression.

Dies hat zur Folge, dass Rollenspiele nur dann eingesetzt werden sollen, wenn die Leitung auch prozessorientiert mit den Lehrinhalten umgehen kann: Es ist schwierig bis unmöglich, verschiedene Rollenspielsequenzen fest vorauszuplanen, die Progression im Spracherwerb zu steuern. Die Leitung muss zuerst mal feststellen, was in Rollenspiel 1 (Lerninsel 1) gelernt wurde, bevor das nächste Rollenspiel (Lerninsel 2) durchgeführt wird. Das nebenstehende Schema stellt diesen Prozess dar.

Bei unserem Beispiel (reflexive und reziproke Verben im pantomimischen Spiel) handelt es sich um eine teilweise gesteuerte Übung. Aufgrund der Auswertung des Lernergebnisses (Evaluation durch die Leitung, Selbsteinschätzung der Lernenden, Test) wird die nächste Lerneinheit entweder sehr gesteuert sein (etwa durch eine schriftliche Arbeit) oder ein improvisiertes Situationsspiel, bei dem die Verben in simulierten Alltagssituationen gesprochen werden.

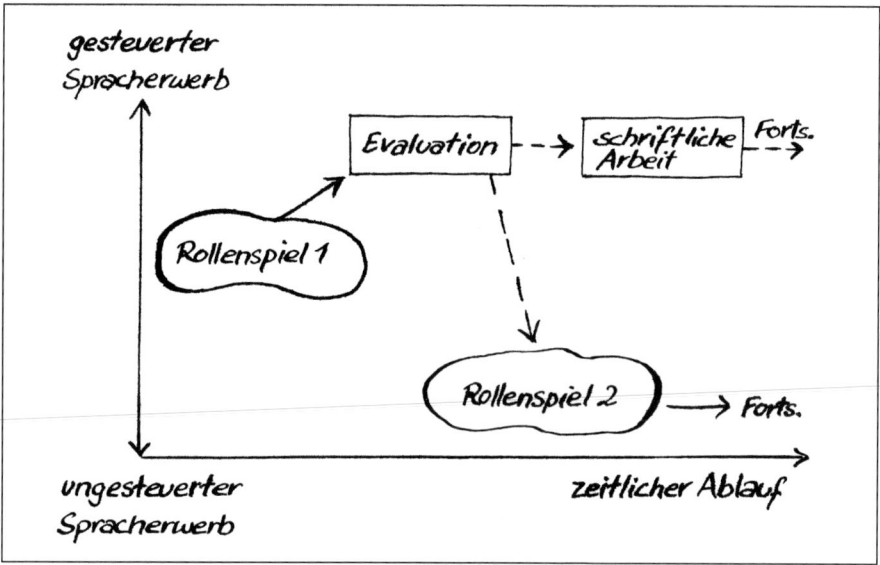

Rollenspiel 2 kann erst definiert werden, wenn die Auswertung von Rollenspiel 1 stattgefunden hat. Beim Sprachenlernen bedeutet dies: Wenn die Leitung den Lernerfolg gemessen hat, entscheidet sie, ob und wie es mit dem
Rollenspiel weitergeht. »Messen« sollte aber nicht physikalisch verstanden
werden: Den Lernerfolg ständig messen wird die Teilnehmenden verärgern
und demotivieren. »Messen« kann auch heißen, dass die Leitung eine Einschätzung des Lernerfolges vornimmt und aufgrund dieser subjektiven Beurteilung die weiteren Lerngelegenheiten plant.

Verhalten reflektieren

Im oben stehenden Beispiel aus dem Sprachunterricht wurde ersichtlich, dass
die Methode Rollenspiel eine affektive Lernmethode ist: Die Teilnehmer machen in jedem Fall persönliche und emotionelle Erfahrungen, sie reflektieren
ihr Verhalten durch das aktive Spiel in simulierten Situationen. Beim Sprachunterricht oder im Verkaufstraining sind dies positive Nebeneffekte. Sie machen den Unterricht lebendig, den Lernprozess effizient.

In vielen Veranstaltungen der beruflichen Aus- und Weiterbildung geht es
aber nicht darum, Wissen zu vermitteln oder ein Verhalten zu trainieren, sondern eigenes Verhalten zu reflektieren (zum Beispiel Führungsstil, Kooperationsfähigkeit, Verantwortungsfähigkeit, Wertsysteme). Die Auswertung erfolgt

mehr personenzentriert mit dem Ziel, dem Protagonisten ein differenziertes Feedback zu geben. Dieses Feedback soll den Protagonisten im Versuch unterstützen:

❖ neue Perspektiven und Erklärungen zu entdecken,
❖ »blinde Flecken« in der Situationsanalyse auszumerzen,
❖ eigene und fremde Gefühle, Bedürfnisse und Wünsche wahrzunehmen,
❖ Wertsysteme und Handlungspläne zu erkennen und, wenn nötig, zu kommunizieren.
❖ mögliche Verhaltensalternativen zu erkunden.

»Änderungsdialog«

Weidenmann (2000, S. 125ff.) beschreibt eine interessante Vorgehensweise einer personenbezogenen Auswertung mit dem Ziel, Einstellungen oder Verhaltensweisen zu verändern: Im »Änderungsdialog« geben die Gruppenmitglieder und der Coach dem Protagonisten keine gut gemeinten Ratschläge. Vielmehr versuchen sie, die Wahrnehmung des Protagonisten umzustrukturieren, indem sie ihm mitteilen, was ihnen beim Zusehen und Zuhören des Rollenspieles aufgefallen ist – und dies möglichst ohne weiter gehende Wertungen und Interpretationen. Es geht ganz einfach der Frage nach: »Was ist bei mir angeklungen? Welches Thema habe ich herausgehört?«

Ich will die Auswertungsform »Änderungsdialog« anhand eines Beispieles aus dem Seminar »Erfolgreiches Leiten von Gruppen« darstellen.

M ist Projektleiter in einem großen Dienstleistungsunternehmen. Ihm sind acht Mitarbeiterinnen und Mitarbeiter unterstellt. Er hat im Seminar folgendes Fallbeispiel eingebracht: Er ist mit seinem Team sehr zufrieden, es sind alles kompetente und engagierte Mitarbeiter. Auch wenn es immer wieder zu Pannen und Schwierigkeiten kommt, Arbeitsqualität und Produktivität sind sehr gut. Schlecht ist hingegen die Atmosphäre im Team. M kann sich dies nicht erklären, er hat da einen »blinden Fleck«. Alles läuft eigentlich gut, aber plötzlich und unerwartet richten zwei Mitarbeiter heftige Kritik an ihn: Er sei chaotisch, bringe wenig Impulse ins Team, überlasse vieles dem Zufall. M versteht diese Kritiken nicht. M sieht sich als »leitendes Teammitglied«, er möchte nicht der kühle und distanzierte Chef sein. Er unterstützt die Selbstorganisation der Mitarbeitenden. Aber das wird offenbar nicht verstanden, meint M.

Der Trainer bittet M, doch einmal im Rollenspiel zu zeigen wie das Aussieht, wenn »die Atmosphäre schlecht ist«. M setzt eine Arbeitssituation in Szene, bei der vier Mitarbeiter beteiligt sind.

Der Trainer schaltet sich ein und fragt: »Erklären Sie uns doch erst mal, wie der Raum aussieht, in dem diese Szene stattfindet. Wo sind wir? Wo ist der Eingang? Gibt es Fenster, Vorhänge, Wandbilder, Pflanzen? Und was machen die Mitarbeiter? Sitzen oder stehen sie? Wie ist die Einrichtung? Was für Apparate stehen im Raum?« M erklärt, wie die Szene aussieht, einige Gegenstände werden mit irgendwelchen behelfsmäßigen Objekten symbolisch dargestellt, ein paar Tische und Stühle werden angeordnet. Daraufhin wählt M die Rollenspieler aus und platziert diese im simulierten Büro. Der Trainer bittet M, jede Rolle einzudoppeln: »Bitte treten Sie hinter die jeweilige Person und sprechen Sie in der Ich-Form über die Spielrolle – geben Sie die notwendigen Angaben zur Person.« M tritt hinter jeden Rollenspieler und erzählt in der Ich-Form, was ihm zur betreffenden Person in den Sinn kommt: »Ich bin der Hans, ich arbeite seit zwei Jahren hier, ich bin gelernter Kaufmann und mache hier vor allem die Kostenkalkulationen. Jetzt bespreche ich gerade mit Toni und Denise die grafische Gestaltung der neuen Dokumentation. Ich liebe meine Arbeit, sie ist sehr vielseitig, ja, ich bin gerne hier … manchmal gibt es viel Stress … und teilweise langfädige Sitzungen. Na ja … Ich bin 32 Jahre alt, verheiratet, habe ein Kind, bin passionierter Bogenschütze.«

Trainer: »Können Sie vielleicht noch etwas zur Stimmung hier im Hause sagen? Wie ist so die Teamatmosphäre?« M fährt mit dem Eindoppeln fort: »Ja, die Stimmung ist nicht schlecht, wir sind ein gutes Team. Also mit einigen habe ich nicht viel zu tun, aber mit Denise und Franco kann ich es sehr gut. Hier macht jeder seine Arbeit, lässt die anderen in Ruhe.«

Trainer zum Mitspieler (Rollenträger Hans): »Genügen Ihnen diese Infomationen, um die Rolle zu übernehmen, oder brauchen Sie noch weitere?« Der Mitspieler möchte zusätzlich wissen, welcher Wochentag heute ist und welche Uhrzeit. Und auch was er jetzt gerade besprechen soll. M: »Heute ist Donnerstag, 12. Oktober, es ist etwa 10 Uhr morgens. Wir streiten uns gerade um die Farbgebung der Dokumentation. Ich bin natürlich für schwarz/weiß – ist cooler und zudem billiger.«

M doppelt nun auch die weiteren Mitspieler ein. Der Vorteil des Eindoppelns besteht darin, dass M sich in die Rollen einfühlt und eine sehr persönliche Beschreibung der einzelnen Personen gibt.

Dann kann das Rollenspiel starten: M übernimmt die eigene Rolle. Er betritt den Raum, setzt sich auf den Tisch neben der Dreiergruppe mit Hans und hört der Diskussion zu. Ab und zu gibt er einige Hinweise, beobachtet aufmerksam. Die Dreiergruppe bleibt aber eher unter sich, M ist auf Distanz.

Dann geht M zur vierten Person im Raum und fragt »Was machst du?« Es entwickelt sich ein kurzer Dialog über den großen Zeitverlust durch die vielen telefonischen Anfragen, dann verlässt M den Raum.

Der Trainer macht M einen Vorschlag: »Wir könnten diese Szene noch einmal spielen lassen, aber mit einer anderen Rollenbesetzung. Sie könnten sich aussuchen, in welche Rolle sie einmal hineinschlüpfen wollen, um diese Szene aus einer anderen Perspektive zu erleben.« M geht auf diesen Vorschlag ein, die Szene wird nochmals gespielt, wobei M die Rolle von Denise übernimmt. Der Leiter unterbricht kurz das Rollenspiel, um mit Denise (jetzt durch M gespielt) ein Interview zu machen: »Wie fühlen Sie sich? Wie ist die Atmosphäre im Team? Welches sind die Stärken/Schwächen dieses Teams? Was denken Sie über M? Wie nimmt er seine Führungsaufgaben war? Ist er kompetent? Haben Sie Vertrauen zu ihm?« – In diesem Interview formuliert die Rollen-Denise massive Kritik an M: »Er spielt nur den Chef, wenn er nach Außen hin repräsentieren kann, ist strukturlos, weiß nicht, was er will, möchte Teammitglied sein und doch den Chef spielen, sagt oft nicht, was er denkt.« Der Leiter fragt Rollen-Denise (also immer noch M), ob sie dies dem Chef auch schon gesagt hat. Sie antwortet mit Nein, das traue Sie sich nicht, aber eigentlich sei er doch ein netter Typ.

Der Trainer nimmt M zur Seite, er steht mit ihm jetzt abseits der Spielsze-ne und spricht ihn jetzt als Seminarteilnehmer an und nicht mehr als Rollenträger: »Ich glaube, wir haben jetzt die Szene in ihrer komplexen Gestalt erkennen können – Ziel dieser szenischen Arbeit war, einmal anzuschauen, was das heißt, ›schlechte Atmosphäre‹ – wie wollen wir jetzt weitergehen? Wollen wir hier mal abbrechen, Feedbacks einholen und eine Auswertung vornehmen?« M ist damit einverstanden.

Auswertung

Rollenfeedback: Die Rollenspieler berichten über Eindrücke, Gefühle, Erfahrungen aus ihrer Rolle. Dies ergibt ein eher ambivalentes Bild: Die »Teammitglieder« schätzen die unkomplizierte und freundliche Art ihres Vorgesetzten, sie mögen ihn eigentlich. Gleichzeitig sind aber einige frustriert und es herrscht eine gewisse Unsicherheit (»Man weiß nie so recht, was er eigentlich will«, »Was will er jetzt?«, »Ist er da, um zu kontrollieren?«, »Passt ihm etwas nicht?«). Ein Rollenträger äußert starke Aggressionsgefühle und gleichzeitig irgendwie Mitleid. Alle sind eher froh, wenn M wieder den Raum verlässt.

Beobachter-Feedback: Der Trainer bittet die am Rollenspiel nicht aktiv beteiligten Zuschauer um ein Feedback an den Protagonisten M. »Es geht dabei aber nicht darum, Ratschläge oder andere Schläge zu verteilen, sondern Themen, die im Spiel aufgetaucht sind, zu formulieren. In einer einfachen Situation aus dem Berufsalltag, wie diese eben gespielte Situation von M, vermischen sich ganz viele Themen aus verschiedenen Welten (Berufsbiografien, Hierarchie, Werte und Normen, Gruppendynamik, Mann-Frau-Thema, Lebensziele etc). Wir wollen hier versuchen, in einer Art Brainstorming, Themen und Gedanken zu sammeln, die vielleicht für den Protagonisten M von Bedeutung sein könnten. Also bitte keine Verhaltensbeschreibungen, sondern Themen und Motive, die das Verhalten bestimmen. Wir haben hier Pinnwandkarten und Filzstifte – bitte notieren Sie pro Karte eine Beobachtung, die Sie als Zuschauer gemacht haben und von der Sie glauben, sie könnte für den Protagonisten wichtig sein. Pro Person maximal fünf Karten. Getrauen Sie sich auch ruhig, Ideen aufzuschreiben, die im ersten Moment lächerlich oder abwegig erscheinen mögen, vielleicht stehen diese doch in einem gewissen Zusammenhang. Aber auf keinen Fall etwas Beschimpfendes und Verletzendes.«

Der Trainer bittet die Beobachter, ihre Karten an die Pinnwand zu hängen. Es entsteht eine Sammlung von verschiedensten Begriffen wie Hierarchie, Teamstruktur, Teammitglied, Freund, Struktur, Einsamkeit, Frustration, Ärger, Kontrolle, Team, Macht, Stolz, Angst, Kollegen, Langeweile, Untergruppen, Kommunikation, Neid, Informationsfluss, Gefäße etc.

> »Der Regenguss ist nicht persönlich, und dennoch werden wir persönlich nass.«
> Werner Erhard

Der Trainer versucht mit den Beobachtern die Kartensammlung zu strukturieren, indem inhaltsbezogene Kartengruppen gebildet werden und nach Fragestellungen als Oberbegriffen gesucht wird. Eine der erarbeiteten Kartengruppen enthält beispielsweise die Begriffe Team, Teamstruktur, Teammitglied, Freund, Kollegen, Hierarchie, Struktur, Untergruppen, Beziehungen. Bei der Karte »Gefäße« wird nachgefragt, was damit gemeint ist. Ein Beobachter meint, es fehlen vielleicht die »Gefäße« für verschiedenste Teamaktivitäten wie informelle Sitzungen, Kaffeepausen, Koordinationssitzungen usw. Die Karte wird auch der »Teamgruppe« zugeordnet. Als Oberbegriff wird die Frage »Was bedeutet Teamarbeit?« hingeschrieben. Weitere Fragen, die sich aus den Karten ergeben sind: »Ist Aggression erlaubt?«, »Wer übernimmt die Verantwortung für Koordination und Information?«, »Darf man über Gefühle sprechen?«.
Der Protagonist kann zu den einzelnen Karten noch Rückfragen stellen.

Trainer-Feedback: Der Trainer gibt ein persönliches Feedback, bei dem er eine sehr spezielle Beobachtung mitteilt und auf ein bestimmtes Thema hinweist. Im beschriebenen Fallbeispiel erwähnt der Trainer seine Gefühle beim Beobachten der Szene: »Ich hatte nicht den Eindruck, das alles spiele sich in einem Betrieb ab. Vielmehr kam mir vor wie in einem Schulzimmer mit einem ›kollegialen‹ Lehrer, der sich zu den Schülern hinsetzt, die gerade bei einer Gruppenarbeit sind – oder in einer Familie, wo der Vater ins Zimmer seiner jugendlichen Kinder reinschaut. Ja, irgendwie hatte ich Mühe, hier ein professionelles Team zu sehen. Ich sehe da ein Nähe-Distanz-Problem. Ist Ihnen (er wendet sich an M) auch etwas Ähnliches aufgefallen?«

Änderungsdialog
In Phase 1 definiert der Protagonist das Thema. Er nimmt die Frage des Trainers auf, sieht aber kein Nähe-Distanz-Problem. Vielmehr hat er eine andere Vorstellung von Teamarbeit. Der Protagonist: »Was Denise im Rollenspiel gesagt hat, stimmt irgendwie. Das Team erwartet Sachen von mir, die ich nicht leisten kann/will. Ich verstehe mich in erster Linie als Teammitglied, nur im Notfall bin ich der Chef.«
In Phase 2 wird in einer gemeinsamen Diskussion geklärt, welches die hauptsächlichsten Schwierigkeiten in der dargestellten Situation sind. Konkrete Wahrnehmungen in der Rollenspielsituation werden mit abstrakten Ideen verglichen (Führungsmodelle, Organisationsformen, Teamstrukturen, Kompetenzen etc.).

Phase 3 verwertet das Material, das in den ersten beiden Phasen erarbeitet wurde. Der Trainer zum Parotagonisten: »Sie haben einige Beobachtungen und Rückmeldungen erfahren. Und wir haben gemeinsam versucht, einiges klarer zu bekommen. Ist nun bei all dem etwas dabei, was Sie in die Tat umsetzen wollen?« Der Protagonist verbleibt zunächst in einer Verteidigungsposition und versucht, seine Führungsstrategie zu erklären. Mit Hilfe des Trainers, der immer wieder darauf hinweist, dass er bei der dargestellten Szene bleiben will und die fachlichen Kompetenzen unbestritten sind, entwickelt sich doch allmählich die Suche nach Lösungen. Schließlich wird klar, dass der Protagonist das Thema »Was verstehe ich unter Teamarbeit?« bearbeiten will.

Phase 4: Die Seminarteilnehmer erarbeiten in Kleingruppen konkrete Vorschläge zur Veränderung: Welche Einzelschritte kann der Protagonist unternehmen, um den Prozess zu einer reifen Teamentwicklung zu unterstützen? Die Vorschläge werden anschließend im Plenum zusammengetragen. Der Protagonist, der auch in einer Kleingruppe mitgearbeitet hat, hört sich die Vorschläge an und entscheidet sich für eine Maßnahme, die er in absehbarer Zeit (»bitte den Zeitraum definieren«) umsetzen will. Der Protagonist M will mit seinem Team ein Pflichtenheft erarbeiten, worin die Aufgaben und Verantwortlichkeiten ganz konkret festgelegt werden (von »Wer konrolliert, ob die Bestellungen fristgerecht aufgegeben wurden?« bis »Wer macht den Pausenkaffee?«).

Der Trainer bietet M an, in einem zweiten Rollenspiel die mögliche Umsetzung dieser Maßnahme einmal konkret auszuprobieren. M lehnt dieses Angebot ab, er meint, das sei nicht nötig. Der Trainer wünscht M viel Power bei der Umsetzung, bedankt sich für dessen Offenheit und aktive Mitarbeit und beendet die Sitzung.

Einstellungen verändern

Rollenspiele mit anschließendem Änderungsdialog sind ein gutes Instrument, um Einstellungen und entsprechende Verhaltensweisen und Handlungspläne zu verändern. Allerdings sollte sich der Trainer nicht dazu verführen lassen, diesen Lernprozess erzwingen zu wollen. Erwachsene entscheiden selbstständig, wann sie was verändern wollen. Im Verlauf eines Gruppenprozesses lassen die Seminarteilnehmer sich aber leicht dazu verführen, Änderungsvorschläge anzunehmen. Glauben der Trainer und die Gruppe an eine Veränderung, so glaubt der Protagonist in diesem Moment wirklich ebenso an die konkrete Umsetzung, unabhängig von den realen Gegebenheiten. Der Protagonist möchte den Trainer und die Gruppe nicht enttäuschen, er befindet sich mit ihnen in einem harmonischen Einklang.

»Wer immer sich auch nur oberflächlich mit Musik beschäftigt hat, weiß: Jede Disharmonie strebt danach, sich in eine Harmonie aufzulösen. Es ist nun wichtig zu sehen, dass diese Tendenz zur Harmonie, die es in der Musik gibt, nur gleichsam eine Spiegelung der gleichen Tendenz ist, die außerhalb der Musik nahezu alle Bereiche durchzieht.

Im Jahre 1665 fiel einem holländischen Wissenschaftler auf, dass zwei Pendeluhren, die man nebeneinander an eine Wand hängt, in genau demselben Rhythmus schlagen. Sie behalten diesen gleichen Pendelschlag bei, weit über das Maß hinaus, mit dem zwei Uhren sich mechanisch aneinander angleichen lassen. Es ist, als ob sie im selben Rhythmus schlagen wollten. Dieses Phänomen ist universell. Wenn zwei oder mehr Oszillatoren im selben Feld fast im gleichen Rhythmus pulsieren, neigen sie dazu einzurasten, sodass sie schließlich genau synchron schwingen. Man nennt dieses Phänomen Resonanz. Resonanz ist so allgegenwärtig, dass wir sie ebenso wie die Luft, die wir atmen, kaum bemerken. Untersuchungen an der medizinischen Fakultät der Universität Boston haben gezeigt, dass Resonanz auch eintreten kann, wenn zwei Menschen ein gutes Gespräch miteinander führen. Plötzlich schwingen ihre Gehirnwellen synchron miteinander. (...) Ähnliche Beobachtungen konnten bei Mutter und Kind gemacht werden, Ehemann und Ehefrau, kurz: in den unterschiedlichsten Menschengruppen, in denen harmonische Beziehungen bestehen. In der Musik wird das Wunder der rythmischen Resonanz offensichtlich: Jede Geste und jede Mikrobewegung muss synchron mit dem Pulsschlag der Musik erfolgen, wenn die Darbietung nicht auseinander fallen soll. Man beobachte die Mitglieder eines Kammermusikensembles: Sie bewegen sich als Einheit, sie werden zu einem einzigen Kraftfeld. Wir haben uns an solche Wunder bereits gewöhnt: die unerhörte Fähigkeit von Jazzmusikern, Tonhöhen und Tonbewegungen während der Improvisation gleichsam vorauszuahnen, oder die simultane Bogenführung von sechzig Streichern eines Symphonieorchesters. Das Wunder entspringt weniger der Virtuosität Einzelner, vielmehr der Fähigkeit eines großen Kollektivs, wie ein Körper zu empfinden, zu fühlen und sich zu bewegen.« (Berendt 1988)

Analog besteht bei der Reflexion von Verhalten das Risiko, dass der Protagonist nach der Anwärmung durch das Rollenspiel im »Orchester« mitschwingen will und sich durch das Kollektiv führen lässt. Er sucht Harmonie und erwartet nach der emotionalen Spielhandlung Solidarität. Er will im Kollektiv integriert sein. Der Änderungsdialog erweist sich dann unter Umständen als bloßes Trainings-Artefakt: ein Ergebnis, das nach dem Seminar, mit genügend Abstand, wieder verworfen wird.

Der erfahrene Trainer wird sich selbst und den Protagonisten nicht unter Druck setzen, um ein Ergebnis präsentieren zu können. Veränderungen von Einstellungen und Verhaltensweisen können von außen nicht erzwungen werden. Im Rollenspielprozess und bei der Auswertung können Trainer und Teilnehmer lediglich Samenkörner ausstreuen und hoffen, dass diese auf fruchtbaren Boden fallen.

> *»Das Lernvermögen ist gleichbedeutend mit freier Wahl und freiem Willen.«*
> Moshé Feldenkrais

Schlussfolgerungen:

- ❖ Die Auswertung von Rollenspielen ist abhängig von den jeweiligen Lehr- bzw. Lernzielen. Als Grundmuster setze ich in der Regel die psychodramatische Auswertung ein (s. Seite 143).
- ❖ Da Rollenspiel häufig die Teilnehmenden in einen »fließenden Zustand« versetzt, ist darauf zu achten, dass die Auswertung nicht nur die Erlebnisqualität misst.
- ❖ Die Leitung nimmt in der Auswertungsphase eine zentrale Position ein: gleichzeitig kritisch und wohlwollend.
- ❖ Die Aufgabe des Leiters bzw. der Leiterin besteht in erster Linie darin, Fragen zu stellen.
- ❖ Die Leitung bestimmt lehr-/lernzielorientiert, wie viel Zeit für welche Fragen zur Verfügung gestellt wird. Wichtig ist zu verhindern, dass die Spielphase die Auswertungsphase zeitlich verdrängt.

❖ Sind die Lehr-/Lernziele operationalisierbar (das heißt: können als Lernziel messbare Verhaltensweisen definiert werden wie Wissen, Verhalten, Einstellungen), können die Verhaltensmerkmale in Vorher-nachher-Messungen erhoben werden.

❖ Die Auswertung kann neue Lernerwartungen und Lernbedürfnisse bewirken. Dies bedingt eine prozessorientierte Kursplanung.

Schwierige Situationen

Abgrenzung Erwachsenenbildung – psychologische Therapie

Erwachsenenbildung beinhaltet die Vermittlung von Wissen, Erkenntnissen und Fachkompetenzen sowie das Training von beruflichen und außerberuflichen Fertigkeiten. Bildung ist mehr als bloßes Hinzufügen von neuen Inhalten, denn neue Inhalte verändern das Ganze. Wahrnehmung und Denken organisieren sich immer in einer komplexen Wechselwirkung mit Gefühlen und Erinnerungen. Bildung ist in jedem Fall auch eine persönliche Auseinandersetzung eines Menschen mit seiner Biografie, seinem Umfeld, seiner Rolle, seinem Wertsystem und seinen Lebenszielen. Lernen ist immer Überprüfung und Erweiterung des Selbstbildes und der persönlichen Ideen und Theorien zu den Prozessen in seiner Umwelt. Die Trennungslinie zwischen Erwachsenenbildung und psychologischer Therapie ist daher unscharf.

Betrachten wir beispielsweise den Fremdsprachenunterricht: Auf den ersten Blick mag dies als »rein technische« Wissensaneignung erscheinen. Wir erwerben Kenntnisse über Grammatik, Wortschatz, Orthographie und Phonetik. Weiter nichts? Wird die neu erlernte Sprache nicht auch unsere bisherigen Kommunikationsgewohnheiten verändern? Und ist eine Sprache überhaupt lernbar, ohne sich gleichzeitig auch mit der Kultur und Philosophie dieses Sprachsystems zu beschäftigen? Der Pädagoge Bernard Dufeu ist überzeugt, dass die Entwicklung einer offenen, spontanen und kreativen Aufnahme- und Ausdrucksfähigkeit eine Grundvoraussetzung für einen nachhaltigen Sprachlernerfolg ist. Er hat dafür die »Sprachpsychodramaturgie« entwickelt: Mit verschiedensten Techniken des psychodramatischen Rollenspiels (Doppeln, Spiegeln, Rollentausch, Imaginations-Rollentraining, Situationsspiel u.a.) werden Lernbarrieren und Sprechhemmungen abgebaut und eine lebendige Annäherung an die fremde Sprache und Kultur ermöglicht.

>*Der traditionelle Unterricht konzentriert sich vorwiegend auf linguistische Ziele (Oberflächenziele) und insbesondere auf die Vermittlung der Strukturen und der Lexik der Fremdsprache; die Sprachpsychodramaturgie setzt auf einer tieferen Ebene an, sie ist insbesondere auf die Entwicklung der Einstellungen, Haltungen, Fähigkeiten und Fertigkeiten gerichtet, die den Spracherwerb fördern (Tiefenziele), und damit auf die Entwicklung des Individuums in seiner Gesamtheit.*« (Dufeu, in: Bosselmann 1996, S. 162)

Ich habe in der Abbildung auf Seite 63 des Kapitels »Verschiedene Anwendungsformen des Rollenspieles« die Formen nach dem Kriterium psychologische Therapie bzw. pädagogisches Rollenspiel modellhaft aufgelistet. Dieses theoretische Modell dient uns zur Orientierung. In der Praxis hingegen ist die Abgrenzung weniger klar: Rollenspiele sind komplexe und unstabile Lernsysteme mit einer großen energetischen Ladung. Sie tendieren dazu, Emotionen auszulösen und eine psychologische Zielrichtung einzuschlagen. Um diese unkontrollierte und gegebenenfalls unerwünschte Entwicklung zu verhindern, ist ein klares didaktisches Konzept notwendig. Wie dies in der Praxis aussehen kann, verdeutliche ich nun anhand des bereits beschriebenen Beispieles aus dem Forumtheater auf Seite 101.

Themenwahl: Die Lerngruppe wählt die Situation von Monika als Spielsituation. Sie geht ungerne einkaufen, weil die Leute sie dann oft auf ihre Arbeitslosigkeit ansprechen (»Immer noch arbeitslos? Wie geht's? Hast du Zeit für einen Kaffee?«).

Im Forumtheater arbeiten wir dann nach folgenden Schritten weiter.

Spielphase 1: Eine Bühne und ein Zuschauerraum werden eingerichtet, in der ersten Reihe werden zwei Stühle für den Leiter und den Hauptdarsteller reserviert. Die Gruppe spielt die Situation möglichst realistisch: drei Tische dienen als Verkaufsregale, Stühle werden als Einkaufswagen benutzt, Monika kauft ein und begegnet denen, denen sie eigentlich nicht begegnen möchte.
Bei einer psychologischen Zielsetzung könnte ich (als eine Möglichkeit von vielen) die Protagonistin auffordern, sich durch ein anderes Gruppenmitglied als Spielerin ersetzen zu lassen und die ganze Szene von außen zu betrachten (wie in einem Spiegel). Während dann das Rollenspiel abläuft, stelle ich der Protagonistin folgende Fragen: »Was löst das in Ihnen aus? Was fühlen Sie dabei? Kennen Sie dieses Gefühl auch aus anderen Situationen?«
Spielphase 2: Wir könnten nun in Spielphase 2 eine erinnerte, gefühlsmäßig ähnliche Situation inszenieren. Vielleicht wäre dies eine Kindheitserinnerung.
Spielphase 3: Anschließend könnten wir in diesem Kindheits-Rollenspiel die Situation noch einmal durchlaufen und erleben oder auch verändern.

Bei einer pädagogischen Zielsetzung sind die genannten Spielphasen 2 und 3 aber nicht angebracht, in diesem Fall geht es gleich zur Spielphase 4 des Rollentrainings.

Spielphase 4: Die Hauptdarstellerin wird aus dem Spiel genommen, die Zuschauer werden aufgefordert, neue Reaktionsmöglichkeiten auszuprobieren. Alles ist erlaubt, auch absurde Variationen. Es soll einfach einmal alles ausprobiert werden. Die anderen Darsteller bleiben in ihren Rollen, die Szene wird immer wieder repliziert, die Zuschauer erfinden neue Lösungen.

Zum Abschluss wird die Hauptdarstellerin aufgefordert, nochmals in ihre Rolle zu gehen und die Szene so zu spielen, wie es ihr (ausgehend von den dargebotenen Variationen) am besten gefällt.

In seiner didaktischen Planung bestimmt der Spielleiter das Ziel des Rollenspieles, indem er Spielsituation (Thema), Spielvereinbarung (wie weit wird das Thema bearbeitet) mit der Person des Rollenspielers verbindet. Der Spielleiter führt im Verlauf des Rollenspiel für sich, in seinem Kopf, eine Analyse der Rolle des Protagonisten durch:

❖ Ist der Protagonist in seine Rolle gekommen?
❖ Hat er Mühe, die Rolle zu spielen?
❖ Spielt er eine andere Rolle als vereinbart?
❖ Spielt er mehrere Rollen gleichzeitig?
❖ Wird das Arbeitsbündnis eingehalten?
❖ Welche Wirkung hat ein bestimmtes Verhalten auf den weiteren Handlungsablauf?
❖ Welche Gefühle werden in den Rollen erlebt?

In Anlehnung an das strategische Psychodrama von A. Williams (1989) kann dieser Ablauf mit den Interventionen der Leitung folgendermaßen dargestellt werden:

	Pädagogisches Rollenspiel	**Psychologisches Rollenspiel**
Themenwahl Arbeitsbündnis	Welches Thema/welche Situation wird in Szene gesetzt?	Welches Thema/welche Situation wird in Szene gesetzt?
Spielphase 1	Aktuelles Thema/aktuelle Situation	Aktuelles Thema/aktuelle Situation
Spiel-/Rollenanalyse	Wie ist die Situation? Wie ist die Rolle? Entspricht dies der Themenwahl? Wird das Arbeitsbündnis eingehalten? Welche Auswirkungen hat das gezeigte Rollenverhalten? Welche Gefühle sind damit verbunden?	Wie ist die Situation? Wie ist die Rolle? Entspricht dies der Themenwahl? Wird das Arbeitsbündnis eingehalten? Welche Auswirkungen hat das gezeigte Rollenverhalten? Welche Gefühle sind damit verbunden? An was erinnert Sie diese Situation? Woher kennen Sie dieses Gefühl?
Spielphase 2	Exploratives Rollenspiel mit den Techniken der Imagination, Aufstellungen, Standbilder, Doppeln, Spiegeln, Rolleninterview.	Inszenierung einer Situation aus der Vergangenheit, die mit der Spielsituation in Verbindung steht, oder exploratives Rollenspiel, um die Gefühle und Einstellungen sichtbar zu machen. Wichtigste Technik: Rollentausch.
Spiel-/Rollenanalyse	Wurde das Arbeitsbündnis eingehalten? Wurde etwas sichtbar? Was wollen Sie an der aktuellen Situation (im Hier und Jetzt) verändern?	Wurde das Arbeitsbündnis eingehalten? Was sind Ihre Gefühle? Was möchten Sie an dieser Situation aus der Vergangenheit oder der Imagination verändern? Was für Konsequenzen ergeben sich daraus? Wollen Sie eine spezifische Situation (traumatisches Erlebnis) im Rollenspiel noch einmal erleben (aktive Katharsis)?
Spielphase 3		Veränderungs-Rollenspiel oder Wiederholungs-Rollenspiel.
Spiel-/Rollenanalyse		Welche Konsequenzen hat Spielphase 3 auf Spielphase 1? Wie fühlen Sie sich jetzt? Arbeitsbündnis: Was wollen Sie an der Spielsituation 1 verändern?
Spielphase 4	Wunschbild inszenieren oder neues Rollenverhalten ausprobieren.	Wunschbild inszenieren, neues Rollenverhalten ausprobieren oder andere Situation szenisch bearbeiten.
Auswertung	Rollenfeedback, Sharing, Änderungsdialog Evaluation.	Rollenfeedback, Identifikationsfeedback, Sharing.

In unserem Anwendungsbeispiel Forumtheater gehen wir mit Monika gleich in die Spielphase 4 und suchen nach Handlungsalternativen. Es steht Monika frei, in der Auswertungsrunde etwas zur psychologischen Dimension zu sagen oder nicht.

Das »Gefährliche« am Rollenspiel ist, dass dem Spielleiter während dem Spiel das didaktische Konzept entgleiten kann. Aus Unaufmerksamkeit, Ehrgeiz oder eigener Betroffenheit wird das laufende Rollenspiel inadäquat analysiert oder der falsche Weg eingeschlagen. Ich illustriere dies an einem leider realen Beispiel:

Beispiel Rollenspiel in der Supervision: An einer Supervisionssitzung für Kursleiter stellt ein Kursleiter (L) eine Konfliktsituation mit einem Kursteilnehmer (N) szenisch dar. In einem entscheidenden Moment schlage ich einen Rollentausch vor zwischen L und N. Dabei stelle ich fest, dass L Schwierigkeiten hat, die Rolle von N zu spielen. Ich lasse beide wieder in die Ausgangsrollen zurücktauschen und probiere es mit der Spiegeltechnik: L wählt aus den Zuschauern einen Doppelgänger aus, dieser übernimmt seine Rolle. Mit L verlasse ich die Szene und wir betrachten uns die Darstellung als Zuschauer. Dabei befrage ich ihn nach seinen Gedanken und Gefühlen. L äußert starke Gefühle der Angst, des Mitleides, der Unterdrückung. Ich frage ihn, ob er diese Gefühle darstellen will. Ich lass die Rollen mit Personen oder Gegenständen besetzen (Imaginationstechnik). L stellt die Gefühle, die er in dieser Konfliktsituation hat, mit Gegenständen symbolisch dar. Ich sehe, dass L bei dieser Handlung gefühlsmäßig sehr bewegt ist. – Daraufhin betrachtet er die Szene und verharrt schweigend. Ich bemerke: »Es scheint mir, dass Sie jetzt ganz woanders sind …«

Gruppensupervision ist eine Form der Praxisberatung: Ein Teilnehmer (Protagonist) berichtet oder inszeniert einen erlebten Fall oder einen Konflikt; die Gruppe erarbeitet eine Problemlösung und gibt unter Umständen auch Hinweise für eine Verhaltensänderung. Spätestens bei der Bemerkung »Sie sind jetzt ganz woanders …« habe ich als Spielleiter gemerkt, dass ich mich auf riskante Wege begebe. – Was ist passiert?

Fehler 1: Der Protagonist L ist nicht fähig, mit seinem Gegenüber einen Rollentausch einzugehen. Dies deutet darauf hin, dass es sich um einen intrapsychischen Konflikt handelt, der in dieser Form nicht thematisiert werden will. Diese erste Störung wurde nicht beachtet.

Fehler 2: Bei der Spiegeltechnik (der Hauptdarsteller betrachtet die Szene von außen) frage ich nicht nach Verhaltensbeschreibungen, sondern nach Gefühlen. Das ist ein effizienter psychodynamischer Katalysator: Völlig unbeabsichtigt »wärme« ich den Protagonisten für die Bearbeitung eines früheren Erlebnisses (vielleicht aus der Kindheit) auf.

Fehler 3: Ich lasse den zweiten Fehler inszenieren und verstärke somit das Erleben der Gefühle. Ich habe die Supervision in eine Therapiesitzung verwandelt.

Wir sehen an diesem Beispiel, wie schnell die Methode Rollenspiel ein Problem erfasst und zur spielerischen Weiterbearbeitung verleitet. Darin liegt aber auch die Gefahr dieser Methode: Wir können zu schnell an ein falsches Ziel kommen, indem wir als Spielleiter die »neutrale« Position des Spielbegleiters verlassen und selber die Aktion mitbestimmen.

Im oben stehenden Anwendungsbeispiel aus der Supervision sehen wir, wie der Leiter, vermutlich durch eigene Betroffenheit, falsche Fragen stellt. Dadurch wird der Protagonist zu Spielhandlungen verführt, die nicht im Arbeitsbündnis enthalten sind.

Eine ausführliche Beschreibung der Anwendung des psychodramatischen Rollenspiels als Instrument zur beruflichen Qualitätsverbesserung gibt Ferdinand Buer in seinem Lehrbuch zur Supervision (1999).

Zusammenfassend lässt sich sagen: Rollenspielen verlangt von der Leitung eine große kognitive Präsenz. Vor jeder weiteren Spielphase sollte die Leitung eine kurze Spiel- und Rollenanalyse durchführen und die weiteren Lernschritte prozessorientiert gestalten. Wie wir gesehen haben, verwenden Psychodrama und pädagogisches Rollenspiel dieselben methodischen Elemente. Die Art und Weise, wie diese Elemente strukturiert werden, ergibt aus didaktischer Sicht aber zwei sehr verschiedene Ansätze. »C'est le ton qui fait la musique.«

> »Erkennst du den nächsten Schritt innerhalb eines Entwicklungsprozesses, und gelingt es dir, Ruhe zu bewahren, während andere diesen Prozess erst endecken?«
> Laotse

Teilnehmerorientierung im Rollenspiel

Rollenspiel ist als Methode nur dann effizient, wenn die Teilnehmer wirklich spielen wollen. Folgende Faktoren können die Spielfähigkeit fördern oder behindern.

Kontrollerwartung

> *»Manche Dinge muss man in Frieden lassen. Ohne Geheimnisse kann der Mensch nicht leben.«*
> Lame Deer

Die Teilnehmer fühlen sich in der Kurssituation relativ sicher, es herrscht zumindest ein minimales Vertrauensverhältnis unter den Teilnehmern und zur Leitung. Die Teilnehmer sind der Meinung, den Kursablauf mitbestimmen und kontrollieren zu können.

Rollenspielen ist eine partnerschaftliche Lernform, bei der eine kompetente Leitung (Methodenkompetenz) mit kompetenten Teilnehmern (Selbstkompetenz) arbeitet. Die Leitung hat mit den Teilnehmern einen Lernkontrakt geschlossen; die Lernziele und Spielregeln sind für alle verständlich.

Ich habe als Teilnehmer einmal einen Leiter erlebt, der ein Rollenspiel mit den Worten eingeleitet hat: »Wir machen jetzt ein Rollenspiel. Sie werden dabei sehen, dass …« Damit entzieht der Leiter den Teilnehmern jegliche Kontrolle über den Lernprozess. Er bestimmt im Voraus, was die Teilnehmer im Spiel erfahren werden. Dies widerspricht vollkommen dem Grundsatz, dass die Teilnehmenden die Akteure sind. Sie sind keine Statisten. Sie sollen und wollen als freie Menschen ein Spiel gestalten können. Dabei müssen sie auch die Kontrolle über Regeln und Ziele erhalten.

Emotionalität

Ein Lernprozess durch Rollenspiel ist nur möglich, wenn die Teilnehmer das Gefühl haben, akzeptiert und ernst genommen zu werden. Die Angst vor Selbstentblößung und Lächerlichkeit blockiert nämlich die Spielaktivität.

Wie wir gesehen haben, entsteht im Spiel eine starke emotionale Beteiligung, ein »Flow«-Erleben, welches kreativitätsfördernd wirkt. Die Spieler »vergessen«, dass es nur eine Simulation ist. Sie »vergessen«, dass andere zuschauen. Kommt nach diesem »Vergessen« ein böses Erwachen, durch kritische Interpretationen und (Rat-)Schläge, sinkt die Bereitschaft zum Rollenspielen, vor allem zum improvisierten Rollenspielen.

Bekanntes Lehrmodell

Das Lehrmodell der Leitung ist den Teilnehmern bekannt und entspricht auch ihren bisherigen Lerngewohnheiten.

Zu Beginn einer Bildungsveranstaltung werden die Veranstalter auf ihre Lehrkompetenzen hin beobachtet. Als Maßstab gelten hierbei die bisher gemachten Lernerfahrungen der Teilnehmer. Ich muss als Veranstalter also zu Beginn gewisse Zeichen setzen, um zu zeigen, dass ich kompetent bin. In einem Sprachkurs kann ich beispielsweise diskret, aber doch sichtbar verschiedene Lehrmittel und Unterrichtsmaterialien hinter mir bereitstellen und darauf hinweisen, dass »wir im Verlauf des Kurses … zunächst beginnen wir aber auf eine unkonventionelle Art …«.

In einem Kurs »*Konflikte spielend lösen*« wird hingegen ein Lehrmodell erwartet, welches einen spielerischen und/oder konfliktuellen Einstieg bietet. Mit anderen Worten: Eine Bildungsveranstaltung ist wie eine Reise. Der Reiseveranstalter muss sich vergewissern, dass die Reisenden tatsächlich verreisen und in die angegebene Richtung wollen und mit dem vereinbarten Transportmittel einverstanden sind (Angst vor dem Fliegen?).

Doppelte »Als-ob-Situation«

Wechsel der
Realitätsebene

Spielen bedeutet den Wechsel der Realitätsebene, beim Rollenspiel ist dies, wie wir gesehen haben, eine doppelte »Als-ob-Situation«. Psychisch gesunde Menschen können problemlos spielen. Liegen dagegen bei den Teilnehmern Persönlichkeitsstörungen vor, dann muss der Spielleiter therapeutisch geschult sein.

> *»Spielen bedeutet den Wechsel der Realitätsebene. Man begibt sich in einen Rahmen, innerhalb dessen die neue Realitätsebene gilt. Sobald mehrere Partner beteiligt sind, erfordert dieses Hinüberwechseln Vereinbarungen oder zumindest Signale, die außerhalb des Rahmens ›Spiel‹ getroffen werden. Dies geschieht durch Formen der Metakommunikation. Nicht nur das Eintreten ins Spiel und seine Fortführung, sondern auch sein Abschluss wird meist durch Metakommunikation markiert.«* (Oerter 1993, S. 117).

Dabei ist die Metakommunikation nicht nur sprachlicher Natur, sondern bedient sich subtiler Ausdruckssignale, die oft unbewusst (subliminal) wahrgenommen werden. Personen, deren Bewusstseinszustand durch Krankheit oder Gebrauch von Alkohol, Medikamenten u.a. verändert ist, und Personen, die an einer Persönlichkeitsstörung leiden, werden die metakommunikativen Signale anders wahrnehmen und unter Umständen falsch interpretieren.

Sinngebung

Der Lerngegenstand des Rollenspiels muss Sinn machen für die Teilnehmer. Das heißt: Er muss einen Beitrag zur Lebensbewältigung leisten. Nur dann fördert er auch die Aktivitäten im Rollenspiel.

In einem Kurs »*Theaterimprovisation*« spielen die Teilnehmer das Märchen »*Die Bremer Stadtmusikanten*«. Lerngegenstand ist dabei nicht das Märchen, sondern die spielerische Ausdrucksfähigkeit. Lasse ich dagegen dasselbe Märchen in einem Sprachkurs in Szene setzen, so ist der Lerngegenstand die Märchensprache: Ich werde also als Spielleiter das Rollenspiel anders anleiten und die Aufmerksamkeit mehr auf das Sprechenlernen richten. Natürlich liegt mir als Erwachsenenbildner auch das Training der körperlichen Ausdrucksfähigkeit am Herzen. Aber die Teilnehmer haben sich nicht dieses Lernziel gesetzt. Ich muss daher das Rollenspiel so einführen, dass für die Sprachlernenden das Spiel einen Sinn macht.

»Anschlussfähiger« Lerngegenstand

Der Lerngegenstand des Rollenspiels muss an bereits gemachtes Wissen und Erfahrungen anknüpfen können, er muss »anschlussfähig« sein. Ein Lernspiel wird ineffizient, wenn wesentliche Teile des Lerngegenstandes allzu neu und unbekannt sind und dadurch unerschließbar bleiben.

An Wissen und Erfahrungen anknüpfen

> *»Der eigentliche Lernprozess beginnt erst nach einem Meinungsaustausch, wenn die zugrunde liegenden ›Muster‹ bearbeitet werden, unterschiedliche und übereinstimmende Sichtweisen verglichen werden, auf Positionen aufmerksam gemacht wird, die in der Gruppe nicht zur Sprache gekommen sind, nach lebensgeschichtlichen Entstehungsbedingungen und milieuspezifischen Ausprägungen gefragt wird, Ziel- und Interessenkonflikte thematisiert werden, ggf. Deutungen mit philosophischen Positionen oder thematisch relevanten Forschungsergebnissen konfrontiert werden.«* (Siebert 1997, S. 115)

Findet dieser Meinungsaustausch nicht statt, kann dies ein Zeichen sein, dass die Lernenden mit dem Thema nichts anfangen können. Insbesondere bei angeleiteten Rollenspielen mit ausführlichen Rollen- und Situationsbeschreibungen auf Datenkarten (vgl. Birkenbihl 1992) besteht die Gefahr, dass die Rollen »inhaltslos« übernommen und gespielt werden. Die Distanz zwischen Realitätsrolle und Spielrolle ist zu groß, es kann keine Identifikation stattfinden.

Fähigkeit zur Begegnung

Der Trainer und die Teilnehmer müssen fähig sein, einander situationsadäquat und wirklichkeitsgerecht wahrnehmen zu können:

❖ Als Trainer muss ich intuitiv spüren, was der Protagonist im Rollenspiel will. Ich kann ihn nicht immer um ausführliche Erklärungen bitten, dies würde den Spielverlauf hemmen.
❖ Die Teilnehmer müssen bei Rollenübernahmen sich in eine fremde Rolle einfühlen können und situationsadäquat improvisieren.

Im Psychodrama wird diese Fähigkeit »Tele« genannt: Ein Protagonist wählt meist mit erstaunlichen »hellseherischen« Fähigkeiten die geeigneten Personen als Mitspieler aus. Und die Mitspieler haben oft ein sehr realitätsgerechtes

Vorstellungsvermögen: Trotz nur knappen Situationsbeschreibungen sind sie fähig, eine ihnen weitgehend unbekannte Situation zu simulieren. Entscheidend für ein gut funktionierendes »Tele« ist ein vertrauenvolles Lernklima. Der Grundstein dazu wird weitgehend in der Anfangssituation gelegt. Die weiteren »Steine« kommen dann im Verlauf des Lernprozesse dazu oder eben nicht.

Teilnehmerorientierung in der Praxis

Was kann der Trainer tun, wenn die Rollenspielfähigkeit gestört ist? Wenn also beispielsweise an einem Führungstrainings-Seminar die Spieler nicht ins Handeln kommen und ständig Verständnisfragen stellen: »Was muss ich jetzt sagen?«, »Wohin sollen wir jetzt gehen?«, »Um was für ein Produkt handelt es sich?«, »Ich verstehe nichts von Personalberatung, wie soll ich denn diese Rolle spielen?«, »Die Situationsbeschreibung ist zu ungenau …« usw.

> *»Bleibst du offen und empfänglich – was immer dies auch zur Folge haben mag?«*
> Laotse

Nur selten liegt ein technisches Versagen vor, also beispielsweise eine unpräzise Spielanleitung. Meistens ist diese Störung ein Zeichen, dass die Fähigkeit zu einer konstruktiven Begegnung nur ungenügend vorhanden ist. Als Trainer muss ich in diesem Fall dafür sorgen, dass diese Fähigkeit erst wieder hergestellt wird: Ein szenisches Rollenspiel (mit interaktivem Rollenhandeln) ist mit ungenügendem »Tele« unter den Beteiligten kaum möglich. Sehr wirksam sind in diesen schwierigen Situationen hingegen jene Rollenspiel-Techniken, bei denen sich die szenische Handlung darauf beschränkt, ein Gefühl, eine Idee oder ein Objekt physisch darzustellen (Imaginationen, Standbilder, Aufstellungen).

Anhand von Praxisbeispielen aus den Seminaren »Erfolgreiches Leiten von Gruppen« will ich im Folgenden aufzeigen, wie die Technik mit dem »leeren Stuhl« eingesetzt werden kann, um den Teilnehmern zu ermöglichen, ihre Sichtweisen, Gefühle und Wünsche aktiv einzubringen. Durch diesen teilnehmerorientierten Prozess kann die Arbeitsfähigkeit einer Lerngruppe wiederhergestellt werden.

Beispiel 1: Die Teilnehmer haben mehrere Fälle aus ihrer Berufspraxis eingebracht, ohne aber ein persönliches Interesse für eine Fallbearbeitung zu zeigen. Es bleibt bei einer oberflächlichen, theoretischen Diskussion. Die Gruppe scheint gehemmt, sie kann sich nicht auf ein Arbeitsziel einigen.

Ich stelle zwei Stühle in die Mitte des Raumes und kommentiere: »Stellt euch vor, auf dem rechten Stuhl sitzt das ›Nein‹. Nein bedeutet: Ich will nicht …, mich interessiert nicht …, ich habe keine Lust …, ich werde nicht …. Auf dem linken Stuhl sitzt das ›Ja‹: Ja bedeutet: Ich will hier und jetzt …, ich habe ein großes Interesse, dass …« – Ich lasse der Gruppe einige Minuten Zeit zum Nachdenken. Anschließend fordere ich sie auf, der Reihe nach einen Stuhl zu besetzen und aus der Ich-Position zu sprechen. Und vielleicht auch beide Stühle auszuprobieren.

Anmerkung: Damit findet eine Klärung statt bezüglich der Frage »Was will ich hier und was will ich nicht?« Die Teilnehmer erfahren, dass die Kontrolle über den Lernprozess bei ihnen liegt (Förderung der Kontrollerwartung).

Beispiel 2: Ein Teilnehmer hat folgendes Problem eingebracht. »Ich pflege einen sehr freundlichen und vertrauensvollen Umgang mit meinen Mitarbeitern. Aber es gelingt mir nicht, Kritik rechtzeitig und angemessen anzubringen. Ich warte sehr lange ab und dann kommt meine Kritik eben unerwartet und messerscharf.« Ich lade ihn ein, uns doch so eine »messerscharfe Kritik«, also eine erlebte Situation aus seinem Berufsalltag vorzuspielen. Der Teilnehmer richtet eine Szene ein, wählt Mitspieler aus. – Ich merke aber, dass mir nicht klar wird, welche Situation gespielt wird. Der Protagonist macht immer wieder Bemerkungen über eine früher stattgefundene Konfliktsituation und über eine Auseinandersetzung mit seiner Familie – irgendwie wird mir nicht klar, was hier gespielt wird. Ich vermute, dass der Protagonist nicht wirklich in der Spielrolle ist, sondern immer wieder als Seminarteilnehmer Anmerkungen macht. Ich breche das Rollenspiel ab und sage zum Protagonisten: »Sie haben hier mehrmals

verschiedene Konfliktsituationen angesprochen; wir könnten uns doch erst mal einen Überblick verschaffen und diese Situationen mit einem Stuhl mal zeitlich anordnen.« Der Protagonist lokalisiert jede einzelne Situation mit jeweils einem Stuhl in zeitlicher Abfolge. Daraufhin frage ich: »Zu welchem Stuhl geht Ihre Energie hin. Welchen Namen geben Sie diesem Stuhl? Welche Verbindung sehen Sie zu den anderen Stühlen?«

Anmerkung: Der Wechsel in die doppelte Als-ob-Situation des Rollenspiels war in diesem Fall für den Protagonisten zu schnell. Durch eine symbolische Darstellung mit Stühlen konnte eine Klärung der Realitätsebene stattfinden.

Beispiel 3: Bei der Auswertung eines Rollenspieles stört Teilnehmerin N immer wieder mit Bemerkungen, die offensichtlich noch aus ihrer Spielrolle kommen. Ich fordere sie auf, doch diese Spielrolle abzulegen und hier als Seminarteilnehmerin zu sprechen. Ich frage weiter: »Können wir Ihnen helfen, diese Rolle abzulegen?«, und schlage gleich einmal der ganzen Gruppe vor, in einer kleinen mimischen Übung, sich der Spielrolle zu entledigen, die Rolle abzustreifen. N protestiert vehement: »Ich spiele doch keine Rolle. – Ich weiß gar nicht, was sie wollen …« Ich bin als Leiter verunsichert: Macht N nur Spaß oder handelt es sich um eine Persönlichkeitsstörung? Kommt sie nicht mehr aus der Spielrolle heraus?
Ich nehme einen leeren Stuhl und stelle diesen neben meinen in die Runde. Ich spreche N in der Spielrolle an: »Bitte beenden Sie jetzt umgehend das Rollenspiel und setzen Sie sich zu uns hier auf diesen Stuhl. Dies hier ist Ihr Stuhl als Seminarteilnehmerin N. Also setzen Sie sich hier hin. (Ich sehe, dass N zögert.) Wir sind hier eine Weiterbildungsgruppe. Wenn Sie als N hier mitarbeiten wollen, dann setzen Sie sich jetzt auf diesen Stuhl oder Sie verlassen sofort diese Runde. Denn dies ist eine Auswertungsrunde und kein Rollenspiel.« Diese mit Autorität vorgetragene Einladung zeigt ihre Wirkung: N steht auf und setzt sich auf den Stuhl neben mich.

Anmerkung: Das Seminar konnte ohne wesentliche Probleme fortgesetzt werden. N verhielt sich im Weiteren unauffällig, aber passiv. Ich weiß nicht, was der Grund dieser Störung war. Dadurch, dass ich sie in der Spielrolle angesprochen habe (»Bitte beenden Sie jetzt das Rollenspiel …«), habe ich ihr die Möglichkeit gegeben, sich selber zu »entrollen« und somit die eigene Autonomie zu wahren. Bei Persönlichkeitsstörungen sind alle Persönlichkeitsanteile ernst zu nehmen und anzusprechen, ohne dabei aber eine inadäquate Rolle zu unterstützen.

Beispiel 4: Teilnehmer C hat ein schwieriges Thema eingebracht. Die Frau eines Mitarbeiters ist an Krebs gestorben. Der Mitarbeiter ist mit zwei kleinen Kindern allein geblieben. Er bemüht sich, den beruflichen Anforderungen weiterhin zu entsprechen. C hat diese schwierige Situation aus seinem Führungsalltag im Rollenspiel bearbeitet. Im Rollentausch mit seinem Mitarbeiter konnte er erfahren, welche Wirkungen sein mitfühlendes und schonendes Verhalten als Vorgesetzter zeigen kann. Das szenische Spiel und die anschließende Auswertung haben die Teilnehmer gefühlsmäßig ziemlich aufgewühlt. Paradoxerweise ist jetzt, nach einer Pause, die Stimmung heiter, aber irgendwie spannungsgeladen. Es fallen zynische Bemerkungen, eine Teilnehmerin äußert sich sehr spöttisch über diese theatralischen Dramen (»Gefühlsduselei«).

Ich gehe davon aus, dass der Meinungsaustausch zum Thema noch ungenügend war. Der Gruppe fällt es schwer, an die gemachte Spielerfahrung anzuschließen, die Arbeit fortzusetzen. Ich stelle einen Stuhl in die Mitte und fordere die Teilnehmer auf, sich eine Person vorzustellen, mit der sie jetzt gerade gerne sprechen würden: »An welche Person denkt ihr jetzt? Welche Person, real oder auch eine Fantasieperson, eine Legendenfigur, ist euch jetzt gerade so nahe, dass ihr sie auf diesem Stuhl sehen könnt? Lasst euch ruhig einige Minuten Zeit zum Überlegen. Anschließend könnt ihr, wenn ihr wollt, dieser Person etwas mitteilen – etwas, das euch jetzt gerade wichtig erscheint.«

> »Wenn die Frucht reif ist, lässt sie sich los.«
> Rainer Maria Rilke

Anmerkung: Diese Übung ermöglicht es den Einzelnen, sich zu fragen, ob der bisherige Lernprozess ergiebig ist für die berufliche Weiterbildung: Im imaginären Austausch mit einer Person beurteilen sie, ob sie sinnvoll an die »Gefühlsduselei« anknüpfen können. Es wird sich dabei auch zeigen, dass nicht alle Teilnehmer ein Rollenspiel auch gleich erleben und bewerten: Die Fähigkeit zur Begegnung bedeutet auch zu erkennen, dass die anderen auch anders denken und fühlen können als ich. Diese Erkenntnis ist eine wesentliche Voraussetzung für das Arbeiten in Gruppen.

Teilnehmerorientierung aus erkenntnistheoretischer Sicht

Wir gehen meistens davon aus, dass wir wissen, was wir wissen. Wir meinen, dass Wissensinhalte, Theorien und Lebensereignisse als genaue textliche oder bildliche Aufzeichnungen in unserem Gedächtnis gelagert sind. Dies ist aber eher unwahrscheinlich.

Das menschliche Auge beispielsweise wirft ein Bild auf die Retina. Wie dieses Bild aber im menschlichen Gehirn auftaucht, bleibt rätselhaft.

>*»Alles was man über die Vorgänge im Gehirn weiß, ist, dass Neuronen der Sehrinde veranlasst werden, als Antwort auf einen spezifischen visuellen Input Impulsfolgen abzufeuern. Neurone, die auf verschiedene Komplikationen dieses spezifischen visuellen Inputs reagieren, werden identifiziert, doch es gibt keine wissenschaftliche Erklärung dafür, wie diese Merkmalerkennungsneurone in den ungeheuren synthetischen Mechanismus einbezogen werden können, der zu einem Hirnprozess führt, der ›identisch‹ mit dem wahrgenommenen Bild ist.«* (Eccles, in: Popper/Eccles 1997, S. 281)

Die moderne Hirnforschung zeigt, dass unser Gehirn keine Datenverarbeitungsmaschine ist, die Informationen als wirklichkeitsgetreue Kopien speichert aufbewahrt und abruft. Wir wissen heute, dass wir keine wertfreien und originalgetreuen Abbilder unserer Erlebnisse speichern. Vielmehr sind unsere Erinnerungen weitgehend ein Produkt von früheren Erfahrungen, Kenntnissen, Bedürfnissen und Interessen. Dies kann dazu führen, dass ein bestimmtes Ereignis von verschiedenen Personen vollkommen anders erinnert werden kann. Auch psychische Stressfaktoren können die Erinnerungsfähigkeit wesentlich beeinträchtigen.

In der Einleitung habe ich dargestellt, dass wir aus erkenntnistheoretischer Sicht in unserer Lebenswelt eigentlich drei Welten oder Universen unterscheiden können:

❖ erstens die physikalische Welt der Gegenstände, Zustände, Handlungen;
❖ zweitens die psychische Welt der Gefühle, des Bewusstseins und der Verhaltensdispositionen (Interesse, Neugier, Lust usw.)
❖ und drittens die Welt der objektiven Gedankeninhalte wie Theorien, Pläne, Programme und Kunstwerke.

Ereignisse sind physische Gegenstände der Welt 1. Wie wir diese Ereignisse empfinden, unsere damit verbundenen Emotionen sind Gegenstände der Welt 2. Die Erinnerung an dieses Ereignis ist eine Rekonstruktion der Wirklichkeit, also eine Art Theorie und gehört somit zu Welt 3.

Das Rollenspiel ermöglicht eine Erkundung der Beziehung zwischen diesen drei Welten. Rollenspiel dient also letztendlich dazu, den Realitätsgehalt von Erinnerungen, Theorien, Hypothesen und Ideen zu überprüfen. Ich will dies an einem Beispiel aus einem Führungstrainingsseminar aufzeigen:

Teilnehmerin A berichtet, dass ihre Mitarbeiter sie unterschätzen und oft zu wenig beachten. Sie schildert den konkreten Fall einer Teamsitzung, an der sie einen wichtigen Vorschlag eingebracht hat. Dieser wurde vom Team aber nicht aufgenommen. Etwa fünf Minuten später wurde der praktisch identische Vorschlag, aber von einem anderen Mitarbeiter vorgebracht, mit großem Interesse aufgenommen. Sie empfand das Verhalten des Teams als offene Provokation.
Trainingsseminarteilnehmer B ist ein Mitarbeiter von A. Er war an der besagten Teamsitzung auch anwesend. Er bestreitet die Darstellung.
Teilnehmerin A ist empört, sie kann nicht verstehen, dass B die Situation ganz anders darstellt. Wer hat die »richtige« Erinnerung?

Schacter (1999) stellt fest:

»Zum besonderen Bewusstseinszustand, der die Erfahrung des Erinnerns kennzeichnet, gehört die Überzeugung des Erinnerers, dass die Erinnerung eine mehr oder weniger naturgetreue Kopie des ursprünglichen Ereignisses darstellt, selbst wenn sie bruchstückhaft und verschwommen ist, sowie die Überzeugung, dass das Ereignis Teil der eigenen Vergangenheit ist. Für den Erinnerer ist das Erinnern eine mentale Zeitreise, das Wiedererleben von Dingen, die in der Vergangenheit geschehen sind.« (S. 40)

Im Rollenspiel kann nun Teilnehmerin A dieser mentalen Zeitreise eine physische Gestalt geben: Ohne Einschränkungen von Raum und Zeit, ohne die Angst, eine unangenehme oder traumatisierende Erfahrung nochmals real erleben zu müssen, kann A diese Situation aufleben lassen und nach Belieben Verhaltens- und Veränderungsmöglichkeiten ausprobieren.

Mit anderen Worten: Aus der subjektiven Erinnerung (Welt 3) wird eine simulierte Berufssituation; die Erinnerung wird damit physisch dargestellt (Welt 1). Mit den Techniken des Rollenspieles (Rollenübernahme, Rollentausch, Spiegeln, Doppeln etc.) kann A nun die psychologische Beziehung zwischen diesen beiden Welten erforschen (Welt 2). Teilnehmerin A kann beispielsweise erforschen, wie ihr (unbeachteter) Vorschlag aus einer anderen Position heraus erlebt wurde.

Wichtig bei diesem Lernprozess ist eine klare teilnehmerorientierte Haltung der Leitung: Nie werde ich als Leiter die dargestellte Situation als Erinnerung von A infrage stellen. Auch wenn Teilnehmer B behauptet, die Erinnerung ist falsch – mein Standpunkt ist: Die Erinnerung gehört A und nur sie kann beurteilen, was richtig und was falsch ist. Allenfalls werde ich Teilneh-

> *»Jede Erfahrung, die ein Mensch macht, die er später verwenden kann, verändert die Struktur seines Gehirns.«*
>
> Peter Herrling, Hirnforscher

mer B das Angebot machen, seine Erinnerung in einem weiteren, unabhängigen Rollenspiel zu bearbeiten.

Wenn Erinnerungen »mentale Zeitreisen« sind, dann sind Rückwärts-Rollenspiele simulierte Zeitreisen, die den betreffenden Teilnehmern gehören. Der ganze Wert der Methode Rollenspiel liegt in der praktischen Möglichkeit, die reale, aber vergangene Situation (Welt 1), die sich sprichwörtlich in Luft aufgelöst hat, noch einmal aufleben zu lassen. Aus neuen Forschungen Gedächtnispsychologie wissen wir, dass beispielsweise Angst- oder Stresszustände die Art und Weise, wie wir ein Erlebnis wahrnehmen und im Gedächtnis speichern, wesentlich verändern können. Auch Erwartungen, Interesse und Wertsysteme bestimmen weitgehend, wie ein Ereignis erlebt und erinnert wird. Schacter (1999) konnte nachweisen, dass Erinnerungen, je nachdem, wann und wie sie abgerufen werden, ganz unterschiedliche Inhalte und Details aufzeigen können. So kann es durchaus sein, dass Teilnehmerin A bei der szenischen Rekonstruktion ihrer Erinnerung der Teamsitzung plötzlich wieder auf Erinnerungsinhalte trifft, die sie zwar wahrgenommen hat, aber irgendwie verdrängt oder vorübergehend vergessen hat. Dadurch können sich Entwicklungen im psychischen Erleben (Welt 2) und in der Beurteilung und Bewertung (Welt 3) dieser Teamsituation ergeben.

Es ist mir wichtig, noch einmal ausdrücklich darauf hinzuweisen, dass dieser Lernprozess nur duch die betreffende Teilnehmerin (Protagonistin) gesteuert werden kann. Der Rollenspielleiter kann den Prozess lediglich durch ein teilnehmerorientiertes Coaching unterstützen.

Theorieexkurs: Spontaneität als Lernvoraussetzung oder Lernziel?

Das vom Psychodrama abgeleitete Rollenspiel geht von einem humanistischen Menschenbild aus: Ausgehend vom Prinzip der Begegnung wird der Mensch als Handelnder und Mitverantwortlicher innerhalb des Systems der menschlichen Gemeinschaft, der Umwelt und des Kosmos gesehen. Dem Begriff der Spontaneität kommt dabei eine ganz besondere Bedeutung zu:

»*Morenos Lebenswerk erklärt sich aus der von ihm lebenslänglich gestellten Frage nach dem Ursprung und Sinn allen Seins. Die drei kosmischen Urphänomene, um die er seine Gedanken unentwegt kreisen lässt, sind die Spontaneität, die Aktion und die Kreativität. (…) Seinem therapeutischen Ansatz legt Moreno daher das Axiom ›der Mensch ist ein kosmisches Wesen‹ zugrunde und fordert, dass er im Rahmen eines kosmischen Weltbildes betrachtet und behandelt wird: ›I moved man back into the universe.‹ Die Entstehung des Universums ist nur als Manifestation einer unbegreifbaren Spontaneität denkbar. Spontaneität tritt auch als entscheidendes Phänomen bei allen Wandlungen kosmischer und menschlicher Zustände in Erscheinung. Auf der menschlichen Ebene ist sie für die Entwicklung des Kindes von ebenso wichtiger Bedeutung wie später für die Gestaltung der persönlichen Lebensumstände des Menschen oder die Veränderung gesellschaftlicher Verhältnisse. (…) Moreno geht bei all seinen entwicklungspsychologischen Überlegungen vom Phänomen der Spontaneität aus. Er stellt fest, dass der Mensch nicht nur blindlings ›ins Dasein geworfen‹ ist, sondern bereits im Embryonalzustand spontan zu seiner Welt in Beziehung tritt. Von Anfang an ist er ein Handelnder bzw. ein sich Verhaltender. (…) Die erste nur somatische Rolle des Menschen ist die eines Parasiten im Leibe der Mutter. Seine körperliche Entwicklung verdankt der Mensch in diesem Zustand der (organischen) Plazenta. Kind und Mutter bilden trotz der Verschiedenheit ihrer körperlichen Anlagen eine organische*

Funktionseinheit. Beide Organismen bereiten während der Schwanger-schaft die Geburt vor. Moreno ist der Meinung, dass außer dem Wachstum des Feten auch seine Spontaneität, von ihm auch S-Faktor genannt, einen wesentlichen Beitrag zu diesem Vorgang leistet.« (Leutz 1974, S. 38f., 55)

Spontaneität ist eine Art Katalysator für den Veränderungsprozess: Sie führt den Menschen dazu, auf sich verändernde Lebensumstände zu reagieren und selbst bestimmend, lebenserhaltend und verantwortungsbewusst zu handeln. Mit anderen Worten: Lernen.

Wenn wir über Spontaneität sprechen, so kommen wir nicht umhin, uns mit dem frühkindlichen Lernen zu beschäftigen. Das vorausgehende Zitat von Leutz zeigt, wie modern der humanistische Ansatz von Moreno war: Moreno hat das frühkindliche Verhalten beobachtet und daraus eine Theorie der Rollenentwicklung abgeleitet. Gegenüber heutigen Erkenntnissen der Entwicklungspsychologie erscheinen seine Annahmen als ungenügend. Interessant und innovativ war aber seine Grundannahme: Der Mensch ist von Anfang an ein Handelnder, der Mensch handelt von Geburt an in somatischen Rollen, ohne sie bewusst zu kennen, er ist ganz einfach »spontan«. Das Erkennen von Rollen, der kognitive Prozess, kommt später. Zuerst die Handlung, dann der Gedanke. Spontaneität als Grundlage jeglichen sozialen Lernens.

»Den Säugling kümmert es nicht, in welchem Bereich seine Erfahrungen auftreten. Er nimmt Empfindungen, Wahrnehmungen, Aktionen, Kognitionen, innere motivationale und Verhaltenszustände unmittelbar wahr: als Intensität, Form, Zeitmuster, als Vitalitätsaffekte, kategoriale Affekte, Lust oder Unlust. Das sind die Grundelemente des frühkindlichen subjektiven Erlebens. (…) Diese globale, subjektive Welt auftauchender Organisation ist und bleibt der grundlegende Bereich menschlicher Subjektivität. Außerhalb des Gewahrseins schafft er die Erfahrungsmatrix, aus der später Gedanken, wahrgenommene Formen, identifizierbare Handlungen und verbalisierte Gefühle hervorgehen. Er liegt auch der kontinuierlichen affektiven Bewertung aller Vorgänge zugrunde. Und schließlich wird er zum Urquell schöpferischen Erlebens.« (Stern 1994, S. 102f.)

Für die moderne Entwicklungspsychologie ist der Ausgangspunkt jeglichen Lernens und kreativer Handlung immer die unmittelbare Wahrnehmung, wie sie bereits in den ersten zwei Lebensmonaten des Säuglings erkennbar ist. Der Säugling leistet eine immense schöpferische Arbeit, seine Handlungen sind absolut adäquat, mit einfachsten Mitteln kann er die Welt bewegen. Er ist absolut spontan. Spontaneität ist die Urform des menschlichen Lernens. Spontan sein heißt, offen sein für neue Erfahrungen. Damit ist nichts darüber gesagt, wie diese Erfahrungen kognitiv und emotional verarbeitet werden. Spontaneität beschreibt ein Rollenverhalten, die Rolle des Lernenden: Der Lernende setzt seine Sinneswahrnehmung und seine Handlungen gezielt ein, um Aktionen, Kognitionen, Empfindungen und Verhaltenszustände unmittelbar wahrzunehmen.

Der Begriff »Spontaneität« wird heute in Psychologie und Pädagogik kaum noch verwendet. Von Bedeutung im Bereich der beruflichen Aus- und Weiterbildung sind heute vielmehr Begriffe wie Kreativität, emotionale Intelligenz und Schlüsselqualifikationen.

Der Begriff der Kreativität bezieht sich auf das Denken und Handeln sowie auf die Produkte dieses Denkens und Handelns. Eine Handlung oder ein Produkt wird als »kreativ« bezeichnet,

* ❖ wenn das Produkt neuartig und »wertvoll« ist;
* ❖ wenn der Weg, der zum Produkt führt, neu ist;
* ❖ wenn wir etwas auf neuartige Weise wahrnehmen, fühlen, erkennen oder denken.

Ganz zentral bei der Kreativität ist es also, neue Wege zu beschreiten, neue Lösungen zu finden, neue Produkte zu realisieren. Moreno hat mit ähnlichen Worten den Begriff der Spontaneität umschrieben: »*Spontaneität treibt den Einzelnen zu angemessenen Reaktionen auf eine neue Situation oder zu neuen Reaktionen auf eine alte Situation.*« (1974, S. 13) Ein Begriff, der in ähnlicher Weise eine generalisierte Handlungskompetenz in verschiedenartigsten neuen Situationen meint, ist der Begriff der »emotionalen Intelligenz«. Goleman (1995) definiert emotionale Intelligenz als die übergeordnete Fähigkeit, situationsadäquat zu denken, zu planen, zu handeln und Probleme zu lösen. Dabei kommt dem Zustand des Fließens (das »Flow-Erleben«) eine zentrale Bedeutung zu:

»Fließen ist vielleicht das Äußerste, wenn es darum geht, die Emotionen in den Dienst der Leistung und des Lernens zu stellen. Beim Fließen sind die Emotionen nicht bloß beherrscht und kanalisiert, sondern positiv, voller Spannung und auf die vorliegende Aufgabe ausgerichtet. (…) Es ist ein Zustand, in dem man ganz in dem aufgeht, was man tut, ihm seine ungeteilte Aufmerksamkeit schenkt, wo das Bewusstsein nicht mehr vom Handeln getrennt ist. (…) Paradoxerweise zeigen Menschen beim Fließen eine meisterhafte Kontrolle dessen, was sie tun, und ihre Reaktionen sind vollkommen auf die wechselnden Anforderungen der Aufgabe eingestellt.« (S. 120f.)

Die heutige Berufswelt ist durch eine massive Verschärfung des Wettbewerbes auf den Ebenen der Innovationen und der zeitlichen Arbeitsabläufe geprägt. Immer neue Aufgaben stellen ständig wechselnde Anforderungen. Nicht mehr nur situationsspezifische Fertigkeiten sind gefragt, sondern auch eine generalisierte Handlungskompetenz, die den Einzelnen befähigt, sich auf die wechselnden Anforderungen der ständig neuen Aufgaben einzustellen. In der Berufsbildung hat diesbezüglich das Konzept der Schlüsselqualifikationen seinen festen Platz gefunden:

»Schlüsselqualifikationen sind solche Kenntnisse, Fähigkeiten und Fertigkeiten, die in Kompetenzen münden, mit deren Hilfe eine große Zahl von Positionen und Funktionen zum gleichen Zeitpunkt ausgefüllt werden können und die sich zur Problembewältigung einer Sequenz von meist unvorhersehbaren Änderungen von Anforderungen im Laufe des Lebens eignen. (…) Sie sind Ausdruck einer Kompetenz, also der Fähigkeit, situativ angemessen, in sich stimmig, kompetent zu handeln.« (Belz 1997, S. 17)

Dies erinnert an die Beschreibung der Begriffe *Spontaneität*, *Kreativität* und *emotionale Intelligenz*. Schlüsselqualifikation bedeutet demzufolge die Fähigkeit, sich auf neue Erfahrungen einzulassen und neu erworbene Fertigkeiten mit bereits vorhandenen zu verknüpfen. Voraussetzung für den Erwerb von Schlüsselqualifikationen ist das Lernen oder zumindest die Bereitschaft dazu. Lernbereitschaft bedeutet dabei die Aufgeschlossenheit.

❖ sich auf Neues einzulassen,
❖ sich mit sich und seinen Fähigkeiten kritisch auseinander zu setzen,
❖ alte Verhaltensweisen zu überdenken, gegebenenfalls zu ändern und unter Umständen ganz aufzugeben.

Mit anderen Worten: Um Schlüsselqualifikationen zu erwerben, müssen wir bereits über eine Minimaldosis derselben verfügen. Um die Kreativität zu fördern, müssen wir also bereits kreativ sein. Das Training der Spontaneität erfordert, sich spontan auf neue Lernformen einlassen zu können. So ist es auch im Rollenspiel: Ein Minimum an Spontaneität ist Voraussetzung für das Rollenspiel. Denn wenn ich im Spiel nur reproduziere, was im Alltag passiert, und die mir vertrauten und wohl bekannten Rollen spiele (Rollenkonserven), sind die pädagogischen Anwendungsmöglichkeiten der Methode beschränkt. Gleichzeitig fördert das Rollenspiel die Spontaneität der Teilnehmer: Das Spiel bietet einen Freiraum, um Neues auszuprobieren.

Es ist somit leicht einsehbar, wieso die Methode Rollenspiel vor allem bei bildungsgewohnten Lerngruppen eingesetzt wird. Es ist kein Problem, mit Studenten der Sozialpädagogik effiziente und rasante Rollenspiele durchzuführen. Ganz nach dem Motto: »Rollenspiel als Methode der Wahl bei einem Zielpublikum der Wahl«.

Leider handeln viele Ausbilder entsprechend diesem Motto. Aus Angst, die eher bildungsungewohnten und daher wahrscheinlich unspontanen Teilnehmer zu überfordern, wird auf den Einsatz von Rollenspiel verzichtet. Dies ist bedauerlich, denn das Rollenspiel ist eine universelle Methode. Sie ist kul-turunabhängig, leicht verständlich und überall anwendbar. Gerade bei einem bildungsungewohnten Zielpublikum ist sie daher eine ideale Methode. Allerdings muss die Leitung ihre Aufmerksamkeit nicht auf »spontane und kreative« Spiele richten, sondern erst einmal ein Lernklima schaffen, bei dem die Lust zum Ausprobieren und Experimentieren entstehen kann.

Verzichten wir also in einem ersten Schritt auf »gut vorbereitete und durchstrukturierte Rollenspiele«. Mit einer Anweisung wie »Wir machen jetzt ein Rollenspiel, bitte lasst eurer Kreativität und Fantasie freien Lauf« kann bei Rollenspiel-Ungewohnten jegliche Spiellust unterbunden werden.

Demgegenüber kann der Mut zum Rollenspielen gefördert werden, indem die Lernsituationen mit unspektakulären Techniken beginnen, die wenig schauspielerische Kreativität verlangen: Imagination mit dem leeren Stuhl, Standbild, Doppeln, Soziogramm, Rollenschreiben etc. Noch effizienter ist es, in der Anfangssituation »Mini-Rollenspiele« zu improvisieren: »Ja zeigen Sie uns doch mal schnell, was sie da geantwortet haben … Wo war das genau? … Also wir tun so, als ob hier das Büro wäre … sind sie gestanden oder gesessen? … und ihr Chef, wo war der? … könnte jemand mal schnell die Rolle des Chefs übernehmen …« In einer kurzen Szene wird nun die eingebrachte Situation, anstatt mit Worten beschrieben, visualisiert. Nichts weiter.

Schlussfolgerung: Rollenspielen ist ein angeborenes Lernverhalten, das jeder kann. Voraussetzung ist lediglich die Bereitschaft, sich auf diese Lernform einzulassen. Kreativität, Spontaneität, emotionale Intelligenz und Schlüsselqualifikationen sind mögliche Lernziele von Rollenspielen. Sie sind aber nicht Teilnehmer-Voraussetzung zum Rollenspiel.

Hingegen ist es eine Grundvoraussetzung, dass die Rollenspiel-Leiter ein gewisses Maß an Spontaneität, Kreativität, emotionaler Intelligenz und Schlüsselqualifikationen haben. Denn die Methode erfordert (mehr als beim Folienvortrag) die Fähigkeit, unvorhersehbare Änderungen in der Lehrsequenz unmittelbar wahrzunehmen und situativ angemessen, in sich stimmig und neuartig zu reagieren.

Lernzielorientierung im Rollenspiel

So wie das »Neue Dash« für jede Wäsche die beste Lösung ist (ob synthetisch, Wolle, bunt oder weiß), so werden auch die verschiedenen Anwendungsformen der Methode Rollenspiel als »Alleskönner« verkauft. Moreno sah im Psychodrama eine universelle Methode, die sowohl in der Kleinkinder-Spielgruppe, im Architektur-Studium und im Sterbehilfe-Seminar vortrefflich einsetzbar ist. Viele heutige Genies sehen dies nicht anders und verkaufen ihre Methode überzeugend in genialen Ausbilder-Seminaren.

Was machen aber Trainerinnen, Seminarleiter, Erwachsenenbildner, die keine Genies sind? Sie müssen sich überlegen: Wo setze ich diese Methode mit Vorteil ein und wo eher nicht.

Eine eindeutige Kategorisierung von rollenspielkompatiblen Bildungsbereichen lässt sich kaum machen. Im Mathematikunterricht beispielsweise scheint das Rollenspiel eher ungeeignet. Will der Lehrer den Unterricht möglichst erlebnisreich und anschaulich gestalten, gibt es aber auch in diesem Bereich interessante Einsatzmöglichkeiten mit der Imaginationsmethode: Weyrauch (1999) spannt im Geometrieunterricht Gummiseile durch den Klassenraum und lässt die Schüler verschiedene Standpunkte im Raum einnehmen.

> »Über das Ziel hinausschießen ist ebenso schlimm, wie nicht ans Ziel kommen.«
> Konfuzius

»*Mit dem eigenen Körper machten sie Erfahrungen zu Lagebeziehung und Raumorientierung und konnten nun in aller Ruhe ihre Vorstellungen vom euklidischen Raum hervorholen, an der Situation prüfen und weiterentwickeln. (…) Das Anbinden der ›fachlichen Vorstellungswelt‹ und des mathematischen Begriffssystems an Erfahrungen und Vorstellungen aus dem eigenen Leben ist aber mehr als nur eine Voraussetzung für den leichteren Umgang mit mathematischen Aufgaben. Es ist für ein tieferes Verständnis von Mathematik unabdingbar und erzieht statt zum »Fachidioten« zum produktiven Spezialisten. Denn nur wo viele Spektren des Lebens und der Vorstellungen zusammenfließen können, kann sich Kreativität entfalten.*« (S. 14)

Wie ich in der Einleitung und im Kapitel »Teilnehmerorientierung im Rollenspiel« dargelegt habe, können wir mittels Rollenspielen versuchen, unsere Lebenswelt besser zu verstehen, indem wir die Wechselwirkungen zwischen den

»drei Welten« erforschen. Im oben stehenden Beispiel wird eine geometrische Theorie (Welt 3) mit der eigenen körperlichen Position (Welt 1) subjektiven Raumwahrnehmung (Welt 2) verglichen. Der Rollenspieler wird zum »Naturwissenschaftler«.

Hauptforschungsgebiet der Methode Rollenspiel sind aber nicht die Naturwissenschaften, sondern die Sozialwissenschaften. Dabei lassen sich drei Lernbereiche unterscheiden:

Kognitive Lernziele	Affektive Lernziele	Psychosoziale Lernziele
❖ Verstehen von Theorien ❖ Verstehen von Lebensereignissen ❖ Wissensinhalte erwerben ❖ Betriebsabläufe erkennen ❖ Sich in Organisationen und Systemen orientieren ❖ Handlungsstrategien entwickeln ❖ Wertvorstellungen erkennen und hinterfragen ❖ Regeln und Normen erkennen und verstehen ❖ Problemanalyse ❖ Entscheidungsprozesse definieren ❖ Erkennen von Interessenkonflikten ❖ Erkennen von Machtstrukturen und Hierarchien ❖ Erkennen der eigenen Fähigkeiten und Schwächen ❖ Überprüfen des eigenen Selbst-/Fremdbildes	❖ Einfühlung in fremde Rollen und Situationen ❖ Verarbeitung von traumatischen Ereignissen ❖ Die emotionalen Anteile einer Handlung erkennen ❖ Wahrnehmen der eigenen Gefühle und Bedürfnisse ❖ Erweiterung der persönlichen Flexibilität ❖ Konfliktbewältigung ❖ Eigene Ambivalenzen erkennen ❖ Distanz zu einer Situation gewinnen ❖ Förderung der Selbstständigkeit und der Entscheidungsfähigkeit ❖ Humor fördern ❖ Spontaneität und Kreativität fördern ❖ Toleranz und Solidarität fördern ❖ Verbesserung des Wohlbefindens ❖ Förderung der Gruppendynamik	❖ Adäquates Rollenverhalten ❖ Förderung der Verantwortungsfähigkeit ❖ Der Fähigkeit zur Kooperation ❖ Der Teamfähigkeit ❖ Selbstsicherheitstraining ❖ Kommunikationstraining (Aktives zuhören, Interviews, Beratungsgespräche, Konfrontationsgespräche, Qualifikationsgespräche, Anstellungsgespräche, Aquisitionsgespräche etc.) ❖ Verhaltenstraining (Führungstraining, Elterntraining, Suchtpräventionsverhalten etc.) ❖ Rhetoriktraining ❖ Sprachtraining ❖ Training von psychomotorischen Fertigkeiten in der Berufsbildung (eventuell mit elektronischen Simulationen)

Die oben stehende Aufstellung ist sicher nicht vollständig, kann aber aufzeigen wie breit die Einsatzmöglichkeiten von Rollenspielen sind. Die Methode Rollenspiel eignet sich in allen Bereichen der Erwachsenenbildung. Wichtig ist, dass die eingesetzte Rollenspielform dem Lernziel, dem Thema und den Teilnehmern entspricht. In Anlehnung an Van Ments (1998) können wir folgende Checkliste zur didaktischen Planung eines Rollenspieles einsetzen:

> »Ich höre und vergesse.
> Ich sehe und behalte.
> Ich tue und verstehe.«
> Chinesisches Sprichwort

	Ja	Nein
Ist das Rollenspiel wirklich die beste Methode für diesen Zweck?	❏	❏
Trifft die ausgewählte Anwendungsform auf die Zielsetzungen der Veranstaltung zu?	❏	❏
Können die Teilnehmer den an sie gestellten Forderungen gerecht werden?	❏	❏
Sind die Teilnehmer spielfähig (genügend Vertrauen, Gruppendynamik)?	❏	❏
Wird das Rollenspiel persönliche Gefühle zu sehr sichtbar machen?	❏	❏
Entspricht die Spielanleitung dem Lernziel und ist sie genügend klar beschrieben?	❏	❏
Sind die im Rollenspiel gemachten Lernerfahrungen anschlussfähig (Transfer)?	❏	❏
Ist die Spielleitung genügend qualifiziert, um mit Störungen und Widerstand umgehen zu können?	❏	❏
Welche Alternativen zum Rollenspiel kann die Spielleitung anbieten?	❏	❏

Ausdrücklich betonen möchte ich, dass Rollenspielen immer eine freiwillige Tätigkeit ist. Die Leitung muss Alternativen zum Rollenspiel anbieten können. Das heißt aber nicht, dass der Kursleiter wie ein Zauberer ständig neue Ideen aus dem Hut rausholen wird. Eine Alternative kann auch sein, dass die Teilnehmer die Verantwortung für den Lernprozess übernehmen. Der Einfluss der Spielleitung auf »was« gelernt wird (Lernziele) ist gering:

> *»Lehrende können die Lernprozesse Erwachsener nicht ›steuern‹, sie können Wissen nicht linear auf die Teilnehmenden ›übertragen‹, sie können aber durch ihre Lehre Perturbationen, d.h. ›Störungen‹, Irritationen, Überraschungen hervorrufen (was auch umgekehrt gilt: Teilnehmende perturbieren Expert/innen durch ihre Fragen, durch ihre originellen Interpretationen und Praxisbezüge). ›Perturbation‹ muss nicht dramatisch im Sinne der Identitätskrisentheorien verstanden werden. Es geht meist nicht um existenzielle Erschütterungen und Neuorientierungen, sondern um einen Wechsel der Beobachtungsperspektive, um Differenzwahrnehmung, um eine ›viable‹ Erweiterung der Wirklichkeitskonstruktion. Lehre als Perturbation löst Lernaktivitäten aus: weiterführende Gedanken, Gefühle, Bilder, Zustimmung und Widerspruch. (…) Lehre als Auslöser ist etwas anderes als Wissenstransfer oder Informationsvermittlung, Perturbation ruft Neugier und Staunen hervor. Auch Perturbationen lassen sich nur bedingt didaktisch planen oder inszenieren, aber Lehre kann so gestaltet werden, dass Perturbationen ermöglicht werden.«* (Siebert 1997, S. 265)

Mit dem Rollenspiel stellt der Lehrende den Teilnehmern ein Perturbationen-Lernfeld zur Verfügung. In diesem künstlichen Bereich können Lernerfahrungen gemacht werden. Welche Qualität diese Erfahrungen haben und welche Schlüsse daraus gezogen werden, entscheidet der Lernende selber. Er kann und darf auch Angebote ablehnen. Mit anderen Worten: Machen Sie kein Rollenspiel, um jemandem Ihre Meinung oder Ihr Verhalten aufzuzwingen. Rollenspiel ist eine komplexe Rollensituation mit vielen möglichen Lernzielen. Wir haben gesehen, dass die Methode Rollenspiel

❖ die Vielschichtigkeit des Menschen thematisiert (Rollentheorie),
❖ einen stark emotionalen Prozess der Einfühlung auslöst (Katharsis),
❖ eine Bewusstseinsveränderung im Spiel bewirken kann (Flow),
❖ auf einer Spielfreude basiert, die für den Menschen lebensnotwendig und konstitutiv ist (Spielen als Lernmethode).

Rollenspiel ist ein Erfahrungsbereich, der es erlaubt, die innere und äußere Realität miteinander zu vergleichen. In diesem Prozess bestimmt der Lehrende nur einen Teil der Spielregeln. Das Ergebnis wird von den Spielern bestimmt. Diesem Kontrollverlust ist es wohl zuzuschreiben, dass Rollenspiel zwar eine viel zitierte, aber doch nur sparsam eingesetzte Methode ist. Rollenspiel kann entgleisen. Entscheidend ist, dass der Spielleiter dies weiß und nach einer Entgleisung den Wagen wieder auf die Schienen bringt.

Die größte Schwierigkeit: Ich selbst

>*Der wesentliche Gedanke dieser Abhandlung ist, dass Spielen eine Erfahrung, und zwar eine schöpferische Erfahrung ist, eine Erfahrung im Kontinuum von Raum und Zeit, eine Grundform von Leben. Das Wagnis des Spiels ergibt sich daraus, dass es stets an der theoretischen Grenze zwischen Subjektivem und objektiv Wahrgenommenem steht.*« (Winnicott 1971, S. 62)

Rollenspiele in der beruflichen Aus- und Weiterbildung sind immer ein Wagnis. Und meist bin ich es, als Ausbilder oder Trainer, der dieses Wagnis nicht eingehen will. Selbst nach jahrelanger Erfahrung mit der Technik Rollenspiel bin ich vor Rollenspielen doch immer nervös und gespannt: »Werden die Teilnehmer imstande sein zu spielen? Wird es mir gelingen, sie in diesen kreativen Lernzustand zu versetzen?«

Rollenspiele sind immer ein Wagnis

Oft misslingen mir Lernprozesse, weil ich selber Angst habe: beispielsweise wenn es das erste Trainingsseminar ist bei einem möglichen Großkunden. Ich möchte, dass das Führungstrainingsseminar effizient abläuft und von den Teilnehmenden und dem Auftraggeber gut beurteilt wird. Ich möchte ja weitere Aufträge akquirieren.

Und was mache ich (Idiot)? Ich setze auf meine sichersten Rollenspieltrümpfe: »leerer Stuhl«, »Aufstellungen«, »Forumtheater«. Und wenn Schwierigkeiten auftreten, versuche ich es mit Theorie: Mit meinem breiten Wissen und einem gut gestalteten Folienvortrag werde ich die Gruppe schon irgendwie beeindrucken und beeinflussen können. Mit anderen Worten: Ich bestimme den Spielverlauf schon im Voraus. Damit verhindere ich aber Rollenspiel. Es ist erstaunlich: Die besten Seminarien gelingen, wenn ich gar nichts erreichen muss. Also dann, wenn ich es mir leisten kann, *Perturbationen* hervorzurufen und abzuwarten, wie sich das weiterentwickelt.

Dazu aber brauchen wir in der Leitung einen festen Boden unter den Füßen. Folgende Sicherheiten können Ihnen diesen festen Boden geben:

❖ Sie haben als Teilnehmer selber erfahren können, wie lerneffektiv und nachhaltig diese Methode ist.
❖ Sie verfügen über eine gute psychologische oder pädagogische Ausbildung, um pathologische Entwicklungen in der Lerngruppe frühzeitig zu erkennen.
❖ Sie sind bezüglich des unterrichteten Lehrgegenstandes kompetent (Fachkompetenz).

❖ Sie haben Humor und können sich als Lehrperson selbst infrage stellen (Sozialkompetenz).

❖ Der Auftraggeber kennt und unterstützt die »störungsanfällige« aber aktivierende und kreative Lernform Rollenspiel.

❖ Methodenkompetenz: Sie kennen die Grundtechniken des Rollenspielens und haben eine entsprechende Ausbildung absolviert (Psychodrama, Theaterpädagogik, Forumtheater usw.).

Die Methode Rollenspiel ist nicht neu. Diese Art, Bildungsveranstaltungen zu leiten, lässt sich aber schwer beschreiben. Ich habe versucht, in zahlreichen Beispielen ein Bild zu vermitteln. Rollenspiele müssen aber erfahren werden. Diese Methode ist nur zu begreifen, wenn man sie selber als Teilnehmer erlebt hat.

Wer Rollenspiele selber erfahren hat, der weiß, wie auch das »einfachste« und »oberflächlichste« Rollenspiel starke emotionale Wirkung besitzt. Viele Seminarleiter sehen in dieser *Emotionalität* auch die große Schwäche der Methode. Sie verkennen dabei, dass jede Art von Aktivität – sei dies das Singen eines Liedes, das Führen einer Arbeitsgruppe, das Aushandeln eines Vertrages oder die Kostenkalkulation eines Produktes – neben den kognitiven auch emotionale Elemente enthält. Bei jeder Handlung sind komplexe und interaktive Fühl-, Denk- und Verhaltensprogramme beteiligt. Ohne emotionalen Anstoß gibt es keine Aktion. Informationen haben immer auch eine Gefühlskomponente. Emotionale Stimmigkeit oder Unstimmigkeit entscheidet wesentlich über den Erfolg von Kollaboration und Kommunikation in allen Alltags- und Berufssituationen. Aufgaben, die die Zusammenarbeit mehrerer Personen erfordern, sind ohne eine gemeinsame »Wellenlänge« nicht zu lösen. Untergründige Missstimmungen, Frustrationen und Dauerkonflikte beeinträchtigen die kreativen Fähigkeiten aller Beteiligten zum Finden von konstruktiven Sachlösungen (vgl. Ciompi 1999, S. 309ff.).

Rollenspiel ist eine Art von emotional-kognitiver Analyse von Problem- und Lernsituationen auf einer wissenschaftlichen Basis. Wie der Biologe ein Biotop beobachtet und die Lebensentwicklung und Verhaltensweisen erforscht, explorieren wir in simulierten Situationen das menschliche Verhalten in Alltag, Familie und Beruf. Der Faktor *Emotionalität* wird dabei nicht als Störung empfunden, sondern ist und bleibt untrennbarer und zentraler Teil des Ganzen.

Ich wünsche Ihnen beim Ausprobieren und Weiterentwickeln von Rollenspiel-Techniken viel Freude.

»*Ebenso wie unterm Mikroskop etwas sonst Unsichtbares oder Hässliches, ein Flöckchen Dreck, zum Sternenhimmel werden kann, ebenso würde unter dem Blick einer wahrhaften Psychologie jede kleinste Regung einer Seele, sei sie noch so gering, sei sie noch so dumm oder verrückt oder gefährlich, zum andächtigen Schauspiel werden. Man sähe dann in ihr nichts als ein gleichnishaftes Abbild des Heiligsten, das wir kennen: des Lebens.*«

Hermann Hesse

Literaturverzeichnis

Ancelin-Schützenberger, A.: Le jeu de rôle. Paris 1995.

Arbeitsgemeinschaft für Jeux dramatiques: Ausdrucksspiel aus dem Erleben 1. Bern 1990.

Barrault, J.L.: Betrachtungen über das Theater. Zürich 1962.

Berendt, J.E.: Die Welt ist Klang – Nada Brahma. Ein Tonkassettenwerk der Network Medien Cooperative. Frankfurt a.M. 1988.

Belz, H./Siegrist, M.: Kursbuch Schlüsselqualifikationen: ein Trainingsprogramm. Freiburg 1997.

Birkenbihl, M.: Rollenspiele schnell trainiert. Landsberg 1992.

Bliesener, T./Brons-Albert, R. (Hrsg.): Rollenspiele in Kommunikations- und Verhaltenstrainings. Opladen 1994.

Boal, A.: Theater der Unterdrückten. Frankfurt a.M. 1979.

Boal, A.: Games for actors and non-actors. London 1992.

Boal, A.: Der Regenbogen der Wünsche. Seelze 1999.

Bosselmann, R. et al.: Variationen des Psychodramas. Meezen 1996.

Brecht, B.: Gesammelte Werke. Band 15, Schriften zum Theater 1. Frankfurt a.M. 1967.

Brenner, I./Clausing, H. et al.: Das pädagogische Rollenspiel in der betrieblichen Praxis. Hamburg 1996.

Broich, J.: Rollenspiele mit Erwachsenen. Köln 1994.

Brodbeck, K.: Entscheidung zur Kreativität. Darmstadt 1999.

Buber, M.: Ich und Du. Gerlingen 1974.

Buer, F.: Lehrbuch der Supervision. Münster 1999.

Ciompi, L.: Die emotionalen Grundlagen des Denkens: Entwurf einer fraktalen Affektlogik. Göttingen 1999.

Cohn, R.: Von der Psychoanalyse zur themenzentrierten Interaktion. Stuttgart 1983.

Csikszentmihalyi, M.: Kreativität. Stuttgart 1997.

De Creszenco, L.: Geschichte der griechischen Philosophie: Von Sokrates bis Plotin. Zürich 1988.

Dhority, L.: Moderne Suggestopädie. Der ACT-Ansatz ganzheitlichen Lehrens und Lernens. Bremen 1986.

Dufeu, B.: Sur les Chemins d'une Pädagogie de l'Etre. Une approche psycho-dramaturgique de l'apprentissage des langues. Mainz 1992.

Dufeu, B.: Die Sprachpsychodramaturgie. Ein Beitrag zur Psychodramapäd-agogik. In: Bosselmann et al. Meezen 1996.

Feldhendler, D.: Psychodrama und Theater der Unterdrückten. Frankfurt a.M. 1992.

Fox, J.: Renaissance einer alten Tradition: Playback-Theater. Köln 1996.

Fox, J./Dauber, H.: Playback-Theater – Wo Geschichten sich begegnen. Inter-nationale Beiträge zu Theorie und Praxis des Playbacktheaters. Bad Heil-brunn 1999.

Franz, M.L. von: Träume. Zürich 1985.

Franzke, E.: Märchen und Märchenspiel in der Psychodramatherapie. Bern 1985.

Frede, U.: Behandlung unheilbar Erkrankter. Psychodramatherapie in Theorie und Praxis. Weinheim 1992.

Freud, S.: Abriss der Psychoanalyse. Frankfurt a.M. 1975.

Geißler, K.A.: Anfangssituationen: Was man tun und besser lassen sollte. Weinheim [8]2000.

Goleman, D.: Emotionale Intelligenz. München 1996.

Gugel, G.: Methoden-Manual II: »Neues Lernen«. Weinheim und Basel 1998.

Guggenbühl, A.: Das Mythodrama. Eine Untersuchung über ein gruppenthe-rapeutisches Verfahren bei Kindern aus Scheidungsfamilien. Zürich 1999.

Häussermann, U.: Aufgaben-Handbuch Deutsch als Fremdsprache. Abriss ei-ner Aufgaben- und Übungstypologie. München 1996.

Heidelhoff, F./Langosch, I.: Methoden- und Sozialkompetenz. Trainingskon-zepte für die Aus- und Weiterbildung von Sozialwissenschaftlern. Freiburg 1998.

Heril. A./Megrier, D.: Techniques théatrales pour la formation d'adultes. Paris 1999.

Hoffmann, C./Israel, A.: Theater spielen mit Kindern und Jugendlichen. Kon-zepte, Methoden, Übungen. Weinheim 1999.

Holzapfel, G. et al.: Grenzüberschreitungen. Theater – Theaterpädagogik – Therapie. Remscheid 1994.

Huizinga, J.: Homo ludens. Vom Ursprung der Kultur im Spiel. Reinbek 1997.

Jackson, S.: Gurps – Ein universelles Rollenspielsystem. Friedheim 1993.

Jennings, S.E.: Introduction to dramatherapy. London 1998.

Johnstone, K.: Theaterspiele. Spontaneität, Improvisation und Theatersport. Berlin 1998.

Keim, H. (Hrsg.): Planspiel, Rollenspiel, Fallstudie: zur Praxis und Theorie lernaktiver Methoden. Köln 1992.

Klippert, H.: Planspiele. Spielvorlagen zum sozialen, politischen und methodischen Lernen in Gruppen. Weinheim und Basel [3]2000.

Knoll, J.: Kurs- und Seminarmethoden. Weinheim und Basel [9]2001.

Krüger, R.T.: Kreative Interaktion. Tiefenpsychologische Theorie und Methoden des klassischen Psychodramas. Göttingen 1997.

Landwehr, N.: Neue Wege der Wissensvermittlung. Aarau 1997.

Leutz, G.: Psychodrama. Theorie und Praxis. Berlin 1974.

Leutz, G.: Mettre sa vie en scène: le psychodrame. Paris 1985.

Marineau, R.: J.L. Moreno et la troisième révolution psychiatrique. Paris 1989.

Ments, M. van: Rollenspiel effektiv. Ein Leitfaden für Lehrer, Erzieher, Ausbilder und Gruppenleiter. München 1998.

Moreno, J.L.: Gruppenpsychotherapie und Psychodrama. Stuttgart 1959.

Moreno, J.L.: Psychodrama und Soziometrie. Köln 1989.

Oerter, R.: Psychologie des Spiels. Weinheim 1997.

Paris, V./Bunse, M.: Improvisationstheater mit Kindern und Jugendlichen. Reinbek 1994.

Popper, K.R.: Ausgangspunkte: meine intellektuelle Entwicklung. Hamburg 1979.

Popper, K.R.: Objektive Erkenntnis: ein evolutionärer Entwurf. Hamburg 1998.

Popper, K.R./Eccles, J.C.: Das Ich und sein Gehirn. München 1997.

Proust, F.: Précis de jeux de rôle. Paris 1991.

Rehbock, A.: Wer ist denn schon rassistisch …??? Psychodrama und Soziodrama in der gewerkschaftlichen Bildungsarbeit. In: Psychodrama 1/95, S. 43–64.

Richter, C.: Schlüsselqualifikationen. Alling 1995.

Roesler, M.: Das Kulturelle Atom nach J.L. Moreno. In: Psychodrama, 2/91, S. 187–201.

Satir, V.: Familientherapie in Aktion. Paderborn 1999.

Schacter, D.L.: Wir sind Erinnerung. Gedächtnis und Persönlichkeit. Reinbek 1999.

Schwehm, H.: Soziometrie – die Methode der Wahl. In: Psychodrama 2/94, S. 165–178.

Schwinger, T.: Erwärmung aus der Konserve. In: Psychodrama 1/94, S. 6–15.

Serafin, E.: Morenos Konzepte in der Jugend- und Erwachsenenbildung. Berlin 1997.

Siebert, H.: Didaktisches Handeln in der Erwachsenenbildung. Didaktik aus konstruktivistischer Sicht. Berlin 1997.

Spolin, V.: Improvisationstechniken für Pädagogik, Therapie und Theater. Paderborn 1993.

Stangier, K.W.: Jetzt: Bibliodrama im Spannungsfeld von Liturgie und Psychodrama. Köln 1997.

Stern, D.: Die Lebenserfahrung des Säuglings. Stuttgart 1994.

Wallenwein, G.F.: Spiele: der Punkt auf dem i. Kreative Übungen zum Lernen mit Spaß. Weinheim und Basel ^{4}2001.

Watzlawick, P.: Lösungen, zur Theorie und Praxis menschlichen Wandels. Bern 1992.

Watzlawick, P. et al.: Menschliche Kommunikation. Formen, Störungen, Paradoxien. Bern 1996.

Weidenmann, B.: Erfolgreiche Kurse und Seminare. Professionelles Lernen mit Erwachsenen. Weinheim und Basel ^{3}2000.

Weiss, G.: Wenn die roten Katzen tanzen … Jeux dramatiques für sozial- und heilpädagogische Berufe. Freiburg 1999.

Werthmüller, H.: Menschlich Lernen. TZT-Basisbuch. Chur 1993.

Wiener, R.: Creative Training. Sociodrama and team-building. London 1997.

Williams, A.: The passionate technique. Stratic psychodrama with individuals, families and groups. London 1989.

Williams, A.: Visual and active supervision. Roles, focus, technique. New York 1995.

Winnicott, D.W.: Vom Spiel zur Kreativität. Stuttgart 1971.

Wittinger, Th. (Hrsg.): Psychodrama in der Bildungsarbeit. Mainz 2000.

Yardley-Matwiejczuk, K.M.: Role Play. Theory and practice. London 1997.

Zeintlinger-Hochreiter, K.: Kompendium der Psychodrama-Therapie. Köln 1996.

WBELTZ WEITERBILDUNG

Jörg Fengler
Feedback geben
Strategien und Übungen.
141 S. Zahlr. Abb. Broschiert.
ISBN 3-407-36344-3

Feedback ist eine gute Übung
eigenes und fremdes Erleben
und Verhalten sensibel aufeinander abzustimmen. Jörg
Fengler erläutert anhand von
15 Strategien mit vielen
Übungen, wie Feedback zielgerichtet eingesetzt, optimal
trainiert und erfolgreich reali-
siert werden kann. Verstim-
mung, Missmut, Schweigen:
oft geraten Partner, Gruppen
oder Teams in Sackgassen, aus
denen sie nicht mehr mit eigenen Mitteln herausfinden. In
diesen Fällen ist das Feedback-
Geben eine große Hilfe. Jörg
Fengler macht deutlich, wie
Feedback oft zu einem über-
raschenden Perspektiven-
wechsel verhilft und neue
Handlungsimpulse auslöst.

Aus dem Inhalt:
Das Feedback-Konzept;
Strategien des Feedback-
Austauschs; Seminar-
Feedback; Selbst-Feedback.

Friedemann Schulz von Thun
Praxisberatung in Gruppen
Erlebnisaktivierende Metho-
den mit 20 Fallbeispielen
zum Selbsttraining für
Trainerinnen und Trainer,
Supervisoren und Coachs.
216 S. Broschiert.
ISBN 3-407-36325-7

Dieses Buch gibt eine grundlegende Einführung in die
erlebnisaktivierende Praxisberatung. Im Seminar kommt
damit jeder mit seinem
persönlichen Anliegen zum
Zuge. Anhand von zwanzig
Fallbeispielen werden die
gewählten Vorgehensweisen
ausführlich erläutert.

»Fazit: Eine überzeugend ver-
mittelte Beratung für Trainer,
die ihre Kommunikations-
seminare erfolgreicher und
vor allem abwechslungsreicher
gestalten wollen.«
TRAINING aktuell

Aus dem Inhalt:
Kontexte erlebnisaktivierender
Praxisberatung; Die Bear-
beitung der Anliegen; Fall-
beispiele zum Selbsttraining.

Martin Hartmann / Michael
Rieger / Marketta Luoma
Zielgerichtet moderieren
Ein Handbuch für Führungs-
kräfte, Berater und Trainer.
156 S. Zahlr. Abb. Pappband.
ISBN 3-407-36356-7

In vielen Unternehmen und
Organisationen spricht es sich
herum: gut moderierte Gruppen sind einfach effizienter.
Die Zusammenarbeit verläuft
zufriedenstellender, die Ergebnisse erfüllen höchste An-
sprüche und werden von allen
Gruppenmitgliedern getragen.
Und die Chance, dass derartige Ergebnisse in der Praxis
auch wirklich zur Anwendung
gelangen, steigt enorm.

»Fazit: Ein überzeugendes
Buch, das Schritt für Schritt
den Weg in moderierte
Besprechungen zeigt.«
TRAINING aktuell

Aus dem Inhalt:
Was bedeutet Moderation?
Die Stärken der Methode;
Vorbereitung und Ablauf
einer moderierten Sitzung?
Checklisten für die Praxis.

Bernd Weidenmann
**100 Tipps und Tricks für
Pinnwand und Flipchart**
92 S. Broschiert.
ISBN 3-407-36364-8

Kaum noch Seminare ohne
Flipchart und Pinnwand,
ohne Moderatorenkoffer mit
Stiften, Karten, Nadeln und
Überschriftenwolken. Mit
den 100 Tipps und Tricks in
diesem Buch erwachen Ihre
Flipcharts und Pinnwände
zu neuem Leben. Ihre Teilnehmer werden begeistert
sein! Lassen Sie sich über-
raschen von originellen Ideen:
Fadentrick, Knüllwolke,
Pinnwandlampe, wandelnde
Litfaßsäule, Kartenjogging,
Ampelfeedback, Schubladen-
pinnwand, Schnell-Clustern
und vieles mehr.

Aus dem Inhalt:
Freihand-Skizzen; Schreiben
wie ein Profi; Überschriften
als Muntermacher; Originelle
Ideen für Standardposter;
Karten vernetzen; Medien-
Kombi; Pinnwand als Requi-
site; Überraschungskarten;
Lernspiele.

Beltz Verlag • Postfach 10 01 54 • 69441 Weinheim • www.beltz.de

W BELTZ WEITERBILDUNG

Bernd Weidenmann
**Erfolgreiche Kurse
und Seminare**
Professionelles Lernen mit
Erwachsenen.
224 S. Pappband.
ISBN 3-407-36346-X

Erwachsene Lerner sind
anspruchsvoll. Sie wünschen
sich lebendige, effektive,
praxisnahe Kurse und Seminare. So werden Kurs- und
Seminarleiter in der Erwachsenenbildung heute mehr
denn je gefordert. Der
renommierte Lernpsychologe
und erfahrene Trainer Bernd
Weidenmann stellt vor, wor
auf es ankommt.

»Ein Buch, das auf dem
Schreibtisch eines jeden Trainers und Seminarleiters seinen
festen Platz haben sollte.«
Dr. M. Madel, Seminarführer

Aus dem Inhalt:
Die Lernarbeit: Situationen
und Personen; Die wichtigsten
Methoden; Die wichtigsten
Medien; Den Prozeß gestalten:
Symbole, Spiele, Krisen.

Johanna Maria Huck-Schade
**Neue kreative Wege
im Seminar**
Ein Methodenbuch für
den ideenreichen Einsatz von
Materialien.
189 S. Zahlr. Abb. Pappband.
ISBN 3-407-36350-8

Eine einmalige Sammlung
von kreativen Übungen zur
lebendigeren Gestaltung von
Kursen und Seminaren.
Berufliche Seminare müssen
nicht theorielastig sein. Gerade
das spielerische, experimen-
telle Herangehen im kreativen
Prozess eröffnet oft neue Perspektiven: Blockaden werden
abgebaut, festgefahrene Gedanken gelockert, Problem-
lösungen besser erkannt.
Johanna Maria Huck-Schade
zeigt Wege auf, verschiedene
Medien und Materialien
kreativ mit unterschiedlichen
Themen zu verbinden.

Aus dem Inhalt:
Der kreative Prozess; Einsatz
»kreativer« Medien und
Materialien: Zeichnen, Malen,
Papier, Collage, Ton, Masken,
Objektbau, Fotografie usw.

Gudrun F. Wallenwein
Spiele: Der Punkt auf dem i
Kreative Übungen
zum Lernen mit Spaß.
252 S. Zahlr. Abb. Pappband.
ISBN 3-407-36341-9

Die Konzentration der
Seminargruppe lässt nach, die
Aufmerksamkeit sinkt und
nichts wird mehr aufgenom-
men. Möchten Sie das in
Ihren Seminaren vermeiden?
Gudrun F. Wallenwein hat
Spiele und Übungen für
Seminare gesammelt und den
verschiedenen Einsatzmög-
lichkeiten zugeordnet.

»Eine einmalige, fantastische
Sammlung in Seminaren er-
probter Spiele und Übungen,
die in den unterschiedlichsten
Situationen eingesetzt werden
können.«
villa bossaNova, skill media

Aus dem Inhalt:
Der Seminarbeginn; Spiele in
und nach der Pause; Konzen-
trationsspiele; Kreativspiele;
Entspannung; Am Ende eines
Seminartages; Das Seminar-
ende.

Bernd Heckmair
Konstruktiv lernen
Projekte und Szenarien
für erlebnisintensive Seminare
und Workshops.
132 S. Broschiert.
ISBN 3-407-36368-0

Konstruktiv lernen, ein
Lernen, das alle Sinne ein-
bezieht, das unmittelbar und
direkt konkrete Erfahrungen
vermittelt, das Menschen und
Dinge in Bewegung bringt. In
diesem Methoden-Lehrbuch
finden Sie 15 konstruktive
Lernprojekte: Bausteine für
erlebnisintensive Seminare
und Workshops.
»Konstruktives Lernen« ist ein
erfolgversprechender Weg,
Menschen dazu zu bewegen,
sich auf Veränderungen
einzulassen.

Aus dem Inhalt:
Die Konzeption des
Konstruktiven Lernens;
15 Projekte und Szenarien;
Planung und Vorbereitung
der Lernprojekte; Instruktion,
Moderation, Reflexion.

Beltz Verlag · Postfach 100154 · 69441 Weinheim · www.beltz.de

W BELTZ WEITERBILDUNG

Karlheinz A. Geißler
Anfangssituationen
Was man tun und besser
lassen sollte.
179 S. Broschiert.
ISBN 3-407-36303-6

Dieses Buch gibt konkrete
Hinweise, wie Anfänge in
Kursen und Seminaren
gestaltet werden können.

Auch wenn Sie die Anfänge
Ihrer Seminare immer ohne
mulmiges Gefühl souverän
und überlegen meistern, keine
Probleme mit Dauerrednern
und Schweigern haben,
Zuspätkommende problemlos
integrieren und schon genügend Spiele für schwungvolle
Anfänge kennen, werden Sie
dieses unterhaltsam geschrie-
bene Buch mit Vergnügen
lesen.«
villa bossaNova

Aus dem Inhalt:
Die Soziodynamik von
Anfangssituationen; Die Angst
des Dozenten vor und in
Anfangssituationen; Redner
und Schweiger; Beispiele von
Anfangssituationen.

Karlheinz A. Geißler
Lernprozesse steuern
Übergänge: Zwischen
Willkommen und Abschied.
215 S. 61 Abb. Broschiert.
ISBN 3-407-36320-6

»Ein Buch wie die bekannte
Schokolade: quadratisch,
praktisch, gut. Schmackhaft
durch die Mischung von
konzeptionellem Anspruch
mit einsichtigen Vorschlägen
zu deren Umsetzung,
bekömmlich durch reichhal-
tige Zugabe von Zitaten,
Aphorismen, Schaubildern,
Karikaturen und anderen
Einsprengseln, die den
Gedankenfluss witzig kom-
mentieren (...). Einladend
strukturiert und portioniert,
daher in langen Riegeln wie
auch in kleinen Stücken
zu genießen.«
Jürgen Kleindick, das forum

Aus dem Inhalt:
Lehr-/Lernprozesse steuern
und gestalten; Schwierige
Situationen; Übergänge; Die
Gruppe und ihre Dynamik.

Karlheinz A. Geißler
Schlußsituationen
Die Suche nach dem guten
Ende.
156 S. Broschiert.
ISBN 3-407-36366-4

Eine Gruppe trennt sich, die
Teilnehmer nehmen Abschied
und für die gelernten Inhalte
müssen Übergänge geschaffen
werden. Dieses Buch gibt konkrete Hinweise zur Gestaltung
von Übergängen und Schluss-
situationen in Kursen und
Seminaren.

»Die Lektüre dieses Buches
macht Spaß (...) Das Buch
kann jedem empfohlen wer-
den, der Bildungsveranstaltungen durchführen und zu
einem guten Ende bringen
will.«
*Günter Pätzold, Die berufs-
bildende Schule*

Aus dem Inhalt:
Die Auflösung der Zusam-
menarbeit; Rituale der
Trennung; Prüfungen: Das
Macht-volle Ende; Das Finale
verlangt nach Gestaltung;
Transfer: Übergänge gestalten.

Carole Maleh
Open Space:
Effektiv arbeiten mit
großen Gruppen
Ein Handbuch für Anwender,
Entscheider und Berater.
156 S. Pappband.
ISBN 3-407-36363-X

Open Space: Diese neue
Methode für die Arbeit mit
großen Gruppen bietet un-
geahnte Möglichkeiten. Die
Veranstaltung steht unter
einem Leitthema, zu dem die
Teilnehmenden selbst die
Initiative ergreifen, es in Ein-
zelthemen aufgliedern und
in Workshops genau die für
sie interessanten Aspekte
behandeln.
Open Space ist interessant für
alle, die nach neuen Arbeits-
methoden suchen, um Betei-
ligte erfolgreich zu motivieren,
Veränderungen voranzutrei-
ben und langfristige Ergebnisse zu erzielen.

Aus dem Inhalt:
Open Space in der Anwen-
dung; Der Werkzeugkasten;
Die Durchführung; Die Open
Space-Praxis; Häufige Fragen.

Beltz Verlag • Postfach 100154 • 69441 Weinheim • www.beltz.de